HELMUT HUBACHER
DAS HABE ICH GERNE GEMACHT

HELMUT HUBACHER

DAS HABE ICH GERNE GEMACHT

POLITISCHE UND PERSÖNLICHE ERINNERUNGEN

ZYTGLOGGE

MIX
Papier aus verantwortungsvollen Quellen
FSC® C068066
FSC
www.fsc.org

Lektorat: Thomas Gierl
Coverfoto: Eduard Rieben
Gesetzt aus: Helvetica Neue (TT), Stempel Garamond LT
Gesamtherstellung: Schwabe AG, Druckerei, Muttenz/Basel
Printed in Switzerland
ISBN: 978-3-7296-0932-7

www.zytglogge.ch

Inhalt

Wie wird man Politiker?

Ich bin oft gefragt worden, wie ich meine politische Karriere geplant habe. Überhaupt nicht. Am 1. Juli 1963 rutschte ich, weil mein Vorgänger verstorben war, als erster Ersatzmann in den Nationalrat nach. Das kann man nicht planen.

Nur Zufall ist meine politische Laufbahn natürlich nicht. Schliesslich habe ich mich mal für die Politik entschieden. Das hat viel mit Basel zu tun.

Aufgewachsen bin ich bei meinen Grosseltern in Zollikofen bei Bern. Nach der Rekrutenschule wurde ich als SBB-Stationsbeamtenlehrling nach Basel versetzt. Nach dem zweiten Lehrjahr wechselte die Lehrstation alle paar Monate. Nach Basel wäre Beinwil am See der nächste Dienstort gewesen. Auf meinen Wunsch durfte ich in Basel bleiben, meiner achten und zugleich letzten Lehrstation. Ich verliebte mich nicht nur in die Stadt, vielmehr noch bei den Juso in meine Gret. Triftige Gründe, sesshaft zu werden.

Politik habe ich bei den Juso gelernt. Wir trafen uns jeden Montagabend im Volkshaus. Zwei Professoren, die vor Hitler geflüchtet waren, schulten uns. Von der Französischen Revolution bis zu Karl Marx, vom Faschismus bis zur Geschichte der Sozialdemokratie. Ich bin durch die Juso sozialisiert worden und in Basel schnell integriert und heimisch geworden.

Mit 21 Jahren trat ich der SP Basel-Stadt bei. In eine überalterte Sektion. Entsprechend erfreut reagierte der Präsident: «Endlich wieder mal ein Junger.» Ihm fehlte im Vorstand der Protokollführer. So begann meine politische ‹Karriere›. Als Protokollführer im SP-Quartierverein St. Alban-Breite, Basel. Hier nennt sich die SP-Sektion ‹QV›, Quartierverein.

So wie einer Hobby-Fussballer wird, bin ich in die Politik eingestiegen. Lustvoll engagiert, richtig ‹angefressen›. Regelmässig veröffentlichte ich in der Parteizeitung ‹Basler AZ› Artikel. Man wurde auf den Jungen aufmerksam und wählte mich in den Parteivorstand.

Inzwischen haben Partei und ich uns 69 Jahre lang ausgehalten. Das ist eine Liebeserklärung an die SP, die einen zwischendurch schaurig nerven kann.

Als SBB-Beamter setzte ich mich ebenso gewerkschaftlich im SEV, im Schweizerischen Eisenbahnerverband, ein. Mitglied geworden bin ich durch meinen Chef auf der ersten Lehrstation. Er legte mir das Beitrittsgesuch auf das Pult. «Da, unterschreib, wir sind alle im SEV.»

24-jährig wählten mich die Kollegen – Frauen arbeiteten damals keine bei den SBB, doch Putzfrauen – zum Präsidenten der SEV-Beamtensektion Region Basel. Ich bin der jüngste und erste ‹rote› Präsident gewesen.

Nach neun Dienstjahren quittierte ich 1953 meinen SBB-Dienst. Zum Leidwesen der Grosseltern. Eine Staatsstelle aufzugeben, grenzte damals an Leichtsinn. «Jetzt, wo du endlich versorgt warst», haderte Grossvater.

Das Merkwürdige ist, ich bin bis heute Nostalgieeisenbahner geblieben. Andere haben mir das bestätigt. Man wird die Bahn nicht los. Wohl deshalb schreibe ich für die Gewerkschaftszeitung seit 25 Jahren eine Kolumne.

Von der Bahn wechselte ich zur Gewerkschaft. Zuerst zum SEV in Bern. Nach einem halben Jahr erreichte mich aus Basel ein SOS des VPOD (Verband des Personals öffentlicher Dienste). «Du musst zurückkommen», bat mich der Präsident, «wir stecken in einer Krise.

Ich musste den Sekretär, der die Trämler der Basler Verkehrsbetriebe BVB betreute, entlassen. Du warst Eisenbahner, das passt gut zum BVB-Personal.» Deren Wagenführer, Billeteure, Werkstätten- und Bauarbeiter sowie die Beamten bildeten die weitaus grösste VPOD-Gruppe. Ungefähr 1200 Beschäftigte. So kehrte ich in ‹mein› Basel zurück. Gret kam noch so gerne mit. Hier lebten ihre Eltern, Brüder und die Schwester.

Der BVB-Vizedirektor, ein SP-Genosse, hatte die ‹Strassenbahner-Union› gegründet: Weg vom VPOD, um so die Entlassung seines Freundes zu rächen, der an einer ausserordentlichen Generalversammlung mit etwa 900 gegen 600 Stimmen abgewählt worden war. Entsprechend bedrohte eine aufgeheizte Stimmung die Sektion. Familienkräche sind bekanntlich die schlimmsten. In diesem Zustand trat ich meinen VPOD-Job, erst 27-jährig, an.

Vordringlich musste die Spaltung in VPOD und Strassenbahner-Union verhindert werden. Automatisch geriet der Genosse Vizedirektor als Drahtzieher ins Visier, womit meine Taktik gegeben war. Mein erster Artikel in der Mitgliederzeitung richtete sich gegen ihn. Als Vizedirektor wolle er den lästigen VPOD loswerden und sich einen bequemen Hausverband anlachen. Ungefähr in dieser Preisklasse spielte sich der Konflikt ab. Inzwischen hatte ich bei den Trämlern Vertrauen gewonnen und Fuss gefasst. Der Spuk mit der Strassenbahner-Union löste sich wie Nebel auf. Ich durfte mit meinem Einstand zufrieden sein.

Wieso wurde mein Vorgänger entlassen? Der Trämler-Obmann hatte beklagt, der Kollege Sekretär nehme sich nie Zeit für ihn, sei selten im Büro anzutreffen.

«Nein, er ist heute auswärts», erklärte ihm die Sekretärin wieder einmal.

Da platzte dem Obmann der Kragen. Er schrieb seine ‹Botschaft› auf und legte sie dem abwesenden Sekretär auf das Pult beziehungsweise hatte das im Sinn. Was traf er an? Der oft Gesuchte hockte im Büro, mit den Füssen auf dem Tisch, und las die Zeitung. Damit war der Zapfen ab. Die Story verbreitete sich beim Personal wie ein Lauffeuer.

Der beim Lesen Ertappte hatte mir einmal geklagt: «Jeder kommt mit seinem ‹Seich› zu mir, damit ich ihm helfen soll.» Er hatte eines nicht begriffen: Das eigene Problem ist für jeden das wichtigste.

Der VPOD ist eine politische Gewerkschaft. Für das Staatspersonal sind Regierung und Grosser Rat der Arbeitgeber. Nicht von ungefähr waren alle meine Vorgänger in den Grossen Rat gewählt worden, um dort die Anliegen ihrer Gewerkschaftsmitglieder zu vertreten. Davon habe auch ich profitiert. Ich bin sozusagen in den Grossen Rat hineingerutscht. Jedenfalls ist mir der Einstieg in die Politik einfach gemacht worden.

Drei Jahre später wurde ich von der Partei als Kandidat für den Nationalrat nominiert. Als Vertreter des öffentlichen Personals von Kanton und Bund. Von ‹meinen› Trämlern und Eisenbahnern, plus Zoll- und Postpersonal. Das reichte aus, um erster Ersatzmann zu werden. Für eine einzige Session rutschte ich noch nach und wurde dann im Herbst 1963 wiedergewählt. Wäre es für mich schiefgegangen, wäre ich nach nur drei Wochen Session alt Nationalrat geworden.

Am 1. Juli 1963 wechselte ich vom VPOD zur ‹Basler AZ› als Chefredaktor. Mein geliebtes Hobby wurde zum Beruf. Faktisch bin ich so Profipolitiker geworden.

Der Lehrmeister

«Nun bist du Nationalrat. Es gibt zwei Möglichkeiten, Politik zu machen: Mit Leistung oder auf dem Arsch.»

Vor diese Wahl hatte mich Friedrich Schneider gestellt, einer der ganz Grossen der schweizerischen Sozialdemokratie. Er gehörte dem ‹Oltener Komitee› an, das nach dem Ersten Weltkrieg 1918 den Generalstreik organisiert hatte. 350 000 Menschen demonstrierten auf der Strasse. Das wäre auch heute noch eine imposante Zahl. Bei 3,9 Millionen Einwohnern wurden 100 000 Arbeitslose und gegen 700 000 Notstandsberechtigte registriert. Die Teuerung betrug über 100 Prozent. Es herrschten Zustände wie in einem Drittweltland.

Für den Bundesrat war der soziale Aufstand ein Umsturzversuch, gegen den er die Armee aufgeboten hatte. Worauf der Generalstreik abgebrochen wurde. Robert Grimm, Ernst Nobs, Fritz Platten und Friedrich Schneider kamen vors Militärgericht. Wegen Landesverrats fassten sie je sechs Monate Gefängnis in der Festung Savatan. Wer waren diese Streikführer?

1943 wählte die Bundesversammlung Ernst Nobs als ersten Sozialdemokraten in den Bundesrat. Robert Grimm war der Vordenker in der SP. Seine Bücher sind politische Klassiker. 44 Jahre lang zählte er im Nationalrat zu den wenigen überragenden Politikern.

Friedrich Schneider ging als Architekt des ‹roten Basel› in die Geschichte ein. Zum ersten Mal übernahm die Linke 1935 im Rathaus die Mehrheit. Als erster Redaktor der ‹Basler AZ› verfasste er jeden Tag einen Leitartikel. Zwölf Jahre lang! Der grosse Stratege politisierte zum Ärger der Bürgerlichen im Nationalrat während 40 Jahren.

Fritz Platten emigrierte als ein Freund von Lenin in die Sowjetunion. 1942 war er bei stalinistischen Säuberungen ermordet und

1956 von Stalin-Nachfolger Nikita Chruschtschow posthum rehabilitiert worden.

Persönlich sass ich mit Friedrich Schneider ein paar Jahre im Basler Grossen Rat. Nach Sitzungsschluss traf man sich in der ‹Zunft zu Schuhmachern›. Die meisten zum Jassen. Jüngere wie ich zum Zuhören am Tisch von Friedrich Schneider. Der begnadete Erzähler vermittelte authentisch lebendige Geschichte. Es waren einmalige Sternstunden, die er uns erleben liess. Ich verglich ihn mit dem legendären Häuptling am Lagerfeuer.

Zu ‹Fudi-Politikern› degradierte Schneider jene, die an repräsentativen Anlässen präsenter sind, als dass sie mit politischer Leistung in Erscheinung träten. Ich spürte sein Vertrauen, aus mir könnte noch ‹etwas werden›.

Meine Art zu politisieren

Mit 37 Jahren war ich der jüngste Nationalrat. Heute würde ich in diesem Alter zum unteren Mittelfeld gehören. In der SP-Fraktion war der Älteste 77-jährig und machte bis 85 weiter. Aktuell werden bereits 63-Jährige als Sesselkleber bedrängt, wobei in der Bevölkerung der Anteil der Senioren seither enorm zugenommen hat.

Ich bin relativ ahnungslos in den Club der 200 Nationalräte eingetreten. «Wie ein Landei», scherzte Gret. Zwischen dem Rathaus und dem Bundeshaus lagen Welten. Die Hemmschwelle im Bundeshaus war für mich recht hoch. Umso mehr schätzte ich kollegiale Betreuung. Ganz besonders die von Walther Bringolf aus Schaffhausen.

«Junger Mann», nannte mich der 68-Jährige, «ich wollte eigentlich Schauspieler werden, nun bin ich Politiker. Das ist kein grosser Unterschied, aber merke dir eines: Der Bringolf spielt nur Hauptrollen, keine Nebenrollen.»

Wer eine solche Visitenkarte abgibt, dem mangelt es nicht an Selbstvertrauen. Bei Bringolf empfanden es einige als Arroganz. CVP-Bundesrat Kurt Furgler sah das nicht so: «Ihr Sozialdemokraten seid durchwegs nette Leute, aber ohne Machtbewusstsein. Wir von der CVP streben immer Macht an. Euch genügt es schon, recht zu haben.»

Furgler hat mich nachdenklich gestimmt. Bei Bringolf imponierte mir der souveräne Auftritt. Er war ein Ausnahmekönner. Zwei Daten: über 30 Jahre Stadtpräsident in Schaffhausen, 46 Jahre Nationalrat. Neben den paar Schwergewichten im Nationalrat war er ein Elefant. Kompetent in Finanz-, Sozial-, Aussen- oder Kulturpolitik. Bringolf war der bekannteste Schweizer Politiker im Ausland. Rhetorisch brillant wie das Furioso in der Musik.

Selbstverständlich passte die Rolle des begnadeten Selbstdarstellers zu Bringolf. Wenn er mit seinem grünen Mercedes vor dem Bundeshaus parkierte, hätte auch der Fürst von Monaco aussteigen können. Nach dem Generalstreikdenkmal Friedrich Schneider profitierte ich vom ersten und damals einzigen Politstar der Schweiz. Das war für mich eine politische Schule der Ausnahmeklasse. Ohne mich auch nur andeutungsweise mit ihm messen zu wollen. Davor bin ich gefeit. Selbstbewusst zu sein, das hingegen hat er mich gelehrt. Ohne das ist man in der Politik ein Leichtmatrose.

Erste Versuche, meine Schüchternheit loszuwerden, machte ich bei den Juso. In der Gemeinschaft lernte ich zu diskutieren und hielt meine ersten Referate. Lange im Nachhinein mit dem ärgerlichen Gefühl, das Wichtigste vergessen zu haben.

Lästig plagte mich das Lampenfieber. Ich wurde es einfach nicht los. Bis ich diese Angst abhaken durfte. Der damals berühmte Basler Theater- und Filmschauspieler Max Knapp feierte das 50-Jahr-Jubiläum auf der Bühne. Er habe sicher kein Lampenfieber mehr, bemerkte ich zu ihm. «Wie am ersten Tag», antwortete er. «Vor jeder Vorstellung tigere ich in der Garderobe aufgeregt auf und ab. Erst wenn der Vorhang fällt, ist es weg. Hätte ich kein Lampenfieber mehr, müsste ich aufhören. Mit reiner Routine wäre ich kein guter Schauspieler mehr.»

Ich erwähne das mit Absicht. Politiker werden nicht einfach mit einem unverschämten Ich-Bewusstsein geboren. Jedenfalls die meisten nicht. Ich habe es mir mühsam aufgebaut. Anders formuliert: Die Juso waren meine beste Lebensschule, und Bringolf hat bestätigt, was es braucht, um im Parlament zu bestehen.

Ich möchte darlegen, wie ich mich als Nationalrat organisiert habe. Zuerst jedoch ein Wort zu den Rahmenbedingungen, die das Bundeshaus bietet.

Die National- und Ständeräte derselben Partei bilden eine Fraktion, in der eine Session vorbereitet, Vorlagen des Bundesrats diskutiert und Parolen dazu beschlossen werden. Getagt wird während der Session am Dienstagnachmittag vor Sessionsbeginn, zusätzlich nach Bedarf. Fraktionen führen Klausurtagungen durch, um Grundsätzliches zu diskutieren, Strategie und Taktik zu bestimmen.

Gleichgesinnte sind zugleich Rivalen. In der Fraktion wird das Präsidium mit dem Vorstand gewählt. Es wird entschieden, wer in welche Kommission darf, wer Fraktionssprecher wird oder die Fraktion wo immer vertritt, etwa gemäss Turnus im Ratspräsidium oder im Europarat. Das geht nicht einfach ‹à l'amiable›, sondern auch per Kampfabstimmung. Deshalb ist die Fraktion halt zeitweise eine Konkurrenzgesellschaft.

Eine minimale Fraktionsdisziplin braucht es. Wer im Plenum anders stimmt, als die Fraktion beschlossen hat, sollte das überzeugend begründen können. Bei Gewissensfragen gilt die individuelle Stimmabgabe. Ich reagiere ungeduldig beim oft gehörten Vorwurf, in einer Partei dürfe man keine eigene Meinung mehr haben. Es ist wie in der Familie. Eine Partei ist kein Chor zur Eintracht.

Hilfreich ist der parlamentarische Dokumentationsdienst. Was immer ich an Unterlagen anforderte, habe ich bekommen. Der Dok-Dienst ist das politische Munitionsdepot.

Partei und Fraktion beschäftigen ein paar Spezialisten, die einem zur Verfügung stehen. Im Deutschen Bundestag haben grosse Fraktionen wie CDU und SPD an die 120 spezialisierte Angestellte – bezahlt vom Staat. Dazu werden den Abgeordneten noch persönliche Mitarbeiter zugeteilt. Verglichen mit dem Berufsparlament in Berlin politisiert das Milizparlament in Bern wie im Armenhaus.

Das A und O ist das Sich-Informieren. Ich bin ein passionierter Zeitungsleser. Noch heute habe ich sechs Tageszeitungen abonniert.

Es waren einmal zehn. Plus Zeitschriften, Politmagazine, Sonntagszeitungen, Fernsehen und das ‹Echo der Zeit› im Radio als Nummer eins. Dazu natürlich Bücher.

Ich staunte über Ratskollegen, die kaum Zeit zum Lesen fanden. Meistens waren es jene, die zu viel Zeit für das Repräsentieren reserviert hatten.

Der Bundesrat unterbreitet dem Parlament seine Anliegen mit einer ‹Botschaft›. Damit begründet er eine Gesetzesrevision, einen Kredit und so weiter. Bei einem Rüstungskredit für die Armee wurden wir mit informativer Magerkost bedient. Mit der Begründung, der Feind in Moskau lese mit. Als ob die Sowjetmilitärs keinen Geheimdienst gehabt hätten. Ich kompensierte das Defizit in Stockholm, Wien oder Bonn, informierte mich bei befreundeten Regierungen und Abgeordneten, sonst wäre ich in der Militärkommission der Militärbürokratie ausgeliefert gewesen. Das wiederum hätte ich mit der parlamentarischen Sorgfaltspflicht nicht vereinbaren können.

1984 hatte das EMD, das Eidgenössische Militärdepartement, heute VBS, einen Kredit von 4,5 Milliarden Franken für 420 deutsche Leopard-Panzer beantragt. Ein Panzer 10 Millionen. Beim Besuch in Bonn hatte ich erfahren, dass die Bundeswehr dafür wesentlich weniger bezahlt hatte. Der Fraktionsprofi für Verteidigung, ein General a.D., gab mir die deutschen Zahlen schriftlich mit nach Basel. Ich bat Nicolas Hayek, damals Unternehmensberater, noch nicht ‹Uhrenmacher›, das Dokument zu überprüfen. Was er auch tat – mit den Worten: «Schön, dass auch mal ein Politiker etwas von mir wissen will.» Ich erwähne das, weil ich oft gefragt wurde: «Wie bist du an Hayek herangekommen?» Meine Antwort: «Ich habe ihm telefoniert.»

Hayek wurde dann von der Militärkommission sogar als Experte engagiert. Dank ihm konnte fast eine Milliarde eingespart werden.

Ohne meinen Besuch in Bonn, damals noch Hauptstadt, hätte die Rüstungslobby nicht in den Mond geschaut. Wir wären «dem Filz in Bern», wie Hayek in der Kommission darlegte, nicht auf die Schliche gekommen. Für das militärische Alltagsgeschäft stellte sich mir ein Fachmann als persönlicher Berater zur Verfügung.

Politiker, hörte ich oft, hätten keine Ahnung mehr, was die Leute beschäftige. Unsinn! Pauschal liegt der Vorwurf sowieso daneben. Persönlich habe ich mich vor dem Abgehoben-Sein geschützt. Da ist zunächst einmal meine Gret. Sie wäre mir als Erste auf die Füsse getreten. Wie beim Manuskript. Es gibt Tage, da läuft es einfach nicht. Da ist das Schreiben ein Geknorze. Beim Gegenlesen blieb Gret unerbittlich: «Aber das willst du nicht etwa veröffentlichen?» Ich wusste es ja selbst: Ein Meisterwerk war's nicht. Aber sie hätte doch ein Auge zudrücken können. «Nein, dir zuliebe», gab sie zurück.

Drei Freunde, so war es vereinbart, hätten mir den Rettungsring vor dem Abheben zugeworfen. Sie blieben gnadenlos, beim Lob und in der Kritik. Vor Opportunisten und Schmeichlern muss man sich absichern. Baute ich Mist, fielen sie mir als Erste in den Rücken. Beim Regen brachten die anderen den Schirm. Noch etwas. Wichtig sind Bürger, die mir geholfen haben. Zwei Beispiele:

Der ‹Judenstempel›

Anfang 1995 überraschte mich August Bohny, ein Lehrer in Basel, mit einem auf den ersten Blick sonderbaren Vorschlag. Ob ich im Nationalrat nicht einen Vorstoss einreichen könnte, der Bundesrat sollte sich endlich für den ‹J-Stempel› entschuldigen. Am 8. Mai 1995 sei es 50 Jahre her, dass der Zweite Weltkrieg zu Ende ging. Bohny hielt dieses Jubiläum für den geeigneten Stichtag, diese Entschuldigung anzubringen.

Am 1. Februar 1995 reichte ich an den Bundesrat folgendes Postulat ein:

«Am 8. Mai 1995 jährt sich zum fünfzigsten Mal die Kapitulation von Hitler-Deutschland und damit das Ende des Zweiten Weltkrieges in Europa. Aus den Kriegsjahren von 1939 bis 1945 ist eine unbewältigte historische Altlast zurückgeblieben. Ich verweise auf den Bericht des Bundesrates an die eidgenössischen Räte von Professor Dr. Carl Ludwig: ‹Die Flüchtlingspolitik der Schweiz in den Jahren 1933 bis 1955›. Darin wird aktenkundig nachgewiesen, dass der berüchtigte ‹J-Stempel› im Pass von deutschen und österreichischen Juden mittels einer Kooperation zwischen deutschen und eidgenössischen Behörden eingeführt worden war.

Der Ludwig-Bericht wurde im Nationalrat am 30. Januar 1958, im Ständerat am 6. März 1958 diskutiert. Der Vertreter des Bundesrates erwähnte weder eine Mitverantwortung der offiziellen Schweiz am ‹J-Kennzeichen›, wie der amtliche Ausdruck lautete, noch äusserte er Worte des Bedauerns. Ebenso wenig distanzierte er sich von der am 13.8.1942 an die Kantone ergangenen Weisung, ‹Juden seien nicht als politische Flüchtlinge anzusehen› (Schweizer Lexikon, Band 3). Nach meinem Wissensstand hat sich die Landesregierung auch seither für diese Anordnungen noch nie entschuldigt.

Ich ersuche den Bundesrat, das bisher Versäumte nachholen zu wollen. Eine unbewältigte Phase in unserer jüngsten Geschichte kann natürlich nicht ungeschehen gemacht, wohl aber in angemessener Form auf würdige Art an die Adresse der Menschen jüdischen Glaubens, wo immer sie leben mögen, bedauert werden.»

Ich fasse meine sorgfältige Begründung des Postulats kurz zusammen:

Alfred A. Häsler hat mit dem Buchtitel ‹Das Boot ist voll› Bundesrat Eduard von Steiger zitiert. Nach heutigem Urteil war diese Angstparole viel zu früh und unberechtigt herausgegeben worden. ‹Bern› hatte in Berlin mehrfach interveniert, Deutschland würde zu viele Emigranten an die Schweiz überweisen. Es müssten Massnahmen angeordnet werden, «um einreisende Emigranten zu kontrollieren und zu sieben». Damit waren Juden gemeint.

Am 7. September 1938 konnte der Schweizer Gesandte in Berlin, heute sagen wir ‹Botschafter›, H. Fröhlicher melden, die deutschen Behörden seien nun grundsätzlich bereit, «eine Kennzeichnung der an Juden ausgestellten Pässe vorzunehmen».

Das heisst, diese antisemitische Politik war von ‹Bern› ausgegangen. 1938, noch vor Kriegsausbruch.

Deutsche und schweizerische Vertreter diskutierten über zwei Varianten: 1. den Vornahmen von Juden mit roter statt mit schwarzer Tinte herauszustreichen; 2. den Buchstaben ‹J› mit zwei Zentimeter Durchmesser im Pass anzubringen.

Das ‹Merkmal J› erhielt schweizerischerseits den Vorzug. Rote Tinte konnte mit schwarzer «neutralisiert werden.»

Am 4. Oktober stimmte der Bundesrat dem ‹J› zu und ratifizierte es nach einem Notenaustausch mit Berlin.

Eine üble Rolle hatte Heinrich Rothmund, Chef der Fremdenpolizei beim Bund, gespielt. Er musste gewusst haben, dass ihm sein Chef, Justizminister Eduard von Steiger, die folgende Aussage nicht übel nahm: «Es ist uns bis heute nicht gelungen, durch systematische und vorsichtige Arbeit die Verjudung der Schweiz zu verhindern.»

Für Jacques Picard, Autor des Buches ‹Die Schweiz und die Juden›, erschienen 1994, ist bewiesen, wer den ‹J-Stempel› erfunden hat: «Er ist von schweizerischen Amtsstellen verlangt und vorgeschlagen worden.»

Am 8. Mai 1995 traf sich die Bundesversammlung zu einer Gedenkfeier zum 50. Jahrestag des Endes des Zweiten Weltkriegs. Bundespräsident Kaspar Villiger hatte in seiner Rede eine Entschuldigung für den ‹J-Stempel› eingebaut und so auch mein Postulat beantwortet.

August Bohny löste nicht ‹nur› die Entschuldigung aus. Wir wurden an ein düsteres Kapitel unserer Geschichte zurückerinnert: Dass der höchste Polizeichef der Schweiz, ohne vom Bundesrat diszipliniert worden zu sein, «gegen die Verjudung der Schweiz» polemisieren durfte.

Beide, der Kniefall vor Nazi-Deutschland mit dem ‹J› sowie die antisemitische Hetze des Heinrich Rothmund, bleiben schändliche historische Wegmarken.

Die ‹Viererbande›

Wie August Bohny haben mir auch andere gute Vorschläge zum Vollzug anvertraut. Wobei auch Unbrauchbares dazu gehörte. Mühe machte mir die vorwurfsvolle Ungeduld, weshalb ich, wieso die SP nicht schon längst dies und jenes realisiert habe. Weil, so mein schlichter Bescheid, diese SP eben keine Mehrheit im Bundeshaus habe.

Oft sind es diese Anspruchsvollen, die uns bei Wahlen im Stich lassen. Meistens, weil sie nicht wählen gehen. Dazu der griechische Philosoph Sokrates: «Wer zu klug ist, um sich in der Politik zu engagieren, wird dadurch bestraft, dass er von Leuten regiert wird, die dümmer sind als er selbst.»

Als kleine Ich-AG habe ich die meiste Arbeit selbst geleistet. Hilfreich dabei war unser Kollektiv. Davon profitierte ich auf eher ungewöhnliche Art. Lilian Uchtenhagen, Andreas Gerwig, Walter Renschler und ich sassen im Nationalrat nebeneinander in der zweitvordersten Reihe. Mit zunehmender Amtszeit wechselte man normalerweise in die hinterste Reihe. Sie liegt unter der Tribüne. Auch wer nicht anwesend ist, wird von der Zuschauertribüne aus nicht vermisst – weil die Tribünenbesucher das gar nicht sehen können.

Wir sind vorne geblieben. Das ist den Journalisten natürlich nicht entgangen. Was war der Grund? Gewisse Redner vom rechten politischen Ufer reizten uns zu Zwischenrufen. Da ist man vorne näher am Gegner.

Irgendwann ist einem Journalisten eingefallen, uns als «Viererbande» zu titulieren. Den Ehrentitel sind wir nicht mehr losgeworden.

Wir funktionierten als Arbeitsgemeinschaft. Wer für Auftritte im Fernsehen, Radio oder auf dem Podium im ‹Bären› aufgeboten wurde, mit dem trainierten wir mögliche Szenarien. Das obligate Referat am 1. Mai verfasste einer für alle. Die drei anderen konnten streichen, was ihnen nicht passte, und ergänzen, worauf sie nicht verzichten mochten. Wir tauschten Bücher aus, «das solltest du lesen oder kannst du dir ersparen».

Für die Debatten im Ratsplenum bereiteten wir uns besonders gut vor. Die Viererbande wurde in den bürgerlichen Reihen respektiert und auch gefürchtet. Das machte richtig Spass.

Drei-, viermal im Jahr führten wir Informationsgespräche mit Unternehmern und Konzernleitungen. Wir wollten erfahren, welche Probleme und Erwartungen an die Politik sie haben. Wir sind auf Anfrage stets eingeladen worden. Unser Motto lautete: keine Berührungsängste.

Abends, nach Sitzungsschluss im Bundeshaus, hockten wir oft mit Journalisten zusammen. Sie waren scharf auf Hintergrundinformationen. Wieso hat die SP-Fraktion so und nicht anders entschieden? Wir wiederum profitierten von ihren Ansichten und guten Tipps.

Meistens mit zwei, drei Ratskollegen aus der eigenen oder aus einer bürgerlichen Fraktion haben wir uns kulinarisch verwöhnt. Am liebsten im Restaurant ‹Pinocchio› an der Aarbergergasse, mit der pikanten italienischen Mamma-mia-Küche.

Allgemein wird angenommen, in der Freizeit würde vor allem gejasst. Das war mal so. Als der spätere Bundesrat Hans Peter Tschudi für den Ständerat kandidierte, meinte sein Vorgänger Gustav Wenk: «Dann musst du aber jassen können.»

Gelegentlich trafen wir uns mit zwei, drei engen Freunden und mit den Familien auf Rigi-Kaltbad in der Hostellerie. Zum Gedankenaustausch über den tagespolitischen Tellerrand hinaus. Wir waren eine herrliche Bande, mit einer wunderbaren Freundschaft. Als ‹Sondereinsatzkommando› für die SP.

Ein paar Zeilen noch möchte ich einem ganz besonderen ‹Berater› widmen. Ich nehme als Vergleich den Simulator. Piloten werden streckenweise am Simulator ausgebildet. Den gibt es in der Politik nicht. Für mich allein habe ich eine fingierte Kunstfigur ausgedacht: den Heiri Huber. Ein Mann aus dem Volk, von Beruf Buschauffeur, also im ständigen Kontakt mit den Leuten. So hatte ich ihn mir gedanklich vorgestellt.

Immer wenn wir in der Fraktion, in der Partei umstrittene Entscheide fällen mussten, konsultierte ich für mich im Stillen den Heiri Huber. Wie der wohl reagieren würde? «Typisch Sozi, halt am Volk vorbei», oder wäre er wenigstens halbwegs zufrieden? «Sie haben schon Dümmeres beschlossen.» Es war das schwer erklärbare Bemühen, mich über den Heiri Huber noch einmal kritisch zu hinterfragen.

Diesen Heiri-Huber-Typ hatte ich zufällig angetroffen. In der Migros-Bar am Claraplatz in Basel. Drei Minuten von meinem Büro entfernt. Jordi, wie er hiess, traute Politikern alles zu, nur nichts Gutes – und das auch jedem in seinem Kleinbasler Hafendialekt unverblümt mitteilte. Wenn der verbale Grobian zu seinem Spezi nebenan mit Blick zu mir sagte: «Aber er ist der einzige Politiker, der zu uns hockt», wusste ich: Das war eine versteckte Liebeserklärung.

Meine Sprechstunde

Mit zunehmender Dienstzeit im Bundeshaus bin ich bekannt geworden. Als SP-Präsident dann erst recht. So wurde ich auf der Strasse häufig angesprochen. In Basel sowieso, aber auch in Bern, Lenzburg oder wo immer. Meistens mit der Entschuldigung, ob das nicht lästig sei? «Nein, leiden tun jene Politiker, an denen die Leute vorbeilaufen», bedankte ich mich. Das Mauerblümchen ist nicht die Lieblingsblume von Politikern.

Die Bekanntheit verschaffte mir mehr Arbeit. Das hat bis heute angehalten, jedoch nicht mehr mit der gleichen Kadenz. Dabei benötige ich das sichere Gespür, mich nicht missbrauchen zu lassen. Wenn eine Kindergärtnerin aus Glarus mich um Vermittlung bat, weil sie mit ihrem Chef Krach hatte, musste ich passen. Ebenso beim Herr X aus Luzern, der mich gerne als Schlichter im familiären Streit um das Erbe eingesetzt hätte. Solche Anfragen waren nicht etwa selten.

Irgendwann führte ich meine Sprechstunde ein. Einmal in der Woche. Drei Fälle nur möchte ich herausgreifen:

Im November 1997 wiederholte sich der hundertste Jahrestag des Zionistenkongresses von 1897 in Basel. Theodor Herzl hatte damals die Vision des Staates Israel verkündet. Da kam der mir unbekannte Shlomo Graber in die Sprechstunde und bat mich, ihm eine Einladung zum Jubiläumskongress zu verschaffen. Angemeldet waren Gäste aus der ganzen Welt. So einfach sei eine Einladung nicht zu bekommen, dachte ich im ersten Moment. Im zweiten nicht mehr.

Shlomo Graber ist ein Überlebender aus dem Konzentrationslager Auschwitz. Der zuständige Regierungsrat, den ich konsultierte, besorgte ihm selbstverständlich eine Einladung.

Shlomo Graber wohnt in Basel, führt mit seiner Partnerin eine Galerie. Und malt. Alle seine Bilder sind leuchtende Aufsteller. Gemalt in Farben, die Lebensfreude ausstrahlen. Ich kenne kaum einen Menschen, der wie Shlomo Graber eine geradezu unbändige Lebensfreude verströmt. Wenn einer das geniesst, dann er. Er lebt sein zweites Leben. Ernsthaft und optimistisch zugleich. Ihn kennengelernt zu haben, hinterlässt unendliche Dankbarkeit.

Shlomo Graber hat als einer der letzten KZ-Zeugen im Mai 2015 seine Autobiografie veröffentlicht. Er wurde zu Vernissagen nach Görlitz in Deutschland, nach Budapest, Zürich, Luzern eingeladen. In Basel zu drei verschiedenen Veranstaltungen. Shlomo Graber in meiner Sprechstunde war schon ein ungewöhnlicher Gast. Ein einmaliger. Der mich jedesmal, wenn wir uns treffen, tief beeindruckt. Nach so viel Leid so viel Lebenslust. Grossartig!

Ich erlebte auch Kurioses: «Muss ich mir das gefallen lassen?», überfiel mich der stadtbekannte Schienenputzer der Basler Verkehrsbetriebe Sämi Sägesser. Mit einem Spezialgerät schritt er täglich viele Schienenkilometer ab. Im heutigen Verkehr wäre das lebensgefährlich.

Der Lohn wurde Ende Monat noch bar ausbezahlt. Dann gehe er mit Kollegen ‹einen schnappen›, ein Bier trinken. Das dulde seine Frau einfach nicht. Meistens bekomme «ich ‹auf den Ranzen› und fliege wie ein ‹Hurrlibub› unter den Schüttstein», beklagte er mit traurigen Dackelaugen seine Misere.

Er gehe wohl nicht nur einmal, sondern regelmässig ‹einen schnappen›, unterstellte ich ihm. «Nein, nur am Zahltag.» Ob er denn gegen seine Frau körperlich dermassen unterlegen sei, bohrte ich weiter. «Du siehst mich ja, mit meiner Grösse von einem Meter fünfzig bin ich halt kein Kranzschwinger.» Wohl wahr, nickte ich ihm zu.

Ich bat Sämi, mich, diesmal mit der Frau, noch einmal zu besuchen. In der Woche darauf sassen beide bei mir, Fliegengewicht neben Schwergewicht. Es war ein Bild für die Götter. Nein, der Kleine war chancenlos.

Sie bestätigte, dass er tatsächlich nur am Zahltag ‹einen schnappen› ging. «Einmal ist keinmal, das ist bekanntlich aller Laster Anfang», mimte sie die Besorgte. «Und das dulde ich nicht», gab das Schwergewicht den Tarif durch.

Sägessers wohnten zu dritt. Ich ahnte, das ewige Vorurteil von der bösen Schwiegermutter könnte zutreffen. Um die beiden zu testen, schlug ich vor, die Wohngemeinschaft aufzugeben. Beide erklärten sich damit sofort einverstanden. Das Ende ist schnell erzählt: Ich suchte und fand für sie am anderen Ende der Stadt eine Wohnung. Das war ein Volltreffer. Ein paar Monate später traf ich einen aufgestellten Sämi vor dem Fussballstadion St. Jakob beim Schienenputzen. Munter blinzelte er mir verschmitzt zu, «ich bekomme nicht mehr auf ‹den Ranzen›». Hulda gehe arbeiten, so könnten sie sich mehr leisten. Am letzten Sonntag seien sie auf dem Jungfraujoch gewesen. Sägesser hätte das allein nie geschafft, er brauchte meine Hilfe.

Einem Bauarbeiter war ein Malheur passiert. Ihm fiel ein Blumentopf auf das Glasdach. Dafür stellte ihm der Vermieter eine Rechnung über 736 Franken. Er müsse zahlen, nein, sie hätten keine Haftpflichtversicherung, teilte ihm die Immobilien AG mit. Er hatte sich erlaubt, deswegen vorzusprechen.

Wahrscheinlich hatte er mehrere schlaflose Nächte hinter sich, bis er sich getraute, bei mir anzuklopfen. Der Bauarbeiter lebte von der AHV-Minimalrente mit gerade mal 800 Franken im Monat. Nach Abzug der Miete verblieben ihm 420 Franken. Da liegen zusätzliche Ausgaben von 736 Franken einfach nicht drin. Wie denn?

Für solche Fälle hatte ich mir meine eigene Taktik zugelegt. An sich spielte für mich der Titel als Nationalrat keine Rolle. Er figurierte nie auf der Visitenkarte. Aber als ‹Waffe› war er sehr hilfreich. Beim Anruf an den Direktor der Vermieter AG meldete ich mich als Nationalrat an. «Wer ist am Apparat, Nationalrat Hubacher?» – «Ja, so ist es.» – «Natürlich haben wir eine Haftpflichtversicherung. Sie müssen entschuldigen, Herr Nationalrat, da ist meiner Sekretärin ein Fehler unterlaufen.»

Wenn der ‹Herr Nationalrat› am Telefon war, hatte sich die Rechtslage öfters schlagartig zum Guten verändert. Für den Bauarbeiter bedeutete das Entwarnung. Nicht ganz. Mich interessierte, weshalb er mit seiner Minimalrente keine AHV-Ergänzungsleistung bekam. Das sei Fürsorge, so etwas komme für ihn nicht infrage. Nein, belehrte ich ihn, darauf bestehe ein gesetzlicher Rechtsanspruch. Allerdings nicht automatisch, man müsse sich. anmelden. Es brauchte einige Zeit, bis er das akzeptierte. Ich meldete ihn bei meinem Freund Carl Miville, Leiter der AHV-Ausgleichskasse, an. Mit einem wunderschönen Happy End: Eine Woche danach kam der Bauarbeiter, um sich zu bedanken. Die Ergänzungsleistung von 350 Franken im Monat wurde ihm für drei Jahre nachbezahlt. Ich habe selten jemanden glücklicher verabschiedet.

Ich notierte einen meiner liebsten Erfolge. Und nehme für mich in Anspruch: Die Sprechstunde war eine gute Idee.

Das bisschen Freizeit

Basel ist im europäischen Vergleich eine grössere Kleinstadt. Aber Anlässe finden am Rhein jede Menge statt. Als Nationalrat rückte ich auf die Promiliste von etwa 150 Personen, die zu allem eingeladen werden. Ich begriff schnell: Ich musste nicht nur meine Arbeit, sondern ebenso die Freizeit planen, um nicht aufgefressen zu werden.

Rückblickend staune ich gelegentlich über mich selbst. Darüber, wie ich Beruf, Nationalrat und SP-Präsident zeitlich unter einen Hut brachte.

Als mein Freund Carl Miville, Ständerat von Basel, und ich für den familiären Jass mühsam einen freien Termin suchten, meinte er: «Manchmal frage ich mich, ob wir Politiker überhaupt noch normal sind.»

Das Repräsentieren macht unterschiedlich Spass. Die einen sind für jede Einladung dankbar. Am Wochenende lieber drei als keine. Bei mir sind 98 Prozent der Einladungen im Papierkorb gelandet. Als einmal der FC Basel im Januar zum Hallenfussballturnier in der St.-Jakobs-Halle eine Eintrittskarte schickte, nahm ich die Einladung an. Mein freisinniger Ratskollege Paul Wyss fragte mich: «Absolvierst du gerade das Jahresprogramm?»

Das Pensum an Abendsitzungen verlangte so noch Höchstleistung. Ich hätte neben dem Pflichtpensum die totale Betriebsamkeit weder mental noch physisch ausgehalten. Ich wäre mir wie ein Hamster vorgekommen, der ununterbrochen sein Rad dreht.

Zum einen brauchte ich das Zusammensein mit der Familie. Deshalb galt für mich eisern die Regel: Am Wochenende nie! Ausgenommen einmal im Jahr der SP-Parteitag sowie die etwa zehn Sitzungen des Parteivorstands am Samstagvormittag bis etwa 13 Uhr. Das Wochenende verbrachten wir oft im Pflanzlandgarten der Genossenschaft ‹zur Scholle› zwischen Oberwil und Allschwil. Ohne Handy und Telefon konnte ich wunderbar abschalten, faulenzen, Ideen tanken, Bücher lesen, mit einem Wort: Dieser Garten ersetzte uns das Fitnessstudio.

Ich habe Politiker fast bewundert, die mit fünf, sechs Stunden Schlaf auskommen. Ich brauchte im Schnitt meine acht Stunden.

Noch etwas. Mein verstorbener Freund und Fraktionskollege Andreas Gerwig hatte mir ein wunderbares Rezept verpasst: «Es ist einfach viel lustiger, das Geld für Ferien statt für das Spital auszugeben.» Das war seine Reaktion auf mein Jammern, ich hätte kaum Zeit für Ferien. Von da an wurden bei Hubachers sechs Wochen Ferien fest eingeplant. Plus acht bis zehn Ruhetage über Weihnachten und Neujahr. Das war ebenso der Standard für meine Mitarbeiterinnen und Mitarbeiter. Über die Festtage Ende und Anfang Jahr ist sowieso nie richtig gearbeitet worden.

Da war noch unsere Nachbarin. Sie hatte sich einmal bei Gret ausgeweint: «Frau Hubacher, haben Sie es schön. Mein Mann ist in keinem Verein und hockt jeden Abend zu Hause. Ich halte das fast nicht aus.» So konnte ich, wenn Gret fand, ich sei in letzter Zeit nie mehr daheim, kontern: «Denk an unsere arme Nachbarin!»

Sind Politiker ehrgeizig?

Ja, ich bin ehrgeizig. Im Umzug nur einfach mitzulaufen, wäre mir zu langweilig gewesen. Bei der Tour de France pedalen alle Fahrer die gleiche Strecke. Der Letzte im Klassement legt genauso viele Kilometer zurück wie der Erste im ‹maillot jaune›. Dem Leader fällt das Rennen mental leichter als dem Letzten, nehme ich jetzt einmal an. Um mit dem Vergleich fortzufahren, auch Politik macht auf der grossen Bühne mehr Spass als hinter der Bühne.

Künstler lebten vom Beifall, sagt man. Politiker ebenfalls. Applaus auf dem Podium im ‹Löwen› ist wie ein Schaumbad. Herrlich.

Ehrgeizig zu sein, bedeutet für mich nicht, einfach Karriere zu machen. Das Ego spielt schon eine Rolle. Aber mein Ehrgeiz war: Wenn ich Politik mache, dann richtig. Dieses Privileg als Chance zu nutzen, den Vertrauensvorschuss zu rechtfertigen.

Mein Ehrgeiz hat es nicht zugelassen, Versprechen vor den Wahlen als Versprecher nach den Wahlen zu brechen. Vertrauen ist für einen Politiker das wichtigste Kapital. Man verliert es nur einmal. Die Leute sollten spüren, der Hubacher meint, was er sagt. Mir ist immer wieder attestiert worden, ich würde nicht um den heissen Brei taktisch herumreden, sondern meine Meinung offen vertreten. Solche Komplimente haben meinen Ehrgeiz als Bestätigung für gute Arbeit zufrieden gestellt.

Oft stolpern Politiker über finanzielle Verlockungen. In Brasilien war Lula der erste linke Staatspräsident. Der einstige Metallarbeiter übernahm das höchste Amt im Staat. Im März 2016 hat ihn die Vergangenheit eingeholt. Er wurde in Handschellen dem Staatsanwalt vorgeführt. Vorgeworfen wird ihm Korruption. Bauunternehmer hätten sein Haus für Millionen in eine Villa umgebaut. Neben dem persönlichen Versagen hat er Millionen von Menschen und die Partei enttäuscht.

Ich habe mir geschworen, mir finanziell nie etwas zuschulden kommen zu lassen. Als Parteipräsident akzeptierte ich lediglich 6000 Franken für meine Arbeit, Spesen inbegriffen. Nicht etwa in Monat, im Jahr. Meine Entschädigung als Vizepräsident des Verwaltungsrats Coop Basel von etwa 21 000 Franken habe ich dem Basler Gewerkschaftsbund, meinem Arbeitgeber, überschrieben. Obschon ich meinen Lohn auf 60 Prozent reduziert habe. Wahrscheinlich bin ich mit meiner Bescheidenheit zu weit gegangen, so dass man mich für blöd hätte halten können.

Ich würde dieses Modell keinem empfehlen. Gute Arbeit darf auch im Milizsystem ordentlich entschädigt werden. Idealismus wird einem nicht verdankt.

Ich habe mich bemüht, als Prominenter nicht von oben herab aufzutreten, sondern als Bürger Hubacher. So wie der Lastwagenchauffeur, der seine Güter transportiert.

Mein Ehrgeiz hat mich nicht dazu verführt, Ämter anzunehmen, denen ich nicht gewachsen wäre. Normalerweise wäre ich einmal Ratspräsident geworden. Dann hätte ich das SP-Präsidium aufgeben müssen. Das wollte ich nicht. Deshalb hatte ich auch darauf verzichtet, Nationalratspräsident, damit angeblich höchster Schweizer zu werden. 1985 kündigte ich meiner Fraktion erstmals, nachher noch zweimal meinen Verzicht an. Das Amt passte nicht zu mir. Bei meiner erwähnten Repräsentationsunlust wäre ich die ideale Fehlbesetzung gewesen. Ich glaube zu wissen, was ich kann und was nicht.

Nie geschwindelt?

FDP-Nationalrat Ernst Cincera, Zürich, wurde als «Schnüffler der Nation» bekannt. Er hatte ein Archiv gegen linke Subversive aufgebaut. AKW-Gegner oder Frauen für den Frieden wurden als solche registriert. Je weiter rechts einer steht, desto mehr Linke sieht er bekanntlich.

Nach einem verbalen Duell im Radio zwischen Cincera und mir verabschiedeten wir uns in der Garderobe. «So, das Theater wäre vorbei», meinte er. Ob das für ihn nur Theater war, fragte ich. Seine Antwort: «Sie wollen doch nicht etwa behaupten, gesagt zu haben, was Sie denken?»

Solche Typen ruinieren den Ruf der Politik. Als Cincera mir später das Du androhte, lehnte ich brüsk ab: «Niemals, so tief bin ich noch nicht gefallen.»

Wenn es um unangenehme Zeitgenossen geht, komme ich um Michael Dreher, in den 1990er-Jahren Nationalrat der Autopartei, nicht herum. Er hatte einmal im Berner Nobelhotel ‹Bellevue› seine miese Gesinnung demonstriert: «Linke und Grüne an die Wand gestellt und mit dem Flammenwerfer darüber.»

1991 eröffnete ich als Alterspräsident nach den Wahlen die neue Legislaturperiode. SP-Nationalrat Andy Gross fiel als Neugewählter aus dem Kleiderrahmen. Statt mit einem Veston gekleidet, sass er im Pullover da. Das hatte es seit Bestehen des Bundesstaates, also immerhin 143 Jahre lang, nie gegeben. Dreher verlangte dazu das Wort. Andy Gross verstosse gegen das Kleiderreglement, das es damals tatsächlich gab. «Solange ich präsidiere, werden Sie das Wort nie bekommen», schickte ich den ‹Flammenwerfer› an seinen Platz zurück.

Johannes Rau deponierte als deutscher Bundespräsident sein politisches Geheimnis: «Man soll sagen, was man denkt, und tun, was man sagt.» Das umzusetzen, ist dann doch nicht ganz so einfach. Ob ich diesem Grundsatz nachgekommen bin? Ich habe mich bemüht.

Der 1983 verstorbene SP-Bundesrat Willi Ritschard hat mich auf amüsante Art beraten: «Ich habe ein schlechtes Gedächtnis und kann deshalb nicht lügen. Ich wüsste nämlich nicht mehr, was ich gelogen hätte. Sag also, was du denkst, dann kann man dir nicht vorwerfen, Hubacher, vor einem Monat haben Sie genau das Gegenteil erklärt.»

Wenn ich Umfragen glauben soll, geniessen Politiker allgemein keinen guten Ruf. Angeblich hat man zu ihnen wenig Zutrauen, weil man ihnen alles zutraut. Meine Erfahrungen sind andere. Ich war als Nationalrat nie jedermanns ‹Darling›, sondern umstritten. Entweder gab's Beifall oder Pfiffe, also nicht lauwarm, sondern heiss oder kalt. Hingegen attestierten mir selbst die Gegner, ich sei glaubwürdig. Ich vertrete meine Meinung, meine Überzeugung offen, ungeschminkt, nicht diplomatisch-taktisch.

Es gibt Ereignisse, die ich nie vergesse. So eines passierte bei meinem kurzen Gastspiel bei der Gewerkschaft der Eisenbahner. Man nannte ihn den «Eisenbahnergeneral», Robert Bratschi, den grossen Gewerkschaftsboss. Ich habe ihn dann im Nationalrat noch vier Jahre live erlebt. 1967 hörte er nach 45 Jahren auf. Robert Bratschi ist als Sozialpolitiker in die Geschichte eingegangen. FDP-Bundesrat Walter Stampfli und Bratschi hatten zusammen die AHV aufgegleist, haben das grösste Sozialwerk der Schweiz realisiert.

Robert Bratschi hat mir einen Tipp fürs Leben mitgegeben. Heute noch denke ich beim Schreiben daran. «Schreib nicht gescheiter, als du bist», höre ich ihn, als ob er es gestern gesagt hätte. «Und mach kurze Sätze. Ich habe da einen ellenlangen Satz von dir gelesen und komme immer noch nicht draus, was du sagen wolltest.» Auf einen Nenner gebracht, lehrte mich Bratschi eines: einfach und verständlich zu schreiben. Auf die Politik übertragen hat das für mich geheissen, klipp und klar zu votieren, nicht um den Brei herumzureden. Das gelingt mal besser, mal weniger. Mich freut es, wenn ich auf der Strasse angesprochen werde, weil mir Leser meiner Kolumnen gratulieren, ich würde auch Kompliziertes verständlich erklären. Das hat mir Robert Bratschi beigebracht.

Politik kann sogar heiter sein

In der Fernseh-Arena geht es zuweilen langweilig hin und her. Dennoch interessant. Vor allem, seit ich selbst nicht mehr mitdiskutiere, sondern zuschaue. Wie so vieles sollen auch die Fernsehdebatten früher spannender gewesen sein. Natürlich, ein Peter Bodenmann fehlt, der einmal die Armee als «Trachtenverein» abserviert hat und aus einer Sendung davongelaufen ist, weil ihm Economiesuisse den Schmidli statt den Schmid als Gesprächspartner zugemutet hatte. Aber der allgemeinen Klage, solche politische Elefanten gebe es halt nicht mehr, ist mit Vorsicht zu begegnen. Drüben, in Deutschland, haben sie auch keinen Herbert Wehner, Willy Brandt, Helmut Schmidt oder Helmut Kohl mehr.

Es mag ja sein, dass die politischen Wellen etwas flacher geworden sind. Mir gehen in der Fernseh-Arena jene Schnellredner auf den Wecker, die auf jede Frage sofort, ohne nachdenken zu müssen, eine Antwort parat haben. Die nie an sich zweifeln und schon gar nicht erklären würden: «Das weiss ich nicht.» Andere wiederum reden und reden und sagen nichts. Das sind jene Leichtmatrosen, die sich nicht festlegen wollen. Die verschweigen, was sie denken. Das merken die Zuschauer. Dann kommt sogar ein Nationalrat Toni Brunner gross heraus, obschon er jahrein, jahraus immer das Gleiche behauptet.

Dafür war die Urner freisinnige Nationalrätin und FDP-Fraktionschefin Gabi Huber erfrischend langweilig. Sie verzieht keine Miene, wechselt mit ihrer monotonen Stimme nie die Tonlage, redet dafür Klartext. Grossartig. Umgekehrt hat die Zürcher SP-Nationalrätin Jacqueline Badran die unverwüstliche rhetorische Wucht, um eine Diskussionsrunde zu beleben. Nein, es gibt sie schon noch, die Ausnahmekönner.

Wenn ich für den offenen Schlagabtausch plädiere, will ich gerne zugeben, nicht immer nur die lautere Wahrheit verkündet zu haben. Es gibt Momente, in denen schweigen statt reden geboten ist. In denen ich den zweiten Pfeil im Köcher als Reserve brauchte. Nicht zu sagen, was ich weiss, ist ja nicht gelogen, sondern ‹nur› so etwas wie die halbe Wahrheit. Das gehört zum politischen Spiel. So auch der Respekt vor dem politischen Gegner. Womit ich zu Christoph Blocher komme.

Blocher bat mich 1987 um ein vertrauliches Gespräch. Wir trafen uns in seinem Büro in Zürich. Ich sei der Erste, den er informiere, vernahm ich.

Das AKW in Kaiseraugst könne aus politischen Gründen nicht gebaut werden. Er schlug vor, die vier Bundesratsparteien sollten im National- und Ständerat gemeinsam Vorstösse einreichen, es sei auf ‹Kaiseraugst› zu verzichten.

Das war eine Sensation. Seit zwölf Jahren führten die Atomlobby und die AKW-Gegner um dieses AKW einen politischen Glaubenskrieg. Als am 1. April 1975 die Bagger auffuhren, um mit dem Aushub zu beginnen, wurde das Baugelände besetzt. Nach drei Monaten erklärte sich Bundesrat Willi Ritschard als zuständiger Energieminister bereit, mit den Besetzern zu reden. Von da an fanden regelmässig Aussprachen zwischen Experten vom Bund, Vertreter der Bauherrschaft und der Besetzer statt. Und jetzt signalisierte Blocher: «Wir geben auf.»

Ich muss mich in diese Zeit zurückdenken. Die Besetzer wurden als Staatsfeinde stigmatisiert. Die am Rechtsstaat vorbei ihr Ziel mit Gewalt zu erreichen versuchten. Hardliner von ganz rechtsaussen verstiegen sich sogar zur Behauptung, dahinter stecke ‹Moskau›, damals, im Kalten Krieg, Feind Nummer eins der offiziellen Schweiz.

Ich erteilte Blocher gleichwohl eine Absage. Die SP hatte sich am Parteitag 1978 von ‹Kaiseraugst› und von der Atomenergie überhaupt verabschiedet, und zwar gegen den Widerstand des Energieministers Willi Ritschard. Der auch in der Partei den Mehrheitsstandpunkt des Bundesrats vertrat. Eine zweite Beerdigung von ‹Kaiseraugst› sei, erwiderte ich Blocher, unnötig, er müsse sein Vorhaben mit der FDP und CVP koordinieren. Was auch geschah. 1988, ein Jahr später, informierte Christoph Blocher an einer Pressekonferenz, das AKW in Kaiseraugst werde aufgegeben. Entsprechende Vorstösse im National- und Ständerat wurden eingereicht. Die gemeinsam unausstehlichen AKW-Gegner und die Atomlobby stimmten geschlossen für das Aus in Kaiseraugst. Der Bund stiftete, da er vor Jahren die Rahmenbewilligung erteilt hatte, einen ‹Kranz› für 350 Millionen Franken zum Trost und als Schadenersatz.

Blocher hatte mir bei unserer Unterredung einiges verschwiegen. Keiner legt alle Karten auf den Tisch. Nach der langen Besetzung hätte das AKW-Projekt völlig neu geplant werden müssen. Es war inzwischen von der Technik überholt worden. Die Banken hatten zudem den Geldhahn zugedreht. Wo immer ein AKW hätte gebaut werden sollen – das in Kaiseraugst wäre nicht das letzte gewesen –, formierte sich Widerstand. Der Ausweg führte nach Paris. Atomstrom wird seither aus Frankreich importiert. Das geschah und geschieht ohne öffentlichen Lärm.

Wie erklärt sich die Erfolgsstory von Kaiseraugst? Angefangen hat sie mit militanten Besetzern aus der linken Szene. Neben der SP marxistische Aussenseitergruppen, sekundiert vom Landesring und von den Grünen. Daraus wurde eine Volksbewegung quer durch den Pfarrgarten. Der Grosse Rat sowie die Regierung in Basel, der Landrat mit der Regierung in Liestal hatten Resolutionen gegen das AKW in Kaiseraugst beschlossen. Ich bin an einer Demo neben einem Ciba-Direktor und mit dem liberalen Regierungsrat Lukas Burckhardt mitmarschiert. Im Bundeshaus nahm man diese breite Unterstützung lange nicht zur Kenntnis.

1978 tagte die nationalrätliche Energiekommission in Rheinfelden. Von der Region Basel und Baselland waren wir fünf in der Kommission. Und wir hatten eine Besichtigung am ‹Tatort› durchgesetzt. Mit eingeplanten Überraschungen. Wir fuhren im Postauto auf dem einstigen AKW-Gelände in Kaiseraugst ein. SVP-Nationalrat Hanspeter Fischer aus Weinfelden, Bauernsekretär mit Schwingerfigur, befahl dem Chauffeur: «Türe nicht aufmachen!» Draussen wartete auf uns ein Empfangskomitee mit etwa 150 Leuten. Das mussten extreme Besetzer sein, so Fischer. Und die waren ja gefährlich, gewaltbereit. Erst als wir ihn aufklärten, beruhigte er sich: «Sehen Sie den mit der Mistgabel? Das ist SVP-Grossrat Weiss aus Magden, ein Besetzer. Und der neben ihm ist Richard Molinari, FDP-Stadtammann aus Rheinfelden, auch ein Sympathisant der Besetzer.» Endlich konnten wir aussteigen.

Zum Drehbuch gehörte, dass das Postauto einen Platten hatte. Wir mussten zu Fuss nach Rheinfelden. Mit einer wunderbaren Kulisse. Auf der ganzen Strecke hatte sich eine Menschenkette gebildet. Frauen, Männer, Alte und Junge, Grossmütter mit ihren Enkelkindern applaudierten uns bis nach Rheinfelden. «Das ist ja eine Volksbewegung», rief SVP-Fischer baff erstaunt aus. Ja, das war sie.

Nach dieser ungewöhnlichen Ouvertüre sorgte FDP-Nationalrat Willy Loretan, Stadtpräsident von Zofingen, für kurze Aufregung. Zwar sei der Marsch nach Rheinfelden friedlich verlaufen, aber er beantrage, die Sitzung nach Bern zu verlegen. «Es ist hier in Rheinfelden halt doch zu gefährlich.»

Das rief Hanspeter Fischer auf den Plan: «Nein, das geht nicht, da würden wir uns ja lächerlich machen.»

Gelegentlich kann Politik heiter sein. Und lehrreich. Die Menschenkette beeindruckte allgemein. Zum ersten Mal wurde Nationalräten aus der übrigen Schweiz bewusst, was sich da in der Region Basel abgespielt hatte.

Christoph Blocher ersuchte mich, unsere Unterredung vertraulich zu behandeln. Ich hätte natürlich einem Journalisten den Knüller verraten können, Blocher wolle ‹Kaiseraugst› versenken. Ich hätte meine Grosseltern verraten, die mich Anstand gelehrt haben. Wahrscheinlich müsste ich mich heute vor dem Spiegel immer noch schämen. Ich bin einfach froh, der Versuchung widerstanden zu haben. Schliesslich war es Blocher, der mir zuerst vertraut und sein Anliegen offengelegt hatte.

Unvergessliche Erfahrungen

Grossvater war ein stolzer und klassenbewusster Arbeiter. Die Gesellschaft bestand für ihn aus Arbeitern und Arbeitgebern, aus Mächtigen und Lohnabhängigen. «Ohne Gewerkschaft wären wir Arbeiter verloren», wiederholte er immer wieder. Als Mitglied des Schweizerischen Metall- und Uhrenverbandes, heute Unia, war er beim Generalstreik von 1918 als einer von 350 000 dabei gewesen. «Ohne uns, ohne den Generalstreik hätte es den Achtstundentag, die AHV und den Proporz für den Nationalrat nicht gegeben», notierte er als persönlichen Erfolg.

Ständerat und Regierungsrat wird, wer am meisten Stimmen bekommt. Nach diesem Majorzsystem war auch der Nationalrat gewählt worden. 1919 kam es zur ersten Proporzwahl. Die Bürgerlichen hatten die Forderung des Generalstreiks aufgenommen. Der SP-Fraktion gehörten statt elf neu 41 Nationalräte an.

Grossvater wählte die SP, las deren Parteizeitung ‹Berner Tagwacht›, liess nie eine Wahl oder Abstimmung aus. Er hat mich politisiert. Nicht mit gescheitem Reden, sondern durch sein gelebtes Beispiel.

43 Jahre arbeitete er bei der Hasler AG in Bern. Wenn ich die goldene Uhr betrachte, werde ich sentimental. Es war das persönliche Geschenk des Fabrikbesitzers Eugen Hasler an Grossvater zum 25-Jahr-Arbeitsjubiläum. Der Chef von gut 1000 Beschäftigten dankte ihm für die Treue zum Unternehmen. Wer macht das heute noch?

Ich bin ab dreijährig bei den Grosseltern in Zollikofen bei Bern aufgewachsen. Meine Eltern hatten sich geschieden. Ich habe ein paar markante Erinnerungen als Meilensteine auf meinen Lebensweg mitgenommen.

Grossvater erklärte mir das Benehmen gegenüber ‹hohen Tieren›, wie er sich ausdrückte. Ich solle sie respektieren, aber keine Angst vor ihnen haben. «Stell dir einen wichtigen Mann in Badehosen vor, er sieht dann nicht besser aus als du und ich», ist mir als guter Rat in Erinnerung geblieben. Ein ‹hohes Tier› in Badehosen macht keine Angst.

So nebenbei bemerkte Grossvater einmal, er habe den Militärdienst abgelehnt. 1940 jedoch, als General Guisan erneut die Mobilmachung der Armee befahl, meldete er sich freiwillig bei der Ortswehr und fasste einen Karabiner – damals das Armeegewehr. Die Ortswehr zählte als letztes Aufgebot von Männern, die militärisch bereits ausgemustert waren. «Wenn Hitler kommt, will ich mich wehren können», höre ich den Dienstverweigerer, als ob es gestern gewesen wäre.

Der Lohn des Fabrikarbeiters reichte für ein einfaches Leben aus. Grosse Sprünge lagen nicht drin. Einmal gab es fünf Tage Ferien in Adelboden. Sonst stand am Sonntag der obligate und ungeliebte Spaziergang ins benachbarte Münchenbuchsee auf dem Programm. Mit dem Zvieri im ‹Bären›. Für Grossvater ein Bier, Tee für Grossmutter und Sirup für den Bub. Nicht etwa Himbeersirup, sondern den scheusslich bitteren Grenadineersatz. Er kostete zehn Rappen weniger.

Im Januar 1948 geschah Denkwürdiges. Der Briefträger überbrachte die erste AHV-Rente: 80 Franken. Auch für die damalige Zeit eine bescheidene Summe. Aber Grossvater feierte sie als grossen Erfolg: «Das ist für unsere Generation der soziale Durchbruch.»

1938 wurde in der Familie gewerweisst, ob man sich ein Radio leisten könne. Ein solches war im Verhältnis zum Lohn enorm teuer. Grossvater meinte, es werde Krieg geben. «Wir sollten die

Nachrichten hören können.» Gekauft wurde ein Radio der Marke ‹Paillard› in Sainte-Croix, das, nebenbei bemerkt, 40 Jahre lang seinen Dienst tat.

Grossvater zeigte als Schwinger- und Pontonierfan totales Unverständnis für den Fussball: «Lolizügs, nur ein Ball für 22 Spieler.» Statt nach Münchenbuchsee zu «tschumpeln», wie ich den Spaziergang als lästiges Muss empfand, wäre ich lieber aufs Wankdorf gegangen, um dem Match der Young Boys zuzuschauen. «Kommt nicht infrage», blieb Grossvater stur. Unerwartet erhielt ich Hilfe aus Paris.

Ich erinnere mich gut an die Fussball-WM von 1938 in Paris. Als die Schweiz gegen Deutschland 4:2 gewonnen hatte und Grossvater im Dorf plagierte: «Wir haben die ‹Schwobe› geschlagen.» Für ihn war es ein Sieg gegen das verhasste Nazi-Regime. Und für mich bedeutete es mehr Lebensqualität. Denn von da an war die Wankdorfsperre aufgehoben.

Drei-, viermal im Jahr hatte Grossmutter vor, «in die Stadt» zu gehen. Die leicht aufgeregte Vorfreude unterstrich das Besondere. Als ob sie auf eine grössere Reise ginge. Dabei sind es bis Bern lediglich sieben Kilometer. Zum Programm gehörte das Flanieren im Warenhaus ‹Loeb›. In der Mercerie fand Grossmutter, was sie für ihre Nähstube benötigte. Ein neuer Unterrock, Berndeutsch ein ‹Gloschli›, zählte schon zum grösseren Einkauf.

Nach dem ‹Loeb› folgte der zweite Clou, das Zvieri in der ‹Chüechliwirtschaft› Gfeller-Rindlisbacher am Bärenplatz beim Bundeshaus. Im Sommer Milchkaffee mit «einem Stückli», wie Grossmutter der Patisserie sagte. Im Winter bestellte sie ein Vermicelles als exklusive Spezialität der ‹Chüechliwirtschaft›. Mir schmeckte dafür die Cremeschnitte mit diesmal Himbeersirup.

Für unsere Verhältnisse grenzte das fast schon an Schlemmerei. Wenn ich in Bern bin, lasse ich den Nostalgiebesuch bei ‹Gfeller›, so der Name heute, nie aus. Mir hat es der weit und breit beste Käsekuchen angetan.

Der Montagsfischer

Die Welt meiner Grosseltern gehört für die junge Generation zur Steinzeit. Ohne Smartphone, ohne Fernsehen, ohne Internet, ohne das globale Hightech-Angebot. Wir Buben spielten auf der Strasse Fussball, das bisschen Verkehr hat kaum gestört. Umgekehrt hätte sich Grossmutter die Welt, wie sie unsere Enkelin erlebt, nie vorstellen können. Rebekkas Schaffhauser Freundin lebt in Australien und will auf Bali heiraten. Was also tut Rebekka? Sie fliegt nach Bali. So ist das heute.

Als junger SBB-Beamter arbeitete ich als Diensteinteiler im Güterbahnhof Wolf Basel. Diensteinteiler war ein SBB-spezifischer Funktionsbeschrieb. Rund 350 Arbeiter haben auf der Exportrampe Güter ein- und ausgeladen. Noch von Hand, mit dem Sackkarren. Organisiert in zehn Gruppen mit je einem Vorarbeiter, Hallenchef genannt. Jeden Morgen bestellten die Hallenchefs bei mir ihren Personalbedarf.

Als Diensteinteiler war ich so etwas wie ein Minipersonalchef, zuständig für alltägliche Anliegen. Etwa, wenn einer um einen Termin während der Arbeitszeit beim Zahnarzt oder für den Besuch seiner Frau im Spital ersuchte. Die Besuchszeiten im Spital waren tagsüber streng limitiert.

Der 18-jährige Mario aus Bari war der erste Italiener im Team. Wieder einmal hatte er mich um drei Tage Urlaub gebeten, die Grossmutter sei gestorben. «Mario, das nun schon zum dritten

Mal», erinnerte ich mich. Der Bub hatte einfach Heimweh nach der Mamma. Natürlich liess ich ihn an die ‹Beerdigung› reisen. Was er mit doppelt guter Leistung zurückzahlte.

Mit dem Sackkarren wurden regelmässig kleinere Schäden verursacht. Nicht selten am unverpackten, etwa 120 Kilo schweren Laib Emmentaler, der nach Mailand, Paris, Rom oder wohin sonst als Delikatesse exportiert wurde. Und von besonderer Qualität war, die es in Basel nicht zu kaufen gab. Dasselbe Prinzip praktisierte ‹Bally›, die exklusivste Schuhmarke der Schweiz. In Paris verkaufte ‹Bally› Schuhe, die man bei uns vergebens gesucht hätte.

Der beschädigte Emmentaler Käse wurde jeweils unter der Belegschaft mit grossem Hallo verkauft. Extra Exportqualität, erst noch zum einmalig günstigen Preis. Zwischen Mario und mir bestand ein geheimer Deal: Wurde gar lange kein Emmentaler mehr beschädigt, hat Mario dem etwas nachgeholfen. Dafür durfte die Grossmutter wieder einmal sterben.

Mein Chef fand, ich sei «mit den Leuten zu gutmütig». Mein Vorgänger hatte ihm mit seinem Zackzackgehabe imponiert. Dieser hatte mich in den Dienst eingeführt. Wenn eine Gruppe beim Znüni war und uns von weitem kommen sah, rannten sie an den Sackkarren, um so zu tun, als ob sie arbeiteten. Das quittierte er als Respekt vor dem kleinen Boss. Als ich den ‹Laden› übernahm, stellte ich dieses Theater ab. «Ihr habt Znünizeit, auch wenn ich vorbeilaufe.»

In solchen Fällen handelte ich eher nach dem Bauchgefühl, weniger nach dem Kopf. Die Znünipause fiel erst noch in die Zeit, in der die Güterwagen ausrangiert wurden und es gar nichts ein- oder auszuladen gab. Das Getue am Sackkarren empfand ich absurd.

Mein Bauchgefühl eben hatte mir signalisiert, da stimme in der Beziehung zum Diensteinteiler etwas nicht.

Aus dieser Zeit habe ich eines gelernt: Ich arbeite gerne und brauche ein angenehmes Arbeitsklima. Das schätzen andere ebenso, denke ich. Wo ich Vorgesetzter bin, kann ich selbst etwas dazu beitragen. Das scheint mir eine relativ einfache Logik zu sein. Jedenfalls nichts Besonderes.

Der nächste Fall hinterliess bei mir tiefe Spuren. Ein Güterarbeiter hatte sich auffallend regelmässig immer am Montag krank gemeldet. Bis dem Chef der Kragen platzte. Von nun an müsse jeder vom ersten Tag an ein Arztzeugnis beschaffen. Um nicht für jede Kleinigkeit den Arzt konsultieren zu müssen, wurde es erst ab dem dritten Tag verlangt. Ich wehrte mich, alle zu bestrafen, weil einer sich offensichtlich danebenbenahm, und bot dem Chef an, den Scheinkranken zu überführen.

Das war relativ einfach. Ich musste nur die Arbeitskollegen fragen. Die hatten sich über den Kollegen schon lange geärgert. Mit seinem sich Aufplustern, «wie man's macht». Ich erfuhr von ihnen alles Nötige. Der Simulant verbrachte das verlängerte Wochenende beim Fischen im Doubs bei Saint-Ursanne. Sie wussten von ihm auch genau, wo er fischte. Also fuhr ich eines Montags nach Saint-Ursanne und ertappte den kranken Mann wirklich beim Fischen. Er fasste eine gesalzene Strafe. Jahrelang wechselte er das Trottoir, wenn wir uns in der Stadt begegneten.

Mich hat dieser Fall eines gelehrt. Missbrauch geht immer auf Kosten der Anständigen. Und darf deshalb nicht toleriert werden.

Der ‹Montagsfischer› hatte faktisch seinen Kollegen vorgetäuscht, eigentlich seien sie doch blöd, nicht auch ‹blauzumachen›. Dass er geschnappt und zünftig bestraft wurde, wirkte irgendwie befreiend, wohltuend, weil man dem Aufschneider die Flügel stutzte und das grosse Maul stopfte.

Es ist nicht selbstgerechte Besessenheit, wenn ein Politiker natürlich den Steuerbetrug eines Millionärs verurteilt. Das gilt auch für den Missbrauch im Sozialbereich. Das Strafmass ist angemessen unterschiedlich, aber Missbrauch bleibt Missbrauch. Das hat mir der ‹Montagsfischer› beigebracht.

Missbrauch ist das eine, übertriebene Strenge das andere Übel. Mein Chef traute den Arbeitern alles zu – nur nichts Gutes. Man dürfe ihnen nichts durchgehen lassen, meinte er, «sonst bist du verloren.» Mit diesem Grundsatz fuhr er voll an die Wand.

Tanner war ein Mitarbeiter wie aus dem Bilderbuch. Er versah einen Spezialdienst mit Arbeitsbeginn um 4 Uhr. Dann passierte ‹es›. Es war Winter, Tanner blieb mit dem Moped im Schnee stecken und kam verspätet zum Dienst. Was er dem Chef sofort meldete. Der sah sich «leider», wie er meinte, genötigt, den «Vorfall» an die Kreisdirektion in Luzern zu rapportieren. Das Papier landete auf dem Pult eines bürokratischen Hornochsen. Weil Hornochsen bekanntlich nicht viel Grütze im Kopf haben, verpasste er Tanner eine Geldbusse von zehn Franken. Für die erste Verspätung nach 25 Jahren. In dessen Personalakten nicht ein einziger Tag Ausfall wegen Krankheit notiert war.

Tanners Reaktion begleitet mich bis heute. «Däm Souhung z'Luzärn» werde er es schon noch zeigen», wütete der zutiefst Gedemütigte. Tanner war nicht mehr wiederzuerkennen. Von da an schrieb ihn der Arzt regelmässig krank. Er simulierte nicht etwa aus Rache. Tanners Seele war unheilbar verletzt worden. «Nur ein Arbeiter wird für die erste Verspätung nach 25 Jahren bestraft», kochte es in ihm.

Die drei Jahre als Diensteinteiler belohnten mich mit viel Erfahrung. Noch so gescheite Bücher oder noch so klug geführte Kurse hätten mir diese nie vermitteln können. Wann immer über Staatsbetriebe gelästert wird, erinnere ich mich daran: Man hat mir, dem 22-jährigen SBB-Beamten 350 Güterarbeiter anvertraut.

Die Volkshausstory

An einer Versammlung des VPOD verlangte beim Traktandum ‹Diverses› ein sichtbar aufgeregter Kollege das Wort. Er musste angeblich Ungehöriges loswerden: Ich sei mit dem bekannten Unternehmer XY beim Mittagessen gesehen worden, teilte er empört dem Gewerkschaftsvolk mit. Was sich, wie er meinte, nicht gehöre. Das ist sogar untertrieben. Er liess durchblicken, man wisse ja nicht mehr, wo ich stünde.

Ich solchen Momenten kann ich mich auf meine innere Stimme verlassen. Ich weiss genau, was ich geantwortet habe: «Kollegen, wenn ihr einen Sekretär habt, der sich für ein Mittagessen ‹kaufen› lässt, müsst ihr ihn sofort verabschieden. Wenn ihr mir aber verbieten wollt, mit einem Unternehmer zusammenzusitzen, müsst ihr einen neuen Sekretär suchen.»

Natürlich sass ich nach der Versammlung mit dem Interpellanten zusammen. Der Unternehmer sei doch unser Klassenfeind, verteidigte er sich. Ja, erwiderte ich, aber er sei auch unser Partner. Wir Arbeitnehmer seien doch auf tüchtige Unternehmer angewiesen. Nur dann hätten wir mit unseren Anliegen eine Chance. Eine Firma, die rote Zahlen schreibt, zahlt weder gute Löhne, noch bietet sie sonst wünschbare Arbeitsbedingungen. Das ist Erfahrung Nummer eins, die ich als Gewerkschaftsfunktionär schnell begriffen habe.

Es ist in der Wirtschaft nicht anders als sonst wo. Es gibt nicht die Unternehmer. Es gibt solche und andere. Aufgeschlossene, die genau wissen und anerkennen, dass ohne ihre Belegschaft gar nichts geht, und sich deshalb bemühen, anständige Arbeitgeber zu sein. Umgekehrt habe ich mich mit Firmenchefs herumgeschlagen, für die Gewerkschaften lediglich ein Störfaktor sind und die uns mehr oder weniger als Feinde betrachten. Wenn ich urteilen muss, ist meine Bilanz: Mit den meisten Arbeitgebern sind vernünftige Verhandlungen Normalität. Wobei das nicht falsch verstanden werden darf. Da hat es Hardliner, Pokerspieler, riskante Taktiker darunter, keineswegs einfach angenehme Partner.

Als Präsident des Personals der Birsigthalbahn mit Sitz in Oberwil, Baselland, warnte mich mein Vorgänger vor dem Verwaltungsratspräsidenten. Dieser lege bei Verhandlungen stets ein offenes Sackmesser auf den Tisch. Dann müsste ich mit der gleichen Geste nachziehen, sonst sei ich verloren. Entsprechend neugierig hatte ich unsere erste Verhandlung abgewartet. Der Herr Präsident begrüsste mich freundlich, hoffte auf eine gute Zusammenarbeit und legte tatsächlich ein offenes Sackmesser auf den Tisch. Ich zog mit meinem nach. Es war wie beim Schach, nun war er wieder an der Reihe. Und er überraschte mich: «Aha, Sie haben das Spiel begriffen, wir werden gut miteinander auskommen.» Ich habe den Trick oder Tick 77 mit dem Sackmesser nie durchschaut. Aber das Verhandlungsklima liess kaum Wünsche offen.

Dann gibt es als Verhandlungspartner den gerissenen Schlaumeier. Der spätere Bundesrat Hans Peter Tschudi verwaltete in der Basler Regierung das Wirtschafts- und Sozialdepartement. Seit wir mit einer Eingabe Verhandlungen über die 44-Stunden-Woche beantragt hatten, waren drei Jahre vergangen. Drei Jahre ohne Antwort. Wir verlangten von unserem berühmten Kollegen, Tschudi war mal VPOD-Präsident gewesen, eine Unterredung. Wir stimmten uns mental auf eine kämpferische Begegnung ein. Hätte uns ein bürgerlicher Regierungsrat drei Jahre hängen gelassen, wären wir entsprechend ‹geladen› im Rathaus angetreten. Der Kollege Regierungsrat hat uns dann eine Lehrstunde in Sachen Taktik geboten.

«Kollegen», verteidigte Tschudi seine Verzögerungstaktik, «die Gewerkschaft lebt nicht von den realisierten Forderungen, sondern von denen, die es noch nicht sind. Was erreicht wurde, wird schnell selbstverständlich.» Eigentlich hat er uns zu überzeugen versucht, dass wir doch zufrieden sein sollten, dass die 44-Stunden-Woche pendent blieb. «So könnt ihr noch dafür kämpfen, und genau das erwarten eure Mitglieder.»

Tschudi hatte uns mit langen Gesichtern regelrecht abserviert. Ich zog einen bürgerlichen Regierungsrat als Gegenüber dem eigenen Genossen als Arbeitgeber vor. Da hatte ich weniger Hemmungen, auch einmal laut zu werden. Tschudi war mit seiner sanften, geradezu wohlwollenden Art der härtere Verhandlungspartner. Er hat uns ins Leere laufen lassen. Das sehr kollegial.

Übrigens, die 44-Stunden-Woche wurde erst unter Tschudis Nachfolger Gesetz. Ich erlebte ihn dann ja als Kollege Bundesrat. Er habe, meinte er ironisch zu mir, seinem Nachfolger nicht alles vorwegnehmen wollen.

Willi Ritschard lehrte mich seine Verhandlungsmethode. Als Verkehrsminister empfing er eine Delegation des Personals der BLS, der Bern-Lötschberg-Simplon-Bahn. Deren Begehren, erzählte er mir, sei es gewesen, dass er für die Privatbahnen per Gesetz eine Arbeitszeitverkürzung vorschreibe. Dabei sei das Personal der BLS praktisch zu hundert Prozent gewerkschaftlich im SEV, im Schweizerischen Eisenbahnerverband, organisiert. Dafür hätten sie doch ihre Gewerkschaft, habe er ihnen geraten, «um eure Forderung auf dem Verhandlungsweg durchzusetzen. Dann ist es euer Erfolg.

Wenn ich für euch als Verkehrsminister die gewerkschaftliche Arbeit verrichte, sind die Mitglieder mir statt euch dankbar.» Er habe den Kollegen wie einer kranken Kuh zureden müssen, bis sie ihn begriffen hätten, schimpfte er bei mir. «Ihr könnt, nicht einfach die bequeme Tour wählen, sonst braucht es die Gewerkschaft gar nicht mehr», habe er «die Herren Kollegen», wie er süffisant spottete, heimgeschickt.

Die Gesellschaft der 1950er-Jahre ist mit der heutigen nicht vergleichbar. Die Ehefrau besorgte im Normalfall den Haushalt. Am Mittagstisch sassen Mann und Kinder, das heisst, über die Mittagspause wurde daheim gegessen. Das brachte dem Fahrpersonal der Basler Verkehrsbetriebe (BVB) spezielle Auflagen. Mit vier Verkehrsspitzen am Morgen, zweimal über den Mittag und nach dem Feierabend arbeiteten Wagenführer, Chauffeure und Billeteure mit sogenannten dreiteiligen Diensten, um so die Verkehrsspitzen zu bewältigen. Dreiteilige Dienste bescherten dem Personal eine längere Präsenzzeit. Dreimal Dienstantritt. Dafür hatten wir bei der Direktion eine Erschwerniszulage beantragt. Die Aktion endete mit meiner spektakulärsten gewerkschaftlichen Erfolgsstory.

Die Direktion ging auf unsere Forderung überhaupt nicht ein. Bis unsere Geduld überfordert war. Ich schickte dem Direktor Otto Miescher ein Telegramm. Das war bereits ungewöhnlich kühn. Mit der Androhung, wenn nicht bald verhandelt werde, würden wir Kampfmassnahmen ergreifen. Der Direktor telegrafierte kurz und bündig zurück: «Ich lasse mich vom VPOD nicht unter Druck setzen.»

Was für Kampfmassnahmen, hatten wir uns gar nicht überlegt. Streik kam nicht infrage. Das Gesetz verordnete dem Staatspersonal ein Streikverbot. Ich fand den passenden Ausweg: Fahren nach Vorschrift. Am Tag X fuhren die Wagenführer auf der Linie 6 von Allschwil nach Riehen pingelig genau gemäss Vorschrift im Fahrdienstreglement. Das bedeutete zum Beispiel, dass sich Trams in einer Kurve nicht kreuzen durften. So eine Kurve hat es am Barfüsserplatz. Die meisten Tramlinien führen dort vorbei. Nach einer Stunde war der Tramverkehr lahmgelegt. Quer durch die Stadt herrschte totaler Stau. Der Direktor persönlich meldete sich: «Ihre Forderung ist bewilligt.»

Wenn streng nach Vorschrift gefahren wird, bricht der Tramverkehr zusammen. Das wäre beim Zoll gleich. Würden die Zöllner nach dem Buchstaben kontrollieren, könnten sie die Grenze blockieren. Für meine Trämler bedeutete der Erfolg etwas ganz Besonderes. Er war nicht am grünen Tisch ausgehandelt worden. Sie hatten mitgewirkt, es war ihr Erfolg. Kollegen haben mir noch viele Jahre später davon vorgeschwärmt. «Weisst du noch …?»

In meiner zweiten Phase als Gewerkschaftsfunktionär leitete ich von 1972 bis 1991 den Basler Gewerkschaftsbund. So präsidierte ich zwei-, dreimal im Jahr den Meinungsaustausch mit allen lokalen Sekretären. Es war eine reine Männerrunde. Frauen leisteten Bürodienst. Für gewerkschaftliche Arbeit gab es für sie erst die Warteliste.

Für meinen Geschmack wurde an diesen Aussprachen gerne zu pauschal über Unternehmer gelästert. Als ob die meisten Nieten wären. Als Therapie gegen die eigene Überschätzung erinnerte ich dann an die ‹Volkshausstory›.

In den 1920er-Jahren hatte die bürgerliche Regierung von Basel-Stadt der Arbeiterbewegung das Volkshaus an der Rebgasse im Kleinbasel geschenkt. Um gleichzuziehen mit dem Stadt-Casino als bürgerlichem Kulturzentrum. ‹Arbeiterbewegung› war der Sammelbegriff für SP, Gewerkschaften und ACV, Allgemeiner Consumverein, heute Coop.

Das Volkshaus umfasste ein Restaurant mit Garten, den grossen Saal für 1500 Personen, den Unionssaal mit 200 Plätzen, Sitzungszimmer, Gewerkschaftsbüros und einen Musikladen. Organisiert war es als Betriebsgenossenschaft, und ein Vorstand führte das Geschäft – mit einem Abwart.

Gute fünfzig Jahre später drängte sich eine Sanierung auf. Allein die technische Infrastruktur musste total modernisiert werden. Der Kostenvoranschlag bezifferte sich auf 12 Millionen Franken. Der führte zum Offenbarungseid. Die Genossen und Kollegen hatten in all den Jahrzehnten etwas ‹vergessen›: einen Reparatur- und Unterhaltsfonds zu finanzieren. Also Reserven anzulegen. Für die anstehende Sanierung war kein Geld vorhanden. Was also tun? Der Vorstand fasste einen wichtigen Beschluss. Einstimmig, wie er zu betonen pflegte: «Das Volkshaus Basel wird an den Kanton zurückgegeben.» Punkt.

Das Volkshaus wurde saniert. Der grosse Saal wurde als Musiksaal umgebaut und jahrelang vom Radio-Orchester benutzt, bis es nach Zürich übersiedelte (es wurde inzwischen aufgelöst). Herzog & de Meuron hat das Restaurant neu gestaltet. Das Volkshaus ist für das Kleinbasel ein wichtiges Kulturzentrum geblieben, nur nicht mehr ein linkes.

Die ‹Volkshausstory› lässt mich nicht los. Dass unsere Vorgänger das geschenkte Volkshaus nicht über die Runden gebracht haben, ist beschämend. Und stimmt mich nachdenklich und bescheiden. Ich bin seither für jeden Unternehmer dankbar, der seinen Betrieb gut führt und so für Arbeitsplätze sorgt. Selbstverständlich ist das ja überhaupt nicht.

Gerne habe ich diese Story nicht geschrieben. Aber sie ist, ob ich will oder nicht, Teil meiner Erfahrung geworden. Bevor die Konkurrenz von rechts hämisch und natürlich pauschal über die Linke herfällt, erlaube ich mir drei Bemerkungen zu unserer Entlastung.

1. Einer der bekanntesten Konzerne im Land, die UBS, musste vom Bund und von der Nationalbank mit 60 Milliarden Franken vor dem Konkurs gerettet werden. Das ist kein Trost, dafür Tatsache.
2. Gegenüber dem Volkshaus Basel haben die Gewerkschaften 1964 ihr neues Gewerkschaftshaus eröffnet. Mit Kinos, Läden, Restaurant. Büros und Wohnungen. Heute wird es von der Unia verwaltet. Sie finanziert die nötigen Investitionen.
3. SP und Gewerkschaften sind mit Wohnbaugenossenschaften erfolgreich. Die Stadt Zürich weist den höchsten Anteil an Genossenschaftswohnungen auf. Heute ist das ein Standortvorteil.

Zeuge weg – Prozess verloren

Das ist in meinem Leben die verrückteste Geschichte geblieben. Ich habe sie schon im Buch ‹Tatort Bundeshaus› erwähnt. Sie muss der Vollständigkeit halber neu und umfassender aufgerollt werden.

Auslöser war der Konkurs der Bank Arbitrex in Basel vom Februar 1968. Arbitrex zählte nicht zu den alteingesessenen Geldhäusern. Dafür geschäftete sie mit lukrativen Angeboten. Stets mit einem Prozent mehr Zins auf dem Sparheft. Vor allem Kleinsparer wechselten zur Arbitrex-Bank. Weshalb es uns auf der Redaktion der ‹Basler AZ› schon interessierte, was hinter dem Konkurs steckte. Damals zählte man in der Schweiz mehr Sparbüchlein als Einwohner.

Dr. Fritz Blocher, höchster Gerichtspräsident im Kanton, meldete sich bei mir. Er war als VPOD-Präsident ja mein Chef gewesen. Ihn hatte der im Volk gängige Spruch geärgert: «Die Kleinen hängt man, die Grossen lässt man laufen.» Oft stimme das sogar, gab er zu. Bei Wirtschaftsdelikten würden immer wieder die nötigen Beweise fehlen, weil die Staatsanwaltschaft es bei der Untersuchung an der nötigen Sorgfaltspflicht fehlen lasse. Mit der Begründung, beim Velodieb sei der Tatbestand einfach: Er hat gestohlen, im Wiederholungsfall wird die Strafe entsprechend härter. Bei Wirtschaftsvergehen sei es, so die Staatsanwaltschaft, viel schwieriger, einen Schuldigen zu überführen. Fritz Blocher hatte beim Ersten Staatsanwalt Hans Wieland einen Termin vereinbart und bat mich mitzukommen.

Fritz Blocher bat Wieland, beim Fall Arbitrex seine besten Leute einzusetzen. Es sei wichtig, dass der Gerichtspräsident, wenn es zum Prozess komme, über die nötigen Beweise verfüge, um allfällige Schuldige dann auch verurteilen zu können. Wieland versprach, seinen besten Staatsanwalt mit der schwierigen Aufgabe zu betrauen. Denn einen solchen Konkurs habe er in seiner Amtszeit noch nie erlebt. In der Kasse der Arbitrex-Bank fehlten 32 Millionen Franken. Das war für die damalige Zeit ein Riesenbetrag.

Drei Tage nach unserem Besuch liess Wieland mitteilen, ein Substitut sei mit dem Fall Arbitrex beauftragt worden. Wieder sprachen Fritz Blocher und ich bei ihm vor. Er habe es sich anders überlegt, beruhigte Wieland uns. Es sei richtig und nötig, dass er als Erster Staatsanwalt diesen schweren Fall persönlich leiten werde. Substitut Loeb arbeite in seinem Auftrag. Das nahmen wir gerne zur Kenntnis.

Dr. Hans Wieland amtierte nebenbei noch als Präsident der Liberal-demokratischen Partei Basel-Stadt, im Volksmund ‹die Liberalen› genannt. Heute würde das kaum mehr goutiert. Auch nicht, dass Fritz Blocher als Gerichtspräsident VPOD-Präsident war.

Womit wir gegen Wieland keinen Verdacht schöpften. Was sich dann als Irrtum herausstellte.

Die beiden Arbitrex-Direktoren wurden der fahrlässigen oder gar betrügerischen Geschäftsführung verdächtigt. Zugleich versetzte Anwalt Dr. Erich Diefenbacher unsere Redaktion mit einer Wahnsinnsstory in Alarmstimmung. Dr. Wieland habe sich mit den zwei Bankdirektoren in der Bar des Hotels ‹Euler› beim SBB-Bahnhof getroffen. Die drei Herren seien offensichtlich gut miteinander bekannt, anders könne die vertraute Gesprächsrunde nicht erklärt werden. Wieland hatte Fritz Blocher und mir erzählt, keinen der Herren persönlich zu kennen. Anwalt Diefenbacher verbürgte sich für seinen Zeugen, der ihm das Treffen in der ‹Euler›-Bar überbracht hatte. Zeuge D. würde vor Gericht aussagen. Das war für mich als Journalist eine wasserdichte Information. Worauf ich den wohl brisantesten Artikel meines Lebens veröffentlicht habe: ‹Rendezvous in der Euler-Bar›.

Dieser schlug wie eine Bombe ein. Wieland schickte per Telex, Fax gab es noch nicht, ein Dementi. Kein Wort sei wahr. Wenn ich die Anschuldigung nicht widerrufe, werde er Strafklage einreichen. Was dann auch geschah.

Ein Mitarbeiter der Staatsanwaltschaft hatte uns einen Treuhandbericht über die Geschäftsführung der Arbitrex-Bank zugespielt, den wir in der ‹Basler AZ› als Fortsetzungsroman Tag für Tag veröffentlichten. Die Direktion der Arbitrex erhob dagegen Einspruch. Der Einzelrichter lehnte ihn ab, die Publikation sei von öffentlichem Interesse. Lediglich Namen durften nicht erwähnt werden. Der Treuhandbericht war für die Arbitrex-Verantwortlichen ein Desaster.

Wieland hatte die Aktenschränke der Bank räumen und die Akten in den Gängen des ‹Lohnhofs›, des Sitzes der Staatsanwaltschaft, korbweise aufbewahren lassen. Dort fand unser Informant den Treuhandbericht. Wielands Aktendepot nach dem ‹System Durcheinander› diente der Spurenverwischung. Jahre später mussten Arbitrex-Angestellte den ‹Misthaufen› sichten und die Akten wieder einordnen.

Ich wurde nach wenigen Monaten als Angeklagter vor Gericht geladen. Am Vorabend hatte mich mein Zeuge D., den ich nicht kannte, daheim angerufen: «Also, morgen werden wir uns kennenlernen, ich bin ja Ihr Hauptzeuge.» Dann hängte er ab.

Es kam dann ganz anders. Gerichtspräsident Dr. M. Benkler eröffnete die Verhandlung mit der Ankündigung, leider habe sich der Zeuge D. kurzfristig wegen eines dringenden Auslandgeschäfts abmelden müssen. Die Gerichtsverhandlung wurde nicht verschoben. Im Schnellverfahren wurde ich zu 45 Tagen Gefängnis bedingt, plus 2500 Franken Parteienentschädigung und 500 Franken Gerichtskosten verurteilt. Mein Anwalt Diefenbacher reichte beim Appellationsgericht, in anderen Kantonen heisst es Obergericht, Rekurs ein.

Mit 45 Tagen bedingt wäre ich als Journalist Freiwild geworden. Mit dem Kainsmal als Verurteilter hätte meine Glaubwürdigkeit gelitten. Der Prozessverlauf deutete zu offensichtlich auf ein Komplott gegen mich hin. Dass der Zeuge über Nacht im Ausland verschwunden war, konnte kein Zufall sein.

Ich hatte mit einem Plan B vorgesorgt, um mich nicht abschlachten zu lassen. Als Bürger Hubacher reichte ich gegen Dr. Hans Wieland bei der Aufsichtsbehörde, das war der Regierungsrat, eine Beschwerde ein. Mit dem Vorwurf, bei der Strafuntersuchung gegen die Arbitrex-Verantwortlichen bewusst Tatbestände unterschlagen und vertuscht zu haben. Meine Anklage umfasste 44 Punkte. Sie mutierte zur journalistischen Meisterprüfung. Damit meine ich:

Ich hatte gut recherchiert und meine Beschwerde entsprechend wirksam dokumentiert.

Mit einem Punkt traf ich beim Ersten Staatsanwalt ins Schwarze. Offenbar war er finanzschwach. Denn ich konnte ihm nachweisen, dass er seit Jahren bei der AKO-Bank regelmässig Kleindarlehen von 500 Franken bezogen hatte. Kaum war es abbezahlt, wurde es erneuert. Woher ich das wusste? Von der legendären Hermine Haegeli mit dem Zigarrenlädeli am Marktplatz. Sie war in dieser Stadt eine Institution. Unser AZ-Reporter Noldi Köng erkundigte sich jeden Morgen bei der Hermine: «Was ist los heute?» Wenn, wusste sie es. Der militärische Geheimdienst hätte von Hermine Haegeli viel lernen können.

Regierungsrat Alfred Ab Egg, CVP, bearbeitete als Vorsteher des Justizdepartements meine Aufsichtsbeschwerde. Der frühere Gerichtspräsident sass erst seit wenigen Monaten auf dem neuen Stuhl. Er hatte mich um eine Aussprache gebeten. Um mir zweierlei mitzuteilen. Er könne sich nur schwer vorstellen, dass ich mit meiner Beschwerde im Recht sei. Dennoch werde er sich persönlich darum kümmern. Als ehemaliger Gerichtspräsident beherrschte er die Einvernahmetechnik.

Nach drei Monaten eröffnete mir Ab Egg das Ergebnis seiner Abklärungen. Entgegen seiner Erwartung seien 43 von meinen 44 Vorwürfen zutreffend. Der Erste Staatsanwalt könne sein Amt nicht mehr weiter ausüben. Er werde dem Regierungsrat die vorzeitige Pensionierung beantragen. Wieland sei schon sechzig, die Entlassung wäre eine zu harte Bestrafung.

Zehn Tage später teilte mir Regierungsrat Ab Egg persönlich mit, er sei im Regierungsrat mit seinem Antrag mit 4:3 Stimmen unterlegen. «Einer Ihrer Genossen stimmte dagegen.»

Mein Bauchgefühl verriet mir, wer von meinen drei Genossen Regierungsräten das gewesen sein musste. Edmund Wyss, ‹Mundi› genannt, gab es sofort zu: «Ich habe dir den Erfolg nicht gegönnt.»

Mit Mundi Wyss verband uns familiäre Freundschaft. Zusammen mit den Familien von Carl Miville und Andreas Gerwig verbrachten wir seit Jahren die Ostertage auf Rigi Kaltbad. Dabei meistens noch einige Singles. Unter uns herrschte nicht gerade Harmonie, sicher jedoch eine gute Kollegialität. Mundi war ein Ich-Mensch. Ehrgeizig bis an den Bach, hätte Grossmutter gesagt.

1971 gab's eine Art Retourkutsche. Basel-Stadt hatte bei der Volkszählung statt wie bisher acht nur noch sieben Nationalratsmandate zugeteilt bekommen. Womit der dritte SP-Sitz wackelte. Mundi Wyss wusste, wer dran glauben musste. Nach Schluss der letzten Session vor den Wahlen meinte er zu mir: «Schade, dass du nicht mehr gewählt wirst.» Ich arbeitete damals als Chefredaktor der zentralisierten Parteipresse in Zürich und hatte am Wahlsonntag natürlich Dienst. Wenn ich schon nicht mehr gewählt werde, meinte ich zu meiner Gret, dann wenigstens nobel. Und übernachtete im Fünf-Sterne-Hotel ‹Gotthard› an der Bahnhofstrasse. Um elf Uhr klopfte es an der Tür. Es war der Concierge: «Herrgott, haben Sie einen Schlaf. Seit zwei Stunden habe ich versucht, Sie telefonisch zu wecken. Das Wahlbüro von Basel hat angerufen, es ist wieder einer am Apparat.» – «Herr Hubacher, ich gratuliere Ihnen zur Wiederwahl. Leider ist Ihr Kollege Wyss abgewählt worden.»

Noch ein Wort zum Prozess: Mit dem Bericht von Regierungsrat Ab Egg konnte ich Wieland unter Druck setzen. Damit kam es einen Tag vor der angesetzten Rekursverhandlung zu einem Vergleich. Wieland zog seine Klage zurück. Ich wurde meine 45 Tage bedingt los und durfte den Untersuchungsbericht von Ab Egg nicht veröffentlichen, solange Wieland lebt.

Der ‹Beobachter› vom 31.7.1969 kommentierte diesen Vergleich mit dem Titel «Ominöses Markten». Gemäss Strafgesetzbuch sei ein Vergleich nur noch möglich, wenn das erstinstanzliche Urteil nicht «verkündet ist». Im Prozess Wieland/Hubacher war das erstinstanzliche Urteil längstens verkündet, so dass ein Vergleich, der grundsätzlich den Rückzug des Strafantrages zur Folge hat, rechtlich gar nicht zulässig gewesen wäre.» Der Kommentator werweisste, was wohl hinter diesem «ominösen Vergleich» stecke. Dass Wieland vor dem Untersuchungsbericht Ab Egg geschützt wurde, konnte er nicht wissen und durfte ich ihm nicht mitteilen.

Eines Tages stand ein Mann in der Redaktion. Ich dürfe seinen Namen und seine Aussage nie verraten, sonst verabschiede er sich sofort. Vor mir stand der Finanzchef der Arbitrex-Bank, der mir erzählte, der Erste Staatsanwalt habe bei seinen Abklärungen von ihm nichts wissen wollen, obschon er ja alles hätte aufklären können. Als Bankangestellter antworte er nur auf Fragen. «Wo nichts gefragt wird, gibt es auch nichts zu antworten.» Dann liess er die Katze aus dem Sack: «Sie haben vermutet, Wieland habe bei der Arbitrex ein Nummernkonto mit Schmiergeldern gehabt. Das war so. Wie gesagt, ich würde abstreiten, je mit Ihnen gesprochen zu haben, sonst könnte ich mich gerade erschiessen, ich fände keinen Job mehr.» Sagte er und verschwand.

Das letzte Geheimnis in diesem Krimi hatte sich ebenfalls aufgelöst. Der Zeuge D. absolvierte sein angeblich dringendes Auslandgeschäft, weshalb er mich als Zeuge im Stich liess, im Liegestuhl am Strand irgendwo auf einer Insel in der Karibik. Mit recht viel Sackgeld. Die Rede war von ein paar hunderttausend Franken Schweigegeld.

Der letzte Akt datiert von 1976. Ich kandidierte für den Regierungsrat. Die Arbitrex-Lobby reagierte mit einem Anti-Hubacher-Komitee, präsidiert vom grössten Aktionär des Pharmakonzerns La Roche. Die Herrschaften portierten ihren eigenen Sozialdemokraten. Jenen Genossen, der in der Partei gegen mich unterlag.

Mein Freund und Ex-Präsident der SP-Basel-Stadt Roland Stark berichtete rückblickend in der ‹Basler Zeitung› vom 14.8.2015: «Unvergessen ist die Schlammschlacht im Wahljahr 1976, als der heute hochgelobte, damals im bürgerlichen Lager verhasste Helmut Hubacher für den Regierungsrat kandidierte. Das Streitgespräch im Gundeldinger-Casino verfolgten über 1000 Zuhörer. Hunderte hörten auf der Treppe oder im Freien der Auseinandersetzung zu.» Ich wurde drei Minuten lang mit Standing Ovations gefeiert. Entsprechend hatte der Journalist der ‹National-Zeitung› rapportiert. Erschienen ist dann ein anderer Bericht. Chefredaktor Alfred Peter persönlich verfasste seine Version, obschon er gar nicht an der Veranstaltung anwesend war. Roland Stark dazu: «Der Sieger Hubacher wurde kurzerhand in den Verlierer umgewandelt.»

Oskar Reck musste, wie er mir einmal erzählte, als Chefredaktor der ‹Basler Nachrichten› die tägliche Leserbriefseite persönlich betreuen, damit ja kein Pro-Hubacher-Leserbrief abgedruckt wurde. Einen derart gehässigen Wahlkampf hat es in Basel nie mehr gegeben. Ich bin als SP-Präsident und AZ-Chefredaktor das Feindbild Nummer eins gewesen.

Der vom Komitee ausgeliehene SP-Mann machte das Rennen. Er wurde auch wieder abgewählt. Seine falschen Freunde hatten ihn fallen gelassen wie eine heisse Kartoffel.

Dieser Kampf hatte der Familie und mir zugesetzt. Meine Haare sind über Nacht weiss geworden. Und zwar nach dem Tag vor

Gericht ohne den Hauptzeugen. Während ich das niederschreibe und noch einmal verarbeite, bleibt das Bewusstsein, ich hatte, aber ich bekam nicht recht. Es tut nicht mehr weh.

Der schreckliche Beweis

Das kleine AZ-Redaktionsteam engagierte sich für einen aufmüpfigen Journalismus. Mit dem nächsten Prozess als Risiko.

Das Stichwort heisst ‹Globe Air›. Die Chartergesellschaft nahm den Betrieb 1961 auf. Als erste Billig-Airline mischte sie den Markt gehörig auf. In Mombasa, Kenia, betrieb sie ihr eigenes Hotel. Und bot preisgünstige Afrikaferien an. Die Globe Air wurde schnell zum Publikumsliebling.

Nach den ersten ungewöhnlich erfolgreichen Jahren schwirrten auf einmal Gerüchte in der Stadt herum, bei der Globe Air stimme etwas nicht. Sie fliege nicht nur billig, Unterhalt und Wartung seien es auch. Wir recherchierten gründlich, konsultierten und befragten etwa drei Dutzend Globe-Air-Angestellte, vom Chefpiloten bis zur Stewardess, vom Mechaniker, von der Sekretärin bis zur Putzfrau. Die gesammelten Aussagen stimmten überein. Da wurde am falschen Ort gespart. Was die Sicherheit anbetraf, bündelten wir unsere Kritik mit dem Spruch: «Im Flugzeug werden Menschen transportiert, nicht Kartoffelsäcke.»

Es geschah am 20. April 1967. Eine Globe-Air Maschine war mit 126 Passagieren und der Crew über Nikosia auf Zypern abgestürzt. Es gab keine Überlebenden. Uns allen auf der Redaktion war hundeelend zumute. Als ob wir mitschuldig gewesen wären. So wurde das Schreiben zur Belastung. Mangelnde Sicherheit zu kritisieren, war das eine. Durch eine Katastrophe bestätigt zu werden, war unerträglich. Weil wir dabei selbstverständlich niemals an einen Todesflug als real werdende Wirklichkeit gedacht hatten.

Karl Rudin, Direktor der Globe Air, klagte mich vor der Tragödie beim Strafgericht Basel wegen Kreditschädigung ein. Die Anklageschrift umfasste 33 Punkte. Peter G. Staehelin lieferte als Vizepräsident des Verwaltungsrats die Begleitmusik. Der in Monte Carlo in der ‹Europa Residence› an der Place des Maulins wohnhaft gewesene Hauptaktionär der Globe Air AG liess mir einen Zahlungsbefehl für zehn Millionen Franken zustellen. Mit der Begründung: «Schadenersatz. Ev. solidarisch haftend mit Kanton Basellandschaft, Liestal, Regierungsgebäude, Rathausstr. 2, u. Jan Krieger, lic jur., Ob. Rebbergweg 2, Reinach.» Jan Krieger hatte als Staatsanwalt in Arlesheim gegen die Globe Air eine Untersuchung eingeleitet.

Ein halbes Jahr nach dem Absturz in Nikosia meldete die Globe Air den Konkurs an. Peter G. Staehelin haftete als Hauptaktionär für die finanziellen Folgen. Im Kunstmuseum Basel hingen 27 Bilder als Leihgabe der ‹Familienstiftung Staehelin›. Die Bilder durften nur dann verkauft werden, wenn ein Familienmitglied in Not geraten war. Auf diese Bestimmung griff Peter G. Staehelin zurück. Er hatte dem Kanton zwei Picasso-Bilder für 8,4 Millionen Franken angeboten. 2,4 Millionen kamen durch private Spenden zusammen. Sechs Millionen übernahm der Kanton. Der Grosse Rat stimmte dem Kredit zu. Von rechts aussen wurde dagegen das Referendum eingereicht.

Am 17. Dezember 1967 fand die denkwürdige Abstimmung statt. In Basel herrschte eine nie erwartete Aufbruchsstimmung. Im Sinn und Geist von «Jetzt geht es um unsere Kulturstadt». Ich habe so etwas nie mehr erlebt. Die halbe Welt interessierte sich für diesen einmaligen Volksentscheid. Selbst die ‹New York Times› berichtete über diese Weltpremiere. Dass der Picasso-Kredit von der Mehrheit befürwortet wurde, löste ein noch grösseres Medienecho aus. Pablo Picasso selbst reagierte hocherfreut. Eine solche Werbung hatte auch er noch nie erlebt. Er schenkte dem Kunstmuseum spontan vier Bilder.

Mir stand noch der Globe-Air-Prozess bevor. Gerichtspräsident Fritz Blocher schlug vor, ich solle einen Vergleich anstreben. Bei 33 Anklagepunkten sei das Risiko gross zu stolpern. «Du musst nur einmal einen Fehler gemacht haben, dann stehst du mit abgesägten Hosen da», warnte er mich. Das mochte ich nicht hören. Meine innere Stimme meldete sich: «Ich habe noch nie so intensiv recherchiert, habe noch nie so viele Zeugen befragt, wenn ich da nicht gewinne, muss ich aufhören mit Schreiben.» Mit dieser Überzeugung stand ich als Angeklagter vor Gericht, Und wurde überrascht. Der Gerichtspräsident persönlich fügte neben meinen 33 noch zwei Beweispunkte hinzu. Ich wurde auf der ganzen Linie freigesprochen. Das war vor dem Absturz in Nikosia.

Den Zahlungsbefehl über die zehn Millionen habe ich aufbewahrt. Es gab Momente, da wollte ich ihn einrahmen lassen. Ich wäre nie auf die Idee verfallen, mich so hoch einzuschätzen. Als Beweis, wie gefährlich Redaktoren leben, taugt er alleweil.

Nach dem Papst das schönste Amt

Dass ich Präsident der SP Schweiz wurde, ist einfach passiert. Ich hatte das Amt weder gesucht noch je daran gedacht. Ich bin angefragt worden. Arthur Schmid, Aargauer Regierungsrat und Nationalrat, suchte einen Nachfolger. Die Fraktion hatte ihn im Dezember 1973 als Bundesratskandidaten für den zurückgetretenen Hans Peter Tschudi nominiert. Gewählt wurde dann Willi Ritschard. Zudem war Arthur Schmid von seinen bürgerlichen Kollegen in der Regierung ab dem Tag, da er als SP-Präsident anfing, schikaniert und geplagt worden. Nach vier Jahren mochte er diese Schinderei nicht mehr ertragen.

Arthur Schmid spielte mit offenen Karten. Ich war dritte Wahl. Zwei Kandidaten hatten ihm abgesagt. Mir brauchte er nicht zu flattieren. Ich sagte sofort zu. Parteipräsident werden zu können, empfand ich wie einen Sechser im Lotto. Franz Müntefering meinte, als er angefragt wurde, Vorsitzender der SPD zu werden, «Parteipräsident ist nach dem Papst das schönste Amt der Welt.»

Es braucht für diesen Job beides, das Können und das Wollen. Wer hat oder wer nimmt sich die Zeit dafür? Daran scheitern an sich fähige Männer und Frauen. An den Sitzungen des ‹Büros› der SI, der Sozialistischen Internationale, sassen zwei, die den Präsidentenjob im Nebenamt ausübten: Der aus Luxemburg und ich. Uns umgaben lauter Profis. Was ist das SI ‹Büro› überhaupt? Bei uns heisst das Vorstand. Das ‹Büro› zählte an die 150 Mitglieder.

Im Frühjahr 1975 wählten mich die Delegierten am Parteitag in Zürich zum neuen SP-Präsidenten. Die Linken stimmten mit zu, weil ich nicht zu rechts sei. Den Rechten umgekehrt politisierte ich nicht zu links. Die Hauptaufgabe des Präsidenten ist es, zu integrieren. Ich betonte von Anfang an, es sei schrecklich mühsam, nur auf dem linken oder nur auf dem rechten Bein vorankommen zu wollen. Viel gescheiter sei es, auf beiden zu gehen, zusammengehalten vom starken Zentrum. Mit dieser Philosophie verbunden war der Auftrag, für die verschiedenen Meinungen offen und ihnen gegenüber tolerant zu sein.

Der Start verlief ideal. Ich wurde gleich richtig gefordert. Wir standen sechs Monate vor den eidgenössischen Wahlen im Oktober. Damals beschränkte sich der Wahlkampf auf einige Monate. Arthur Schmid hatte die Vorbereitungen seinem Nachfolger überlassen. Als Erstes suchte ich einen Werbeprofi. Und fand mit Robert Stalder von der Werbeagentur GGK Basel einen der drei besten im Land. Unter einer Bedingung sagte er zu. Er werde der Geschäftsleitung sein Konzept vorlegen. Dann sei Schluss mit Sitzungen. «Ich kenne deinen Verein. Jeder möchte bei Inseraten und Plakaten mitreden. Nicht mit mir.» Mir passte das, einige in der GL schluckten leer und schickten sich ins Unvermeidliche. Robert Stalder und ich trafen uns regelmässig im Restaurant ‹Kunsthalle›, um bei einem halben Liter Roten den nächsten Schritt abzusprechen.

Robert Stalder hatte noch ‹Einen› auf Lager. Er könne attraktive Plakate entwerfen und süffige Inserate texten. «Aber sie ersetzen eines nicht: gute Politik. Die SP muss Ereignisse schaffen, sie sind die beste und erst noch unbezahlbare Werbung.»

«Ereignisse schaffen», dieses Motto hat mich ständig begleitet.

Wir feierten bei meinen ersten Wahlen mit neun zusätzlichen Nationalratsmandaten einen triumphalen Erfolg. Das beste Ergebnis seit vierzig Jahren. Es wäre töricht gewesen, es auf mein Konto zu buchen. Dieser Sieg relativierte den Einfluss des Parteipräsidenten. Die politische Grosswetterlage war uns entgegengekommen. 1973 brach unerwartet die Ölkrise aus. So genannt, weil die OPEC-Staaten, das Kartell der im Nahen Osten Öl fördernden Staaten, über Nacht den Ölpreis beinahe verdreifacht und so die Weltwirtschaft in eine Krise gestürzt hatten. Nach einem Wirtschaftsboom, wie ihn die Schweiz noch nie erlebt hatte, schaffte dieser Kälteeinbruch allgemeine Verunsicherung. Mehr Männer und Frauen erinnerten sich wieder an die SP als politische Schutzmacht für die Lohnabhängigen.

Natürlich sorgte der Traumstart für gute Laune. Er erleichterte meine Arbeit ungemein.

Meine Tour de Suisse

1968 hatten Sowjetpanzer den von Alexander Dubček in Prag angeführten Aufstand von Reformkommunisten brutal niedergewalzt wie schon 1956 in Budapest. Die Stalinisten in Moskau duldeten keine Genossen, die den Kommunismus anders interpretierten. Das hätte ihre Vorherrschaft gefährdet, trug aber im Keim bereits den Untergang ihrer Diktatur in sich.

Das Drama von Prag löste Richtung Schweiz eine Flüchtlingswelle aus. Mit dabei war Ota Šik, Wirtschaftsminister in der Regierung von Dubček. Ota Šik plädierte für den ‹Dritten Weg›. Das war der Versuch, zwischen dem Sowjetkommunismus und dem US-Kapitalismus eine neue Wirtschaftsordnung zu konzipieren. Ota Šik lebte mehrere Jahre in Basel, bevor er eine Professur an der Universität in St. Gallen bekam. Er kenne, erzählte er mir, kein Land, das so klein und so vielfältig sei wie die Schweiz. Das würde ich unterschreiben. Ich habe die Schweiz erst richtig kennengelernt durch meine Antrittsbesuche aller Kantonalparteien. Ich nenne es ‹meine Tour de Suisse›.

Sie begann mit dem Parteitag der SP Waadt in Lausanne, an einem Samstagnachmittag. Der Präsident begrüsste mich herzlich mit der überraschenden Bemerkung: «Nach dreissig Jahren besucht uns wieder einmal der schweizerische Parteipräsident.» Ein Kompliment für meine Vorgänger war das nicht. Darunter der berühmte Walther Bringolf wie sein Freund Hans Oprecht, Geschäftsleiter der Büchergilde Gutenberg mit zeitweise über hunderttausend Mitgliedern.

Der Kongress näherte sich gegen 18 Uhr dem Ende zu. Ich konsultierte den Fahrplan. «Nein, mein Lieber», störte mich der Parteipräsident, «anschliessend sind wir von der Stadt zum Nachtessen eingeladen worden.» Irgendwann schaute ich erneut im Fahrplan nach, wann denn der letzte Zug fahre. Der Gastgeber schüttelte den Kopf: «Non, nous visitons encore une cave de vin.» Wir beschliessen den Abend in einem Weinkeller. «Wir haben dir ein Hotelzimmer reserviert. Pyjama und Toilettenartikel sind für dich parat.» Gegen vier Uhr fiel ich müde ins Bett. So viel Gastfreundschaft war, wie ich feststellen musste, keineswegs der ‹courant normal›.

An einem heissen Juli-Samstag reiste ich nach Martigny, an den Parteitag der SP Wallis. Wie üblich mit einer Stunde Zeitreserve. Ich bin kein Mann der letzten Minute. Ich stand an der Theke und bestellte ein Mineralwasser mit Kohlensäure. Der Walliser Parteisekretär reagierte unerwartet heftig: «Wenn du jetzt Mineralwasser trinkst, kannst du gleich wieder heimfahren. Die Genossen beobachten dich als den ‹Neuen›. Du musst zuerst ein Glas Weisswein trinken, wir sind hier im Wallis, nicht in Basel. Nachher kannst du meinetwegen dein Mineralwasser haben.» Vermutlich wäre nur noch ein Glas Milch schlimmer gewesen.

Das Wallis feierte im August 2015 zweihundert Jahre Zugehörigkeit zur Eidgenossenschaft. Bis vor kurzem haben die ‹Schwarzen›, gemeint ist die CVP, den Kanton beherrscht, als ob er ihnen gehören würde. Alle Chefbeamten der kantonalen Verwaltung seien Mitglied der CVP, erzählte mir mal Pascal Couchepin. Dass Peter Bodenmann zu den Roten übergelaufen ist, sein Vater war CVP-Ständerat gewesen, hat ihm das Leben in Brig nicht erleichtert. Dass er der erfolgreichste Hotelier von Brig ist, haben sie ihm bis heute nicht verziehen.

Ein unerwartetes Erlebnis bot der Parteitag der SP Neuenburg in La Chaux-de-Fonds. Die Uhrenmacherstadt liegt sehr peripher. Ich weiss von nicht wenigen Deutschschweizern, dass sie noch nie dort waren. Sie kennen die Karibik besser. Es scheint, dass selbst die Romands nicht allzu häufig in La Chaux-de-Fonds verkehren. Zwei Punkte sind speziell erwähnenswert. Seit 1917 wird die Stadt von den Linken, darunter ein Kommunist, regiert. Berühmt ist der ‹Club 44›, neben dem Uhrenmuseum natürlich. Das von den Schweizern rechts oder links liegen gelassene La Chaux-de-Fonds organisiert ein reges Gesellschaftsleben. Dabei spielt der ‹Club 44› eine Hauptrolle. Er soll, schilderte mir René Felber, damals Syndic von Le Locle, später Bundesrat, kaum einen französischen Minister geben, der nicht im Club Gast gewesen sei. Neben bekannten Sportlern, Wissenschaftlern und Künstlern. Mit Paris verbindet La Chaux-de-Fonds mehr als mit Bern.

Als ich den Volkshaussaal betrat, glaubte ich, mich verirrt zu haben. Es hingen blaue Plakate, blaue Fahnen, auf den Tischen lagen blaue Flyer. Im Kanton Neuenburg ist die SP der ‹parti bleu›. Die Roten sind dort ‹les radicaux›, die Freisinnigen.

Den Neuenburgern wird nachgesagt, das schönste Französisch zu reden. Ich vermag das nicht zu beurteilen. Aufgefallen war mir etwas anderes. Wir Deutschschweizer stellen uns unter Welschen temperamentvolle, ja leidenschaftliche Redner vor. Das bot der

Parteitag nicht. Mich überraschte, wie pragmatisch und sachlich diskutiert wurde. Am Stammtisch würde man sagen: furztrocken.

Der Parteitag verlief wie am Schnürchen. Wie ein perfekt einstudiertes Pflichtlaufen. Weder aufregend noch langweilig.

In Huttwil tagte die SP des Kantons Bern. Sie war unsere stärkste Kantonalpartei. Mit doppelt so vielen Mitgliedern wie die SP des Kantons Zürich. Die Berner SP ist auch in den Dörfern stark präsent. Zuvor hatte ich bei der SP Rüschegg referiert. Der Sektionspräsident bat mich, das Thema Mieterschutz auszulassen. «Wir sind 43 Mitglieder und alle wohnen im eigenen Haus.»

Die BGB, Bauern-, Gewerbe- und Bürgerpartei, heute SVP, war die bernische Staatspartei schlechthin. Mit vier Regierungsräten, dazu zwei Sozialdemokraten und ein Freisinniger. Die Berner SP wurde gerne als die ‹rote BGB› belächelt – weil etwas zu brav gestrickt. Ich habe sie als währschaft und seriös empfunden. In der Deutschschweiz sind Volkshäuser mangels Erfolg eingegangen oder wurden, wie in Zürich und Basel, von der Stadt übernommen. Anders die Berner Linke. Sie führt in Thun und Bern nach wie vor ihr eigenes Volkshaus und das erst noch erfolgreich. Ein anderes Beispiel ist die reka, die Schweizerische Reisekasse. Erfunden und aufgebaut von bernischen Genossen und Gewerkschaftskollegen.

Die etwas behäbige Berner Partei pflegte ihre eigene Hierarchie. Als ich bei den Wahlen von 1975 fünf Kandidaten für Wahlsendungen im Fernsehen nominieren durfte, war klar: Ein Berner gehörte dazu. So rief ich den bekannten Reynold Tschäppät, Stadtpräsident in Bern und Nationalrat, an. Zu meinem Erstaunen sagte er mir ab. Umso erfreuter nahm der nächste Berner, Nationalrat Heinz Bratschi, die Chance wahr. Für mich war die Sache erledigt. Nicht jedoch für Tschäppät.

Am nächsten Tag erhielt ich von Tschäppäts Sekretärin einen aufgeregten Anruf: «Natürlich will mein Chef ins Fernsehen, aber das können Sie mit ihm nicht am Telefon erledigen, da müssen Sie schon persönlich vorbeikommen.» Seine Majestät, Genosse Stadtpräsident, erwartete von mir einen Bittgang. Für solche Spässe hätte ich keine Zeit, liess ich ausrichten. Den ultimativen Wunsch der Sekretärin, ich müsste Heinz Bratschi wieder ausladen, lehnte ich ab. Es herrschte dann während Monaten zwischen uns beiden Funkstille. Tschäppät spielte den Beleidigten, zumal Heinz Bratschi zum ersten Mal ein besseres Wahlergebnis erzielt hatte als der grosse Häuptling.

Völlig anders erlebte ich die Zürcher Kantonalpartei. Da wurde lustvoll und mit schonungsloser Härte gestritten, wie ich das von Basel nicht gewohnt war. Es ging um die Nomination von Emilie Lieberherr als Ständeratskandidatin. Als Mitglied der Stadtregierung, zuständig für die Sozialpolitik, genoss sie bei den Leuten ungeheure Popularität. Ihre Kandidatur schien denn auch unbestritten. War sie aber nicht.

Ausgerechnet die Parteisekretärin stellte den Antrag, Emilie Lieberherr nicht zu portieren. Mit der seltsamen Begründung, im Parlament mitzuarbeiten sei absolut sinnlos, «wir erreichen dort ja doch nichts». Die damit Politik zur brotlosen Kunst degradiert hatte, hiess Ursula Koch. 1997 wurde sie vom Parteitag der SP Schweiz als Nachfolgerin von Peter Bodenmann zur Parteipräsidentin gewählt. Sie liess sich 1997 nur äusserst widerwillig für den Nationalrat portieren. Sie wäre die Erste im Präsidium ohne Parlamentsmandat gewesen. Als sie vom Parteiamt zurücktrat, demissionierte sie gleichzeitig auch als Nationalrätin. Mit dieser Einstellung war Ursula Koch als SP-Präsidentin die ideale Fehlbesetzung gewesen.

Auch Emilie Lieberherr erwies sich nicht nur als eine starke, sondern auch als eine streitbare Persönlichkeit. Sie hatte sich, zusammen mit ihrem Kollegen Jürg Kaufmann, mit der Stadtpartei überworfen. Die beiden Exekutivmitglieder hatten sich von ihrer Parteibasis entfremdet. Wobei bei solchen Entwicklungen meistens hüben und drüben provoziert wird. Beide, Lieberherr und Kaufmann, waren ungewöhnlich gescheite Persönlichkeiten. Zugleich ebenso unfähig, ihren Hochmut als tüchtige Regierungsleute auch zu zügeln.

Zeitweilig reiste ich fast im Wochentakt nach Zürich. Auf dem Helvetiaplatz rief mir der Strassenwischer zu: «Hubacher, haben sie wieder Krach, musst du ihn schlichten?»

Zürich ist ja nicht Appenzell. Diese grosse Partei löste entsprechende Reaktionen aus, die auch dem Strassenwischer aufgefallen waren. Meine Versuche, diesen öffentlichen Streit, oft eher abschreckendes Gezänke, mit guten Worten zu beenden, blieben relativ erfolglos. Weil Emilie Lieberherr sich auch vom Parteipräsidenten weder dreinreden noch sich etwas sagen liess. Mein Engagement passte ihr hinten und vorne nicht: «Das isch öise Krach», höre ich sie, als ob es gestern passiert wäre.

Wir haben einen föderalistisch aufgebauten Staat. Die SP ist genauso föderalistisch strukturiert. Die Kantonalparteien achten auf ihre Eigenständigkeit. Der Einfluss des schweizerischen Parteipräsidenten ist beschränkt. Arbeiten sie erfolgreich, profitiert er mit. Verstricken sie sich in persönliche Auseinandersetzungen und verlieren bei Wahlen Mandate, wie das bei der SP des Kantons Zürich geschah, empfand ich als Präsident fast Mitleid mit mir. Mit der berühmten Faust im Sack. Lief es relativ rund, war ich für die 1100 Sektionen und ihre Mitglieder die Visitenkarte.

Unser Wahlvolk und seine Sympathisanten reagierten zufrieden bis stolz, wenn ich mich zum Beispiel in der Fernseh-Arena gut geschlagen hatte. Es gibt kaum Schlimmeres, als wenn man sich für ‹seinen› Parteichef schämen muss. Oder sich ständig über ihn ärgert.

Das ‹grande finale meiner Tour de Suisse› folgte in Locarno, beim Parteitag der SP Tessin. Dieser Kanton verkörpert nochmals eine andere Welt in dieser bunten Schweiz. Meine Gret schwärmt heute noch von Pietro Nenni, den sie als Chef der italienischen Sozialisten an einer Kundgebung in Florenz erlebt hatte. Er habe seine Rede piano angefangen und dann permanent bis zum Fortissimo gesteigert. Begeistert erzählte sie mir: «Weisst du, das war nicht einfach nur eine Rede, das war wie Musik. Hinreissend.»

Diese Lust an der Rhetorik spürte ich auch in Locarno. Stundenlang wurde diskutiert. Zeitweise dünkte mich, es seien nicht einmal mehr zwei Delegierte der gleichen Meinung gewesen. Bis dann der Präsident anderthalb Stunden lang sein rhetorisches Feuerwerk abbrannte. Er zelebrierte den Delegierten das Gemeinsame, und schon schienen alle wieder ein Herz und eine Seele zu sein. Während es bei uns in der Deutschschweiz nicht selten eher langweilig dahinplätschert, prasselten in Locarno Emotionen auf mich herab. Mit Standing Ovations für den Präsidenten.

Bis in den frühen Morgen dauerte ‹la festa›. Mit Musik, Tanz, Risotto, Vino. Eine Fortsetzung von Politik als Lebensfreude pur.

Aus der Schule geplaudert

Wenn ich mich frage, wer ich bin, antworte ich, ein ‹gmögiger Mensch›, der sich nicht wichtig nimmt, aber sich genug Selbstvertrauen zugelegt hat. Ich mag das verbale Pingpong, ertrage Kritik, hasse Verlogenheit. Meine Lieblingsblume ist sicher nicht die Mimose. Ich habe nie eine einzige Überstunde aufgeschrieben, das hätte zu meinem privilegierten Job schlecht gepasst. Privilegiert nicht finanziell, sondern ideell. Meine Gret traf mit dem Kompliment ins Schwarze: «Du bist ein glücklicher Mensch, dein Hobby ist dein Beruf.»

Heute staune ich über mich selbst. Wie ich Beruf, Parlament und Parteipräsident zeitlich gemeistert habe. Mit dem SP-Vorsitz nahm das Arbeitspensum massiv zu. Während zwölf Monaten führte ich einmal Statistik. Sie ist für die übrigen Jahre repräsentativ geblieben.

Total kam ich auf 165 Anlässe: Sitzungen, Besprechungen, Referate, Informationsbesuche, Radio- und Fernsehauftritte. Ich beantwortete rund 1500 Briefe. Handy und E-Mails gab es noch nicht. Die vielen Interviews und Medienanfragen nicht mitgezählt. Ebenso wenig die ‹Sprechstunde›.

Wie habe ich das ausgehalten? Erstens war ich gerne Politiker, und zweitens war ich es als SP-Präsident noch lieber. Professor Studer vom Insel-Spital Bern machte einmal den ‹70 000-Kilometer-Check›. Befund: «Nicht schlecht für den Stress, den Sie gehabt haben.» – «Herr Professor, ich hatte nie Stress, nur viel Arbeit, die ich gerne mache.» – «Arbeit, die man gerne verrichtet, ist kein Stress und macht nicht krank.»

Ich war nie zu faul, um zu schlafen. Fühlte ich mich übermüdet, holte ich über das Wochenende den Schlaf nach. Gret sagte dazu jeweils: «Du hast dich wieder gesund geschlafen.»

Das Repräsentative reduzierte ich, wie schon erwähnt, auf das absolute Minimum. Hätte ich alle Einladungen angenommen, wäre das bisschen Freizeit flöten gegangen. Die brauchte ich. Um zu faulenzen und zu lesen, ins Theater oder ins Kino zu gehen, mit Familie und Freunden gemütlich zusammen zu sein. Mit einem Wort: um mich nicht von der Politik auffressen zu lassen.

Um mental und körperlich fit zu bleiben, sind Ferien, wie ich ebenfalls bereits sagte, die billigste Therapie. Angefangen haben wir in Italien, in Imperia, Riccione und Riva del Sole bei Follonica. Dann schalteten wir auf Wanderferien um. Zwölfmal nacheinander in Vals. Nachher wechselten wir nach Nauders, dort sind die Wanderwege nicht so steil. Abwechslungsweise vergnügten wir auf der der Ferieninsel Bornholm in der Ostsee. Wir, immer mit Freunden.

Mich vom Politalltag abzusetzen, fiel mir leicht. Ich habe das Talent, mich nicht für unersetzlich zu halten. Dafür gibt's gute Mitarbeiter. Yvette Jaggi, Nationalrätin, dann Stadtpräsidentin in Lausanne, betreute die Romandie. Faktisch war sie dort die SP-Präsidentin. Nationalrat Peter Vollmer, der andere Vize, wohnte ‹sur place› und war zuständig für das Zentralsekretariat in Bern. Daneben präsidierte er Arbeitsgruppen für Statuten- und Programmrevision. Bei mir hat es nie arbeitslose Vizepräsidenten gegeben.

Vor dem SP-Präsidium leitete ich den ATB, den Arbeiter-Touring-Bund. Arthur Grossenbacher, Fahrlehrer, war mein Stellvertreter. Anderthalb Jahre nach meinem Rücktritt begegneten wir uns zum ersten Mal wieder. Da an der Verbandsspitze ein Nationalrat gefragt war, war er Vize geblieben. «Jetzt nicht mehr», sagte er, «du hast mich gebraucht, der Nachfolger macht alles selber. Als fünftes Rad am Wagen war ich mir zu schade und habe halt demissioniert.» Den Luxus, auf Mitarbeiter zu verzichten, habe ich mir als Teamchef nicht erlaubt. Allein schon mir zuliebe nicht.

Politiker haben im Allgemeinen einen schlechten Ruf, aber gleichgültig sind wir den Leuten nicht. Als Parteipräsident stand ich im öffentlichen Rampenlicht. Nicht allein für die eigenen Anhänger und Wählerinnen. Mich verblüffte stets, wie Aussenstehende sich mit mir beschäftigt haben. Und was ihnen dabei alles eingefallen ist. Das sind Geschichten wie aus dem Tierbuch.

Herr M. aus Basel telefonierte gerne. Und plagte mich damit. Regelmässig um 3.54 Uhr schellte es. Wortlos wurde aufgehängt. Ich liess meinen Telefonanschluss überwachen, erfuhr so Name und Adresse des Anrufers. Ich hätte ihn im Tram zwar angeschaut, aber nicht gegrüsst, rechtfertigte er die unflätige Telefoniererei. «Und überhaupt, Ihre Politik passt mir gar nicht», fügte er hinzu. Das musste sie auch nicht, er sollte mich lediglich schlafen lassen.

‹Mister Unbekannt›, gemäss Poststempel aus Winterthur, pflegte eine andere Masche. Ein paarmal im Jahr schickte er mir böse Briefe, unterschrieben mit «ein alter Eid-Genosse». Dazu einen Schuss Munition als Beilage. Mit einem exakten Beschrieb, ein Beispiel: «Ich habe Sie am 24.6.1985 in Bern beobachtet. Um 12.08 Uhr betraten Sie das Restaurant ‹Pinocchio› und um 13.45 Uhr haben Sie es verlassen.» Damit signalisierte er: ‹Ich habe dich im Visier.› Das war eine versteckte Morddrohung. Andere drohten direkter, stets anonym. In solchen Fällen konsultierte ich gemäss Vereinbarung die Basler Polizei. Die mir Regel Nummer eins diktiert hatte: Keine Publikation, das ärgere diese Feiglinge am meisten. Heute ist es schon fast Mode geworden, solche Drohungen hinauszuposaunen.

Es passierte auch Heiteres. Ein kleines Paket hatte uns irritiert. Das Schütteln verriet einen undefinierbaren Inhalt. Es fehlten Absender und ein leserlicher Poststempel. Die Polizei öffnete es im Bunker. Ein Freund aus Ascona hatte uns Marroni in Cognac geschickt.

Da hatte sich einmal jemand einen speziellen Scherz erlaubt: Zwei Wochen lang lagen, wenn wir abends heimkamen, Pakete vor der Türe. Mit unbestelltem Zeugs. Der Absender hatte meine Unterschrift gefälscht oder telefonisch in meinem Namen Aufträge erteilt. Nach vierzehn Tagen sah es bei uns aus, als ob wir zügeln wollten. Es stapelten sich Waren im geschätzten Wert von 30 000 Franken: Frotteewäsche in Unmengen, Vorhangstoffe für eine Turnhalle, Bettwäsche, ein Medizin-Lexikon, eine elektrische Jazztrompete, eine Magnumflasche mit Wein, Besteck und Garnitur für Lachs, T-Shirts und Trikotkleider. Alle Absender wurden über diesen Schwindel aufgeklärt und aufgefordert, ihre Waren abholen zu lassen. Was mich frappierte: Nur einer verlangte sie zurück. Der Weinhändler seine Magnumflasche für 920 Franken. Alles andere blieb bei uns im Keller drei Jahre liegen. So lange muss man nach Gesetz unbestellte Waren abholbereit aufbewahren. Unter grossem Hallo wurden nach Ablauf der Frist alle Geschenkartikel verteilt. Die Jazztrompete war der absolute Renner.

Ich habe eine kleine Auswahl an Unerfreulichem beschrieben. Den Vogel abgeschossen hat eine mir unbekannte Frau in Laufen. Sie schickte mir im Februar 2015 ein Buch über die DDR. Ich sei ja 1982 beim DDR-Diktator Erich Honecker gewesen, sie lege mir das Buch über diesen Gauner bei, das ich lesen müsse. Da ich ja eine Wallfahrt nach Ost-Berlin gemacht und den Honecker auf den Knien begrüsste hätte. «Sie sollten sich schämen.» Nach 33 Jahren ist das dieser Frau eingefallen. Ich schickte das Buch zurück, da ich meine Lektüre selber auswählen möchte.

Der frühere Parteivorsitzende der CSU in Bayern Erwin Huber nennt sich selbst einen ‹Polit-Junkie›. Alle Politiker seien süchtig nach Macht, Ruhm und Anerkennung. Die Politsucht mache abhängig wie jede Sucht. «Man hängt an der Nadel. Bekannt zu sein, zum Teil bewundert zu werden, die Zustimmung der Leute zu bekommen, eine Fangemeinde zu haben, das ist berauschend.» Erwin Huber, heute 72, ist überzeugt, «ohne diese Sucht kann man diesen Job überhaupt nicht machen, man muss Workaholic sein, sonst ist das Pensum gar nicht zu bewältigen.» Ihn habe schon beunruhigt, «wenn ich an Ostern und Weihnachten nichts zu tun hatte». Der Workaholic vermag die Musse gar nicht mehr zu geniessen. Hubers bittere Erkenntnis: «Man hat als Spitzenpolitiker kaum noch Freunde. Man verliert alle Kontakte. Es gibt keinen Feierabend im Kopf» (‹Der Spiegel›, 32/2015).

Der ‹Spiegel›-Reporter Jürgen Leinemann schrieb ein Buch über den Deutschen Bundestag. Er beschreibt «die Sucht der Politiker als ‹Höhenrausch›, in dem die reale Welt aus dem Blickfeld verschwindet». Demnach wäre die Welt der deutschen Politiker eine unwirkliche. Aus der, wie Erwin Huber meint, es unmöglich sei, «selber auszusteigen».

Ich lasse dieses Krankheitsbild einmal so stehen. Im Bundeshaus habe ich eine andere Welt erlebt. Sicher, Politiker geniessen Anerkennung und Beifall. Persönlich war ich nicht Untertan der Politik. Mir fehlte der Ehrgeiz eines Spitzensportlers, der permanent für Höchstleistungen trainiert. Bemüht, meinen Job gut zu machen, das habe ich mich. Ohne süchtig gewesen zu sein. Sucht ist bei uns auch nicht Standard. Ausnahmen mögen die Regel bestätigen.

Als ich nach 34 Jahren als Nationalrat zurücktrat, fiel ich nicht in das befürchtete schwarze Loch. Weil ich zurückkehrte als Bürger, der politisch interessiert ist. Ich leide auch nicht an Nostalgiewehen, weil ich nicht mehr zum Bundeshausclub gehöre. Das Bundeshaus habe ich nie mehr besucht, ich weiss ja, wie es aussieht. Ich habe anderes zu tun.

Nach meinem Rücktritt fragte mich eine Frau, was ich nun eigentlich mache. Ich sei für die ‹Basler Zeitung› und die ‹Schweizer Illustrierte› Kolumnist. «Soso, nun sind Sie auch noch Kommunist.»

Ich werde in der Stadt oft angesprochen, wie früher als Nationalrat. Ich geniesse die meist kurzen Gespräche auf der Strasse.

Gret meint dann, wenn ich zu spät zum Treffen im ‹Braunen Mutz› am Barfüsserplatz erscheine: «Hast du dich wieder durch die Stadt geschnörrt?»

Ja, so bin ich. Eitel genug, um das als Kompliment zu notieren.

Die Frauen brachten Farbe ins Bundeshaus

In meinen ersten acht Jahren war der Nationalrat ein Herrenclub. 1971 haben die ersten Frauen Platz genommen. Und fielen in jeder Hinsicht auf: Farbig gekleidet, teils mit schicken Foulards, belebten sie rein visuell die Runde. Daneben präsentierten wir Männer uns wie graue Mäuse. Das Kleiderreglement, das gab es tatsächlich, schrieb «dunkler Strassenanzug mit Krawatte» vor.

Schleunigst ist der ‹Tenuebefehl› in «modisch gekleidet» umgeschrieben worden. So rückte ich in der nächsten Sommersession mit einem hellen Anzug ohne Krawatte zum Parlamentsdienst ein. Ratspräsident William Vontobel winkte mich zu sich nach vorne. Ich müsse eine Krawatte umbinden, sonst würde er mich von der Sitzung ausschliessen. Er blieb stur, war dann aber doch einverstanden, den PKZ-Geschäftsführer entscheiden zu lassen, ob ich modisch gekleidet sei oder nicht. Der Fachmann erklärte: «Zu diesem Anzug braucht es keine Krawatte, er ist modisch und im Sommer erst noch bequemer.»

Dieser kleine Durchbruch erinnerte mich an meine Zeit als VPOD-Sekretär. Die Tram-Wagenführer mussten im Sommer bei über 40 Grad in der Führerkabine mit voller Montur ihren Dienst verrichten. Als Gewerkschaft stellten wir das Begehren, dass sie ohne Mütze, Kittel und Krawatte fahren dürfen. Bei der Verhandlung schüttelte Direktor Otto Miescher den Kopf: «Kommt nicht infrage, wie sähe das aus, was würden die Leute von uns denken?» Wir sassen in der Juli-Hitze im klimatisierten Büro des Direktors.

«Herr Direktor, Sie sitzen da im Polohemd, ohne Krawatte selbstverständlich, erst noch klimatisiert und verlangen von den Wagenführern bei dieser Affenhitze im Führerstand den Dienst in voller Uniform, das geht doch nicht.» Worauf der Direktor einlenkte: «Sehen Sie, das war mir gar nicht bewusst, Sie haben recht, Ihr Anliegen wird bewilligt.»

Die neue· Farbenlehre im Nationalrat war symptomatisch für sich anbahnende Veränderungen in der Gesellschaft. Die Partei wurde dabei mit voller Wucht mit hineingerissen. So richtig wahrgenommen habe ich das erst im Nachhinein. Ich reagierte darauf eher instinktiv, weniger mit einem verstandesmässigen, klug ausgedachten Konzept.

Die 68er-Revolte

Man nennt sie auch die 68er-Revolution. Sie schwappte aus Deutschland und Frankreich zu uns über. Studenten besetzten Universitäten als Protest gegen allmächtige Professoren. Ins Visier der jungen Generation geriet die verlogene Sexualmoral dieser Gesellschaft. In vielen Kantonen galt das Konkubinatsverbot, Mann und Frau durften ohne Trauschein nicht zusammen wohnen. Sogar sich öffentlich zu küssen, schickte sich nicht. In meiner Jugendzeit wurde nur heimlich geküsst. Der Ehemann konnte seiner Frau verbieten, berufstätig zu sein. Von einem eigenen Bankkonto durfte sie nur träumen. Es fällt schwer, sich rückblickend diese verknöcherte Gesellschaft vorzustellen.

Die SP hatte als erste Partei schon 1918 das Frauenstimmrecht verlangt. Dennoch blieb sie eine Männerpartei. Wie autoritär sie damals geführt wurde, demonstrierte Walther Bringolf als Präsident von 1953 bis 1962. Wie heute meldete man sich am Parteitag schriftlich zu Wort. Wer aus irgendwelchen Gründen nicht genehm war, erreichte das Rednerpult nie. Seine Wortmeldung landete im Papierkorb. Bringolf belehrte mich, «so wird's gemacht». Sein Nachfolger führte diese Praxis bis 1970 weiter. Die Delegierten hatten sich solche Machtallüren gefallen lassen. Das war typisch für eine Arbeiterpartei. Im Betrieb ging's ja nicht anders zu.

Grossvater bleibt mir als ein wunderbarer Mensch in Erinnerung. Allerdings war auch er ein Mann seiner Zeit. Der Fabrikarbeiter hatte in der Firma erlebt, wer Herr im Haus war. Daheim kompensierte er seinen Frust. Grossvater hatte nie auch nur einen Finger im Haushalt gerührt. Haushalt war keine Arbeit für einen ‹richtigen› Mann. Auch den Garten überliess er der Grossmutter und dem Buben. Ich musste jäten, wenn meine Kollegen nebenan ‹tschutteten›. Ich hasste den Garten. Heute ist er mein Fitnessstudio. Grossvater beschränkte sich aufs Kontrollieren und Reklamieren, wenn er etwas nicht in Ordnung fand. Den Vogel schoss er beim Aufstehen ab: Grossmutter musste ihm die Kleider auf dem Bett parat legen und den ‹Pottchamber› (Berndeutsch für Nachttopf) neben das Bett stellen, nachher ihn auch leeren. Der Herr verrichtete ‹sein Geschäft› nicht auf dem WC, das sich ausserhalb der Wohnung befand. Der ‹Homeservice› passte ihm besser.

Die SP erwies sich mit zeitlicher Verzögerung für 68er als valable Option. Die Protagonisten der Rebellion hatten erkannt: Wer die Schweiz verändern will, muss in die Politik. Die gerne als alte Tante oder lahme Ente verspottete SP blieb immer noch attraktiver als etwa die FDP oder CVP. Für links von der SP Positionierte war sie zu brav. Sie gründeten mit den Progressiven Organisationen der Schweiz (POCH) ihre eigene kommunistische Partei. Während die PdA (Partei der Arbeit) ideologisch zum ‹roten Vatikan› in Moskau gehörte, bekannten sich die POCH zum Marxismus-

Leninismus, das hiess nicht zum Moskau-Stalinismus. Die SP bekam so als die klassische demokratische Linke politische Konkurrenz, die ihr nicht etwa geschadet hat. Die Basler Progressiven Organisationen, POB, rekrutierten auffallend viele Söhne und Töchter aus dem ‹Daig›, also aus den vornehmsten Familien. Ich erwähne als Namen nur Oeri, Vischer oder Koechlin. Die ‹Pöchler› politisierten offensiv, aggressiv und attraktiv. Mit neuen Ideen und Methoden. Mir fällt der Militärlastwagen ein, der rundum mit Plakaten «AHV statt Panzer» auf Werbetour fuhr. Straff organisiert machte ein elitärer kleiner Kreis nach dem Prinzip ‹Politbüro› die Politik. Das ging meistens schneller als bei der SP mit ihrer Basisdemokratie. Die POCH funktionierte als Kaderpartei ohne ständige breite Entscheidungsdebatten.

Ohne mein bewusstes Zutun entwickelte sich die SP sukzessive von der einstigen Arbeiterpartei zur modernen linken Volkspartei. Dieser Prozess hatte vor meiner Präsidialzeit angefangen; ich erlebte den 68er-Mitgliederschub jedoch am intensivsten. Auf einmal wurde wieder vermehrt über Grundwerte, über Ziel und Weg unserer Politik, darüber, wie rechts oder wie links sie sein soll, heftig gestritten. Die bürgerliche Presse, voran die ‹Neue Zürcher Zeitung›, erkannte darin nicht etwa einen kreativen Denkprozess und Aufbruch. Im Gegenteil: Wir wurden dargestellt, als ob es in dieser SP ständig und nur noch zwischen allen möglichen Strömungen Krach gegeben hätte. Linksintellektuelle hätten unsere Partei unterwandert, die gute alte, solide und vernünftige Sozialdemokratie sei den Linksextremisten in die Hände gefallen. SP-Intellektuelle wurden systematisch als Linksextremisten plakatiert. Ein seriöser Intellektueller machte doch in der Wirtschaft Karriere, sicher nicht bei der SP.

Die markanteste Veränderung in der SP hatten die Frauen erreicht. Beim 68er-Aufstand darf man die Rolle der Frauen als die politische Entdeckung bezeichnen. Sie veränderten diese etwas behäbige SP am erfolgreichsten. Die Einführung des Frauenstimmrechts 1971 wirkte befreiend. Bisher übten Frauen Politik lediglich am Simulator. Wie ein Pilot, der nie richtig starten darf.

Frauen entdeckten ihre heimliche Liebe zur SP. Seit sie im Bundeshaus mitbestimmen, stellt die SP die stärkste Frauenfraktion. Sie brachten eine neue Streitkultur in die Partei. Irgendwie argumentieren sie direkter. Sie politisieren nicht gekonnter als wir Männer, einfach anders. Die erste Frau in der Militärkommission, SP-Nationalrätin Heidi Deneys, brachte die Generäle mit ihren ‹komischen› Fragen aus dem militärpolitischen Gleichgewicht. Wenn uns Männer die technischen Vorteile des neuen Panzers interessierten, wollte sie wissen: «Wie würde es ein Soldat aushalten, sich im Ernstfall zu verteidigen, während er im Panzer eingepfercht ist wie in einem Gefängnis?» Solche Fragen hatten die Herren Kommandanten vorher noch nie beantworten müssen.

Bei meinem Einstand als Parteipräsident sassen in der GL vierzehn Männer plus die Alibifrau. Hinterlassen habe ich dann noch acht Genossen mit sieben Vertreterinnen vom starken Geschlecht.

Die 68er-Generation brachte selbstbewusste Mitglieder in die SP. Entsprechend spannend verliefen Parteitage. Da wurde lustvoll und schonungslos um die beste oder um die vermeintlich beste Lösung gefightet. Nicht nur mit der feinen Klinge, oft waren es ideologische Haarspalter, die unsere Toleranz auf die Probe stellten. Aber die SP passt nun einmal besser in den ‹Roten Ochsen› als in die Beiz ‹Zur Eintracht›.

Einmal im Jahr fand der Parteitag mit 1200 bis 1500 Delegierten statt. Auch im Rückspiegel betrachtet bleibt ein Parteitag der absolute Höhepunkt mit dem politischen Pflicht- und Kürlaufen. Da versammelte sich das Fussvolk der Partei, all jene Vertrauensleute, die jahrein und jahraus im Einsatz sind und oft Blitzableiter sind für eine Politik, die wir zu verantworten hatten. Mein Bemühen war es deshalb, ihnen ein Erlebnis zu bieten, damit sie motiviert heimkehren und überzeugt sind: «Es lohnt sich, für diese SP zu kämpfen.»

Soll der Parteitag zum Event werden, braucht es das rhetorische Feuerwerk als Highlight. Ein Willy Brandt als Gastreferent blieb natürlich für die Delegierten ein unvergessliches Erlebnis. Ich konnte natürlich nicht jedes Mal die ganz grosse Nummer präsentieren. Dafür andere Ausnahmekönner, wie Peter Bichsel, Max Frisch, Oskar Lafontaine, den Schriftsteller André Gorz, Richel Roccard, Erhard Eppler, Willi Ritschard, Jean Ziegler.

Für mich als Parteipräsident war es für meine ‹Predigt› die Galavorstellung schlechthin. Nie vermochte ich unseren politischen Auftrag wirksamer zu verkünden als am Parteitag. Die SP ist nicht die Rotkreuzkolonne des Kapitalismus. Ihre Aufgabe ist es, solange wie wir ihn haben, alles zu tun, um das System sozialverträglicher zu gestalten, sich für die soziale Marktwirtschaft zu engagieren. Das Credo der SP ist es nicht, wie uns Bürgerliche andichten, immer mehr und noch mehr Staat zu wollen. Uns genügt ein Sozialstaat, der so viel soziale Sicherheit garantiert, dass die Menschen ohne Angst leben können. Wer arm ist, wer im Elend lebt, wer keine Zukunftsperspektive hat, ist auch kein freier Mensch. Wir werden die These von Christoph Blocher nie anerkennen, wonach der Staat die Freiheit gefährde. Es ist der globale «Raubtierkapitalismus», so Helmut Schmidt, der alle ausbeutet: die Menschen, die Natur, die Umwelt. Diesen «Raubtierkapitalismus» will die SP überwinden, weil es auf Dauer in einer zerstörten Umwelt und in einer kaputten Natur keine gesunde, gerechte Gesellschaft, keine blühende Wirtschaft geben kann. Dafür kämpfen wir. Mit unserem Markenzeichen: Rot ist das schönste Grün.

Ich war mit mir nur dann im Reinen, wenn mich der Beifall der Delegierten umhaute und ein paar Freudentränen auslöste. Dann spürte ich, dass ich ihre Herzen erreicht hatte. Beifall ist, Willi Ritschard hat das formuliert, das schönste Lob. Beifall ist Anerkennung und Lohn für das, was ich geleistet hatte und aushalten musste. Ein Pflichtapplaus wäre wie eine kalte Dusche gewesen. Begeisterter Beifall wirkte wie Doping, um gerne weiterzumachen.

Das Kompliment eines Journalisten zitiere ich als Beweis für mein Bestreben: «An die Parteitage der FDP, SVP, CVP muss ich, an den Parteitag der SP will ich unbedingt gehen.»

Meine schlimmste Bundesratswahl

Wenn ich einem ausländischen Politiker erklärte, wie bei uns Minister gewählt werden, Bundesräte sind im Ausland Minister, gab es jedes Mal ungläubiges Kopfschütteln. Dass unsere politischen Gegner bestimmen, wer SP-Bundesrat wird, überstieg ihr Verständnis. Begriffen hat das keiner. Die SP hingegen musste diese Fremdbestimmung mehrmals hinnehmen.

Vor den Sommerferien 1983 hatte Willi Ritschard den Rücktritt als Bundesrat mitgeteilt. Ohne grosse Diskussion schälte sich der Trend heraus, es sei Zeit für die erste Bundesrätin. Zumal wir mit Nationalrätin Lilian Uchtenhagen eine allgemein unbestrittene Kandidatin nominierten. Bei der ersten Frau, spekulierten wir, würden die Bürgerlichen ihre üblichen Spielchen unterlassen. Wobei sie mit Hans Peter Tschudi, Willi Ritschard und Ruth Dreifuss gegen den Willen der SP-Fraktion hervorragende Persönlichkeiten gewählt hatten. Ist das nachträglich ein Kompliment an die bürgerliche Mehrheit in der Bundesversammlung? Nein, es ist Tatsache.

Es war eine kühne Idee, die erste Frau als Bundesrätin vorzuschlagen. Bei den Freisinnigen blieb die Reaktion verhalten. Die Gründung unseres Bundesstaates geht auf ihr Konto, also, hörten wir, sei es an der FDP, die erste Frau zu portieren. Nur bot sie mit gerade mal zwei Frauen in ihrer Fraktion eine magere Auswahl an. Als ob man auf dem Bundesplatz Alpenrosen suchen müsste.

Die hochtalentierte und qualifizierte Uchtenhagen bot Angriffsflächen. Für viele Bürgerliche war sie als GL-Mitglied der SP ein rotes Tuch. Zu engagiert für diese Partei, zu brillant, wetterte Bundesrat Kurt Furgler in der CVP-Fraktion. Nach dem populären Ritschard herrschte in den rechten Reihen eher Unlust beim Gedanken, die SP könnte mit der im Volk beliebten Frau erneut punkten.

Neben den politischen Vorbehalten taktierte ich als Präsident wohl zu provokativ, zu undiplomatisch. Unser Kalkül, gegen eine fähige Kandidatin würde es keine Intrigen geben, ging nicht auf. Bürgerliche suchten einen SP-Mann, der sich als Gegenkandidat zur Verfügung stellte. In der Gerüchteküche dampfte es. Namen schwirrten herum, so auch der von Otto Stich. Die Solothurner SP hatte ihn nach 20 Jahren als Nationalrat für die Wahlen vom Herbst 1983 nicht mehr aufgestellt.

Der ‹Tages-Anzeiger› wollte von mir wissen, wie ich die Bundesratswahl einschätze. Selbstverständlich machte es mich wütend, dass Genossen aus der Fraktion sich nicht klar zur nominierten Kandidatin bekannten. Deshalb erklärte ich, Stich käme schon gar nicht infrage, mit ihm würde die rote Linie überschritten. Diese Einschätzung holte den Baselbieter FDP-Nationalrat Felix Auer aus dem Busch. heraus. Der pflegte mit seiner Studienkollegin Lilian eher ein gespanntes Verhältnis. Das beruhte auf Gegenseitigkeit.

Die Bemerkung, Lilian Uchtenhagen sei nicht die Wunschkandidatin von Felix Auer gewesen, entsprach seiner Gemütslage. Lustvoll organisierte er den Putsch gegen sie. Am 7. Dezember 1983 wählte die Mehrheit der Bundesversammlung Otto Stich zum Bundesrat. Felix Auer war die Überraschung gelungen, die wir lange nicht wahrhaben wollten. Mir war mies zumute, weil ich mit mir unzufrieden war. Ich bin als SP-Präsident respektiert worden, auch von den Bürgerlichen. Das genügte den meisten nicht. In ihrem Bordbuch notierten sie mich als Feindbild Nummer eins. Mein Einsatz für Lilian Uchtenhagen wirkte auf sie provokativ. So gesehen hätte ich mich weniger zum SP-Fenster hinauslehnen sollen. Ob das der Kandidatin geholfen hätte, darauf wird es nie eine Antwort geben.

Nach dem Wahlakt nahm die Fraktion ein Timeout. Es herrschte eisiges Stillschweigen, obschon die meisten vor Wut kochten. Nach etwa drei langen Minuten fasste der Fraktionspräsident die Lage zusammen: «Aus eurem Stillschweigen entnehme ich, dass ihr mit der Wahl von Otto Stich einverstanden seid.» Zurück im Ratssaal, erklärte Otto Stich Annahme der Wahl und wurde vereidigt. Felix Auer tat seine Königsmacherrolle verschämt ab. Nur weiss ich, dass er in der oft zitierten ‹Nacht der langen Messer› viel Geld für Taxifahrten ausgegeben hatte. Von einer Beiz zur anderen mobilisierte er die Stich-Anhänger.

Die Direktion von Coop Schweiz war in corpore ins Bundeshaus gekommen, um ihrem Personalchef zur Wahl in den Bundesrat zu gratulieren. Wenige Wochen zuvor hatten es die fünf Damen und Herren abgelehnt, ihn in die Direktion zu befördern. Und nun überboten sie sich mit ergebener Höflichkeit, ihrem berühmt gewordenen Kollegen im Stil des englischen Königshauses untertänigst die Hand zu schütteln.

Es war ein Bild für Götter. Stich überliess nichts dem Zufall. Am Vorabend der Wahl war beim Coop-Hochhaus in Basel eine Limousine parkiert worden, mit der er dann ins Bundeshaus chauffiert wurde. Polizeiwachtmeister Hans Burri hatte den Befehl gefasst, sie über Nacht bewachen zu lassen.

Einmal mehr hatte die bürgerliche Mehrheit der Bundesversammlung die SP brüskiert und ihren SP-Kandidaten gewählt. Es war genau das eine Mal zu viel gewesen. Wir mochten uns diese Bevormundung nicht mehr länger gefallen lassen. Wir mussten uns dagegen wehren. Ich schlug der GL und dem Parteivorstand vor, zu einem ausserordentlichen Parteitag für Anfang Februar 1984 nach Bern einzuladen. Dem wurde zugestimmt.

Uns stand, das wussten wir, ein heisser politischer Lauf bevor. Nicht vorausgesehen haben wir, wie die Partei reagieren würde. Ich meine: phänomenal. Da wurden ungeahnte Kräfte freigelegt. Im ganzen Land fanden Pro- und Kontra-Veranstaltungen statt. Mit einem Zulauf wie seit Jahren nicht mehr. In den Sälen im ‹Bären›, ‹Löwen›, ‹Hirschen› oder wo auch immer blieb kein Stuhl frei. Die ganze Schweiz fieberte mit, ob die SP im Bundesrat bleiben oder ihn verlassen würde. Denn wir hatten beschlossen, der Partei den Rückzug aus dem Bundesrat vorzuschlagen.

Die drei Präsidenten der FDP, CVP, SVP hatten in der Genfer Zeitung ‹La Suisse› einen Aufruf an die SP veröffentlicht: «Ne partez pas!» Unsere Konkurrenz vom rechten politischen Ufer bekam kalte Füsse. Dass wir das Land in Aufruhr zu versetzen vermochten, hat sie gehörig irritiert.

Für die Sektionen, ihre Delegierten am Parteitag und für alle unsere Behördenmitglieder stellten wir eine Dokumentation zusammen. Eine paritätisch zusammengesetzte Arbeitsgruppe listete Argumente für und gegen den Rückzug aus dem Bundesrat auf. So konnte sich jede und jeder eine Meinung bilden.

Wieso verfielen wir auf die Idee, den Austritt aus dem Bundesrat zu beantragen? Eine Partei von der Bedeutung der SP muss und will doch mitregieren. Im Vorzimmer zu warten und nach der Bundesratssitzung zu fragen, was beschlossen wurde, wäre doch eine klägliche Position gewesen.

In der SP hat es stets eine Minderheit gegeben, die lieber in der Opposition gewesen wäre. In den Fünfzigerjahren schwärmten viele vom «Jungbrunnen der Opposition». Das war, als SP-Bundesrat Max Weber 1953 ohne Wissen der Parteileitung zurückgetreten war, weil ihn die Bürgerlichen bei einer Finanzvorlage im Stich gelassen hatten. Weber zog die Notbremse, stieg aus und wünschte Glück: «Fahrt weiter, aber ohne mich.»

Die Parteiführung machte aus der Not eine Tugend und freute sich auf die Zeit als Opposition. Angeblich. Tatsächlich, um so schnell wie möglich wieder in den Bundesrat zurückzukehren. Was dann sechs Jahre später auch geschah.

Ich wollte mit dem Rückzug aus dem Bundesrat erstens auf die Nichtwahl von Lilian Uchtenhagen reagieren und zweitens damit provozieren. Die Partei brauchte nach der Schlappe vom 7. Dezember 1983 ein reinigendes Gewitter. Einfach weitermachen, als ob nichts geschehen wäre, das ging gar nicht. Wir hätten an jedem Parteitag die Frage der Bundesratsbeteiligung aufgetischt bekommen. Es war gescheiter, den Stier an den Hörnern zu packen und eine Vorwärtsstrategie zu betreiben.

Der Parteitag im Kursaal Bern sprengte Bisheriges. Mit 1600 stimmberechtigten Delegierten und nochmals so vielen Gästen notierte er Rekordbeteiligung. Die Gäste verfolgten das Geschehen im Nebensaal auf Grossleinwand. Peter Bichsel hielt für die Deutschschweizer und Ständerat René Meylan für die Romands das Einführungsreferat. Ich habe Peter Bichsel nie brillanter argumentieren gehört als damals. Mit einem Beifall, den er wahrscheinlich nie mehr vergessen wird.

77 Delegierte beteiligten sich an der versammelten ‹Kropfleerete›. Ich wusste gar nicht, dass wir so viele talentierte Rednerinnen und Redner in unseren Reihen hatten. Da waren Pfeffer, Emotionen und Leidenschaft in den Voten. Mit dem Höhepunkt, als die Genfer Nationalrätin Amélia Christinat auf dem Tisch stehend ihren rhetorischen Höhenflug inszenierte und den Parteitag zu Beifallsstürmen mitriss.

Die Entscheidung fiel pragmatisch, irgendwie typisch schweizerisch aus. Im Verhältnis von 3:2 stimmten die Delegierten für die sicherere Variante, für den Verbleib im Bundesrat. Den Ausschlag gab der Berner Block mit etwa 400 Delegierten. Fast niemand von ihnen hatte sich am hitzigen Disput beteiligt. Dafür lehnten die Berner geschlossen den Rückzug aus dem Bundesrat ab. Der Berner «Landsturm» habe gewonnen, kommentierte ich, was nicht alle für angemessen hielten. Fair, wenn auch contre cœur, erklärte ich, «nun ist Genosse Otto Stich unser Bundesrat. Der Parteitag hat als höchstes Gremium nachträglich seine Wahl akzeptiert.» Zum Trost an die Verlierer versprach ich, von nun an werde die SP «schampar» unbequem sein. Jahre später bilanzierte Peter Amstutz als Bundeshausredaktor der ‹Basler Zeitung›, so «schampar» sei es nicht gewesen.

Als die Bündner SVP-Regierungsrätin Eveline Widmer-Schlumpf 2007 anstelle von Christoph Blocher in den Bundesrat gewählt wurde, flog sie mitsamt der Bündner SVP aus der schweizerischen Partei heraus. Sie bekam keine Chance, ihre Wahl nachträglich doch noch sanktionieren zu lassen. Zuzugeben ist: Die Abwahl von Christoph Blocher war für die SVP ein noch härterer Schlag als für uns die Nichtwahl von Lilian Uchtenhagen. Trotzdem: Wir haben den ‹Fall Stich› in bester demokratischer Manier verarbeitet.

Stich selber blieb unversöhnlich. Drei Monate später bestellte er mich zu einem Gespräch unter vier Augen. Mit der klaren Kampfansage, ich müsse als Parteipräsident zurücktreten, ebenfalls Lilian Uchtenhagen und Vizepräsident Peter Vollmer aus der GL.

Nein, bellte ich zurück, so tief sei die SP nicht gefallen, dass der Genosse Bundesrat bestimme, wer Präsident und wer GL-Mitglied sein dürfe.

Als Verlierer im ‹Kursaal› könne ich die Partei nicht mehr führen, wiederholte Stich hartnäckig. Ich beharrte auf meiner Position. Wenn er mich als Präsident weghaben wolle, könne er das am kommenden Parteitag im November 1984 versuchen. Die (Wieder-)Wahl sei statutengemäss fällig. Er müsse mich halt mit einem Gegenkandidaten herausfordern. So gingen wir nach dreieinhalb Stunden auseinander.

Zuvor versuchte Stich noch, mich einzuseifen. Er könnte dafür sorgen, dass ich BLS-Direktor werde, schliesslich sei ich mal Eisenbahner gewesen. Nun ist die Bern-Lötschberg-Simplon Bahn eine rein bernische Angelegenheit, bei der auch ein Bundesrat bis heute nichts zu sagen hat. Das bestätigte der bernische SP-Regierungsrat Kurt Meyer: «Der BLS-Direktor wird vom Verwaltungsrat gewählt, und ein Wörtchen mitzureden hat höchstens der Berner Regierungsrat» (‹Luzerner Neuste Nachrichten›, 5.10.1984).

Hätte ich Stichs Scheinangebot dankend angenommen, wäre durch eine gezielte Indiskretion publik geworden: «Hubacher will BLS-Direktor werden.» Dann hätte er mich zum Gespött der Nation gemacht. Die feine Art des Gentleman war das nicht. Auf diesen fiesen Unterzug erwiderte ich: «Weisst du. So schlau wie die Finken sind die Spatzen auch.»

Stich hatte Wort gehalten. Am Parteitag vom 17./18. November 1984 in St. Gallen trat Nationalrat und Professor Hans Schmid von der Hochschule St. Gallen gegen mich an. Mit der Begründung, ich sei unfähig, die Partei zu führen. Die Delegierten beurteilten das anders. Ich wurde mit 95 Prozent aller Stimmen wiedergewählt. Am Montag berichtete der ‹Blick› dazu: «Als König Helmut Hubacher den Saal betrat, lag ihm das SP-Volk schon zu Füssen. Am Samstag, 12 Uhr mittags, feierten die SP-Delegierten ihren Helmut in St. Gallen schon vor seinem ersten Auftritt mit minutenlangem Beifall. Erst dann konnte er den Parteitag eröffnen.»

Am Sonntagmorgen begegneten wir beide uns beim Frühstück im Hotel ‹Hecht›. Otto Stich begrüsste mich mit den Worten: «Es ist 1:1, hören wir auf mit diesen Bubenspielen.» Das war sein Angebot zum Waffenstillstand. Freunde sind wir nicht geworden, aber vernünftig miteinander umzugehen, das schafften wir.

Einmal noch demonstrierte er mir sein Missfallen. Die SP-Angestellten waren bei der Pensionskasse des Bundes versichert. Meine Vorgänger hatten ‹vergessen›, die Beiträge zu bezahlen. Die Schuld belief sich auf 540 000 Franken. Stich durfte als Finanzminister nicht etwa ein Auge zudrücken, sonst hätte ein SP-Skandal in der Luft gelegen. Es bereitete ihm hingegen sichtbar keine Mühe, mir ein Ultimatum zu stellen: «Du hast drei Tage Zeit, die 540 000 Franken zu begleichen.» Mit einem Bankdarlehen schaffte ich das. Wobei der Bankdirektor verschmitzt meinte, jetzt sei sogar die SP dankbar, dass es Banken gebe.

Das Klima zwischen Stich und der Partei hellte sich auf. Der Thurgauer FDP-Nationalrat Ernst Mühlemann beichtete mir schon nach einem Jahr: «Heute würde ich Uchtenhagen wählen.» Die Bürgerlichen hatten sich von Stich mehr versprochen. Die Leute jedoch mochten «den Otti». Kosenamen sind ein untrügliches Zeichen für Popularität. Es hatte sich herumgesprochen, dass der sparsame Finanzminister zum Geld schaute wie die «Gluggere zu ihren Bibbeli».

Nur meine Gret blieb von all dem unbeeindruckt. Sie hatte «dem Stich», wie sie sich auszudrücken pflegte, die Nichtwahl von Lilian Uchtenhagen nie verziehen. Wenn wir ihm im Coop-Gartencenter begegneten, lief sie grusslos an ihm vorbei. «War das nötig?» – «Ja, das musste sein.»

Zehn Jahre später wiederholte sich das gleiche Szenario: Die offizielle SP-Kandidatin Christiane Brunner wurde nicht, dafür ihr Fraktionskollege Francis Matthey gewählt. Nach dem Time-out der Fraktion teilte er der Bundesversammlung mit, er brauche eine Woche Bedenkzeit. Was allgemeine Unruhe auslöste. Damit hatten die bürgerlichen Querschläger nicht gerechnet.

Nach einer Woche, am 10. März 1993, präsentierten wir der Bundesversammlung mit Christiane Brunner und Ruth Dreifuss ein Zweierticket zur Auswahl. Matthey hatte auf seine Wahl verzichtet. Gewählt wurde Ruth Dreifuss. Damit blieb uns ein weiterer ausserordentlicher Parteitag erspart. Matthey wusste, dass die Delegierten kaum noch einmal gute Miene zum bösen bürgerlichen Spiel gemacht hätten. Insofern zeigte der ‹Stich-Parteitag› Langzeitwirkung.

Die SP hat ebenfalls dazu gelernt. Seit der Wahl Dreifuss ist der Bundesversammlung stets ein Zweiervorschlag unterbreitet worden. Mit Erfolg. Das unwürdige Gezanke hat aufgehört.

Die Niederlage

Es sagt sich so leicht, verlieren sei wie gewinnen, nur umgekehrt. Verlieren kann wehtun, verdammt weh.

Mein Einstand als Parteipräsident war phänomenal gewesen. Kaum im Amt, gelang der SP ein sensationeller Wahlerfolg. Der ja nicht etwa mein Verdienst war. Der ‹Genosse Trend› hatte mich einfach als Trittbrettfahrer mitgenommen. Dennoch stand ich als Sieger im Scheinwerferlicht. Man hat mir gratuliert, nicht meinem Vorgänger, der gute Vorarbeit hinterlassen hatte. Das sind jene Glücksmomente, die zum Abheben verführen können. In denen, wie Grossmutter gesagt hätte, man sich als ‹Siebesiech› versteht. Ich weiss nur, dass Politik unheimlich Spass machte. Wobei die deutsche Philosophin Hannah Arendt widersprochen hätte: Sie solle nicht Spass, sie solle Sinn machen, mahnte sie.

Zwölf Jahre später, 1987, endeten die Wahlen mit einem Debakel. Der Wähleranteil stürzte von 22,9 auf 17,4 Prozent ab. Ein Viertel unserer Wählerinnen und Wähler hatte uns im Stich gelassen. Nach so langer Präsidialzeit ging die Schlappe klar auf mein Konto. Ich konnte die Schuld nicht gut dem Wahlvolk in die Schuhe schieben. Willi Ritschard sagte stets: «Wir haben kein anderes, wir haben nur dieses Volk.»

Eine solche Niederlage ist wie Liebesentzug. Die Seele leidet. Das Gemüt wird schwer. Beim Renommee gibt's Abstriche. Vom strahlenden Siegerpräsident zum Versager ist es ein kurzes Stück Weg. Trotzdem habe ich weiterhin gut geschlafen. Ich bin nicht der Typ, der sich durch die Nächte quält. Verzweifelt zu sein, hilft nicht, wenn es im aufrechten Gang weitergehen muss. Ich verhalte mich in solchen Situationen eher intuitiv fatalistisch. Locker notiert: Ich sage mir, Niederlagen gehören zum politischen Geschäft, nun gilt es, sie aufzuarbeiten. Meine Gret sieht das etwas anders: «Du hast ein glückliches Naturell.»

Otto Stich meldete wieder einmal ein Gespräch unter vier Augen an. Ich wusste ja, was mich erwartete. Der Zug war in Burgdorf stecken geblieben, so dass ich verspätet in seinem Bundesratsbüro eintraf. Überfallmässig begrüsste ich ihn: «Otto, ich trete nicht zurück.» Umgehauen hat ihn das nicht, etwas irritiert schon. Ohne grosses Federlesen kam er zu seinem Anliegen. Ich müsste zurücktreten, «du bist schuld an dieser Wahlschlappe». Diese Schuldzuweisung quittierte ich als selbstgerecht. Obschon der Parteitag die Wahl von Otto Stich zum Bundesrat sanktioniert hatte, mottete es in der SP weiter. Vorwiegend jüngere SPler vom linken Flügel weigerten sich, den Entscheid hinzunehmen. Für sie hatte sich Stich zu stark mit den Bürgerlichen solidarisiert, um Bundesrat zu werden. Sie taxierten dieses Verhalten hinter dem Rücken der Partei als Verrat. Die jungen Aufständischen trafen sich regelmässig in Yverdon, weshalb wir sie als ‹Groupe d'Yverdon› etikettierten. Ungefährlich sind solche Bewegungen nicht. Der Fall Stich drohte als ständiger Unruheherd die Partei zu lähmen. Zumal einer unserer Zentralsekretäre bei der ‹Groupe d'Yverdon› aktiv mitmachte. Um, wie er mir sagte, die Gruppe im Auge und unter Kontrolle zu halten. Nur hätte er das mit mir absprechen müssen. Bei Angestellten der Partei ist Loyalität absolute Pflicht. Das Zentralsekretariat ist nicht das Politbüro der Partei, das die Politik bestimmt. Nach intensiven Gesprächen mit den Anführern der ‹Gruppe Yverdon› gelang es uns von der Parteileitung, die Revolte zu stoppen. Allerdings zu einem hohen Preis. Den erwähnten Zentralsekretär musste ich entlassen. Der ‹Waffenstillstand› drängte nicht wenige zum Rückzug aus der Politik in die Resignation. Ein solcher Aderlass ging nicht spurlos an der SP vorüber. An der Partei- und an der Wählerbasis herrschte zeitweise eine ungute Stimmung, so etwas wie ein lustloser Stillstand.

Diese Entwicklung, erklärte ich Otto Stich, könne er nicht einfach mir anhängen. Er habe zwar gewonnen, aber der Partei damit viel zugemutet und sie in eine Sinnkrise gestürzt. «Du kannst deine Hände nicht einfach in Unschuld waschen und mich zum alleinigen Sündenbock abstempeln», verteidigte ich mich. Mit der Schlussbemerkung, vorläufig brauche es mich als Präsident, um bei der Schadensbegrenzung aktiv zu bleiben.

Der permanente Versuch von Stich, die Partei zu disziplinieren, brachte uns zwei unweigerlich auseinander. An sich ist ein gutes Verhältnis zu den eigenen Bundesräten erwünscht. Nur hockt die Partei nicht in ihrem Seitenwagen, sondern hat eigenständig zu sein. Diese Position zu behaupten, habe ich nie als Mutprobe betrachtet. Das gehörte sich einfach. Präsident zu sein ist kein ‹Schoggijob›. Das wäre zu langweilig.

Bei den Wahlen vom Herbst 1987 befanden sich zudem die zwei stärksten Kantonalparteien in einem Formtief. Wir in der SP Schweiz litten unter den Nachwehen der Stich-Querelen. Optimale Voraussetzungen, um Wahlen gewinnen zu können, sehen anders aus. Aber nach Niederlagen übernimmt der Präsident die Verantwortung. Das ist Gewohnheitsrecht. Und bedeutet konkret was? Den Rücktritt? Weil Otto Stich ihn verlangt hatte? Die Wahlschlappe blieb einfach an mir hängen. Für die äusserst ungünstigen Rahmenbedingungen blieb ebenfalls ich zuständig. Ich brauchte für mich eine Brücke und sagte mir, nicht ich, wir haben Wahlen gewonnen, wir haben sie auch gemeinsam verloren.

Unter ständiger Beobachtung

Sollen Politiker Vorbild sein? Kaum. So wichtig sind wir auch wieder nicht. Sie sollen sich einfach an das halten, was für alle gilt. Daran bin ich immer wieder erinnert worden.

Ich überquerte bei Rot die Strasse, weil weit und breit kein Auto in Sicht war. Schon mahnte mich eine Frau: «Hubacher, auch ein

Nationalrat hat zu warten, bis es grün wird.» Recht hatte sie. Seither warte ich bei Rot, und wenn ich der Einzige bin, immer. Fast immer.

Gelegentlich wird es mühsam. Ich sass im Zug, las die Zeitung und bemerkte nicht, dass sich der Wagen gefüllt hatte. Bis einer übermässig laut giftete: «Aha, der Herr Nationalrat braucht halt zwei Sitze.» Ich hatte meine Mappe auf dem anderen Sitz liegen gelassen.

Diese rüde Art blieb die Ausnahme. Der Unhöfliche wollte dann aber mit mir über Politik diskutieren. In solchen Momenten verstelle ich mich nicht, sondern erklärte, ich hätte dazu keine Lust. Worauf er sich für sein Benehmen entschuldigte. Nach der Ankunft in Bern diskutierten wir beim Versöhnungskaffee weiter.

Ich bin vor neunzehn Jahren als Nationalrat zurückgetreten, werde den Politiker aber trotzdem nicht los. Am 9. August 2015 bekam ich von einem unbekannten Absender einen bösen Brief. Er sei mit meiner Politik gar nicht einverstanden. Das ist halt so in einer Demokratie. Deswegen hat er mir nicht geschrieben. Ich hätte, das muss ihn wohl zum Schreiben gedrängt haben, «von Tuten und Blasen noch nie eine Ahnung gehabt». Das erschüttert mich nicht. Wohl aber Perfidie wie die: «Pol Pot und Stalin lassen Sie grüssen.»

Pol Pot war der Führer der kommunistischen Roten Khmer in Kambodscha und übernahm 1975 die Macht. Zwei Millionen Menschen sind unter seiner Herrschaft ermordet worden.

Stalin liess als Diktator der Sowjetunion Millionen Menschen in Arbeitslagern buchstäblich krepieren oder aus politischen Gründen hinrichten.

Die Frage bleibt, wieso einer mich derart beleidigt. Es gibt halt bösartige, dumme, gestörte, verbitterte Zeitgenossen, für die ich eine Art Blitzableiter bin. Interessant ist, dass das fast ausschliesslich Männer machen.

Warteschlangen haben es in sich. Ich dränge mich nicht vor. Wirklich nicht, möchte aber nicht zurückstehen, wenn ich an der Reihe bin. Wie in Luzern beim Bahnhofskiosk. «Hubacher, auch Sie müssen warten wie alle anderen», machte sich einer wichtig. Ich hasse solche Szenen, in denen ich nur ungern Mittelpunkt bin. Die Kioskfrau hat mir geholfen: «Er hat schön gewartet und ist jetzt an der Reihe.»

Der SP-Präsident ist für viele ein Feindbild. Er duelliert sich halt im tagespolitischen Hickhack mit den Bürgerlichen. Ich habe polarisiert. Bei mir gab es Beifall oder Pfiffe, um mich herum war's heiss oder kalt, nie lauwarm. Wäre das anders gewesen, hätte ich etwas falsch gemacht. Die Bürgerlichen hätten mich nie in den Bundesrat gewählt. Respektiert, das hingegen haben sie mich.

Mit nicht wenigen pflegte ich gute persönliche Beziehungen. Ohne ein Beziehungsnetz wäre Politik brotlose Kunst. Zwei liess ich links liegen.

Den freisinnigen Zürcher Nationalrat Ernst Cincera behandelte ich, als ob er Luft gewesen wäre. Der andere war Valentin Oehen, Präsident der Anti-Ausländerpartei, genannt Nationale Aktion, später Schweizer Demokraten. Auf seinem Bauernhof in Sessa arbeiteten Ausländer, und dennoch machte er gegen diese Politik. Nach der Wahl von Willi Ritschard als Bundesrat wurde er in Solothurn gefeiert. Im Bahnhof wurde der erste Apéro serviert. Oehen kam lachend auf mich zu, um mit mir anzustossen: «Es ist Zeit für das Duzis.» «Nicht mit Ihnen», bellte ich reflexartig zurück.

An einem heissen Tag im Juli nahm ich in Zürich an einer Podiumsdebatte teil. Eingeladen hatte die Redaktion von ‹Politik und Wirtschaft›. Persönlich wäre ich im Sommertenue ohne Krawatte erschienen. Als SP-Präsident repräsentierte ich meine Partei und achtete auf die Kleiderordnung. Also mit Krawatte. Beim Mittagessen machte sich der Gesprächsleiter über einen Teilnehmer vom Vorjahr lustig, der – o Gott! – ohne Krawatte gekommen sei und sich so unmöglich gemacht habe. Mein Riecher hatte mich gut beraten. Sonst hätte es geheissen, ein Sozi wisse halt nicht, was sich gehöre.

Dazu passt Folgendes. Eine Textilfachfrau aus Goldach rief mich an, um ihre «Sorge» loszuwerden. Ich sei als SP-Mann mit meinen Massanzügen zu gut gekleidet, erklärte sie mir. Worauf ich wahrheitsgetreu erwiderte: «Bei meiner Figur passe ich zentimetergenau in Konfektionsanzüge. Gut angezogen, liebe Frau, ist kein freisinniges Privileg. Wäre ich es nicht, würden Sie wohl lästern, die Linken hätten keine Ahnung von modischer Kultur.» Sie nahm's gelassen. Sie habe mich während Sessionen öfters im Restaurant ‹Pinocchio› an der Aarbergergasse beobachtet. Dort trafen wir uns dann auch und verbrachten einen vergnügten Abend. Wieso ich gewusst habe, dass sie FDP-Mitglied sei, fragte sie. «Weil ich diese Anmassung als typisch freisinnig kenne.»

Die Bar im Nobelhotel ‹Bellevue› war während Sessionen ein zentraler Treffpunkt der Bürgerlichen. Auf Einladung verkehrte ich dort höchstens fünfmal. Meinen Whisky vor dem Schlafen konsumierte ich in der Scotch-Bar neben meinem Hotel.

Bei einem meiner seltenen Besuche in der ‹Bellevue›-Bar fiel nicht nur mir die schöne Bardame auf. Sie stellte sich als Alexandra vor und klagte mir ihr Leid. Der geschiedene Mann zahle keine Alimente, ob ich ihr nicht helfen könne. Als Nichtjurist sei ich die falsche Adresse. Unter ihren Politgästen habe es jede Menge Juristen, redete ich mich heraus.

Etwa zwei Jahre später erlebte ich Überraschendes. Die ganze GL der Partei verbrachte im Hotel ‹Europe› in Freiburg über das Wochenende eine Klausurtagung. Am Samstagabend, wir hatten nach dem Nachtessen unsere Gesprächsrunde fortgesetzt, wurde ich von der Reception ans Telefon gerufen. Das «Telefon» empfing mich persönlich. Als ob unser Rendezvous absolute Routine wäre, begrüsste mich die charmante Alexandra. Und bat mich, nach unserer Sitzung doch bitte in die Bar zu kommen, sie warte dort auf mich. Woher zum Teufel wusste sie, dass sie mich in diesem Hotel antreffen würde? Ich lese zwar gerne Krimis, lieber geniesse ich sie am Bildschirm. Oft zur Gaudi unserer Kinder, weil Vater mal wieder nicht mitbekommen hatte, wer der Mörder war. Mit meinen bescheidenen kriminalistischen Fähigkeiten durchschaute ich auch diese komische Einladung nicht. Mein Instinkt sagte mir aber: «Du gehst nicht in diese Bar.» Obschon ich mir selbstverständlich ohne den überraschenden Besuch gerne einen Whisky gegönnt hätte.

Man hat mich dann ein halbes Jahr später aufgeklärt. Ich wurde von der Bundespolizei vorgeladen. Ein Herr Näf wollte wissen: «Kennen sie die Bardame vom ‹Bellevue›, sie heisst Alexandra?» – «Ja.» – «Wie?» Ich erzählte ihm meine zwei Begegnungen. Worauf er bestätigte, Alexandra habe in ihrem Kalender den Eintrag gemacht: «Einladung an H. erfolglos.» Sie habe im Hotel ‹Europe› als Lockvogel für einen Waffenlobbyisten agiert, der mich als Mitglied der nationalrätlichen Militärkommission kontaktieren wollte.

Moral der Geschichte: Die schöne Alexandra war in die Justizmühle geraten, wer ihr begegnete, lebte gefährlich.

Vom Bundeshaus sieht man direkt auf das Marzili hinab. Auf das wahrscheinlich schönste Flussbad der Schweiz. Erst noch – darauf sind die Berner besonders stolz – mit Gratiseintritt. In den Sommersessionen verbrachte ich die Mittagspause gerne im Marzili. Selten mit ein, zwei Ratskollegen, meistens allein. Dann geschah Unerhörtes: Frauen durften ‹oben ohne› ins Marzili.

«Soso», sprach mich eine ‹oben mit› an, «Sie sind also auch so ein ‹Glüschteler›.» «Blöde Kuh», murmelte ich vor mich hin und bat sie, mit mir zur Kioskfrau zu gehen. Die hatte mir nämlich ihre Beobachtung mitgeteilt: «Herr Hubacher, Sie sind aus dem Bundeshaus auf einmal nicht mehr der Einzige.» Die neue Bademode fiel in die Zeit, als ich im Rat mit vierzig immer noch der Jüngste war. Einer, wir nannten ihn den ‹Stündeler›, fand das schrecklich unmoralisch. Er hätte ‹oben ohne› am liebsten verboten. Nur mit Mühe konnten wir ihn davon abhalten, das vom Bundesrat zu verlangen. Eine Oben-ohne-Debatte im Nationalrat hätte gerade noch gefehlt.

Es gibt Menschen, die sind prominentengeil. Sie brauchen für ihr Ego das für sie Besondere. Ein Händedruck mit einem Bundesrat ist das Höchste. Eine zufällige Fahrt im gleichen Zugsabteil kann Spuren hinterlassen.

«Wir kennen uns ja», bin ich öfters begrüsst worden, «Sie erinnern sich doch.» Nein, eben nicht, wusste ich. Bis sich dann nach einem Wortwechsel herausstellte, dass unsere gemeinsame Fahrt von Basel nach Bern etwa zwölf Jahre zurücklag. Es gibt den Typ Mann, immer sind es die Männer, der überzeugt ist, er habe auf mich einen unvergesslichen Eindruck gemacht.

Naiv herrlich wurde ich an das ‹Giftmannli› im Güterbahnhof Wolf in Basel, erinnert. Der Güterarbeiter Studer verwaltete das Giftdepot. Als Diensteinteiler bin ich ihm täglich begegnet. Studer besorgte einen unangenehmen, aber wichtigen Job.

Mich grüsste in der Stadt eines Tages ein etwa Vierzigjähriger: «Herr Hubacher, ich bin der Studer von der Säurerampe.» Das war die präzise Bezeichnung von Studers Arbeitsplatz. Moment, fiel mir ein, als ich den SBB-Dienst quittierte, war Studer schon um die fünfzig. Er merkte, dass ich überlegte.

«Ja, als wir uns auf der Säurerampe mal gesehen haben, war ich zehnjährig.» Aha, mit mir redete also der Sohn vom ‹Giftmannli› als «ich bin der Studer». «Ja», gab ich zurück, «Sie haben sich halt in den dreissig Jahren, seit wir uns begegnet sind, etwas verändert. Ich hätte Sie nicht erkannt.»

Im Restaurant passierte es etwa, dass ich nicht zahlen musste. Wenn ich mich dann beim Spender, es waren nur Männer, bedankte, kassierte ich ein Kompliment in der Art «Sie getrauen sich noch, deutsch und deutlich zu reden». Eigentlich müsste das für einen Politiker selbstverständlich sein. Ist es nicht. Es war stets mein Bemühen, Klartext zu reden. Das mir das gutgeschrieben wurde, war der Beweis: Die Leute haben mich verstanden.

Ich erlebe jetzt als Kolumnist der ‹Basler Zeitung› die gleichen Reaktionen. Schön, dass man mich auf der Strasse anredet und mir Komplimente macht. Eigentlich immer im Sinn, verständlich und mit klarer Grundhaltung und fair zu argumentieren. Das wird auch von Andersdenkenden respektiert. Das stimmt mich zufrieden und auch stolz. Ich habe ja für meine offene und unerschrockene Art auch bezahlt. Und wie.

Vom Halbtax-Abo bis zum Zivildienst

«Was macht ihr eigentlich den lieben langen Tag im Bundeshaus? Herumhocken und schön reden», forderte mich eine Frau auf dem Bärenplatz in Bern heraus. Mit einem verschmitzten Lächeln signalisierte sie, so böse sei es auch wieder nicht gemeint. Ich lud sie zu einem Zehnminutenkaffee bei ‹Gfeller› ein, Grossmutters «Chüechliwirtschaft».

Die Frau kam aus Konolfingen. Ich fragte, ob sie für die Bahn ein Halbtax-Abo besitze, was sie bejahte. Damit war das Stichwort gegeben, was wir denn im Bundeshaus «den lieben langen Tag» so machen.

Mit diesem Kapitel möchte ich aufzeigen, was für Möglichkeiten der Politiker, besonders der Parteipräsident hat, Ideen umzusetzen.

1958 wurde das Gesetz für Autobahnen, damals Nationalstrassen genannt, beschlossen. Damit setzte ein Jahrzehntebauboom ein. Das Auto hat nach dem Zweiten Weltkrieg seinen Siegeszug angetreten. Vorher war es ein Privileg für Bessergestellte gewesen. Durch die Massenproduktion ist es für mehr Leute erschwinglich geworden. Der Pionier dazu war Henry Ford gewesen. Mit dem Slogan: «Autos kaufen keine Autos.» Was bedeutete, dass die Leute über genügend Geld verfügen müssen, um seine Autos kaufen zu können. Simpel formuliert: gute Löhne.

Autoboom und Autobahnen setzten der Schiene hart zu. Die Bahn geriet in Rücklage. Bundesrat Adolf Ogi hat als Verkehrsminister mit den Projekt ‹Bahn 2000› eine eigentliche Renaissance eingeleitet. Als Fan des öffentlichen Verkehrs, der nie einen Auto-Führerausweis besessen hat und erst noch SBB-Beamter gewesen war, beschäftigten mich die eindeutig zu hohen Billettpreise. Bis es an einer Diskussion der GL ‹Klick› machte.

Regierungsrat Florian Schlegel aus St. Gallen brachte einen Vorschlag in die Runde, der uns sofort begeisterte: ein Halbtax-Abo für hundert Franken. Schweizerische Politik steht bekanntlich nicht im Ruf, einen Vorschlag im Schnellzugstempo zu realisieren. Ein Aha-Erlebnis, dass die Leute sich freuen könnten über etwas, was da im Bundeshaus entschieden wurde. Das ist so selten wie eine Mondfinsternis. Halt, die passiert häufiger.

Das Halbtax-Abo schlug als ‹Bombenidee› ein. Als ob man darauf gewartet hätte. Wir verfassten an die SBB eine Eingabe, doppelten mit einem Vorstoss im Nationalrat nach, bekamen viel Publizität, mit einem Wort: Das Halbtax-Abo hat sich bis heute als Verkaufsschlager erwiesen.

Ich erlebte mal im Zug von Basel nach Genf vier elegant gekleidete Herren, die beim Kondukteur ihre Billette lösten, ohne Halbtax-Abo. Der Kondukteur rechnete ihnen vor, dass sie mit dem 1.-Klasse-Billett mit dieser einen Fahrt das Halbtax-Abo fast schon amortisiert hätten. Keines besitzen Autofahrer, die höchstens im Winter bei Eis und Schnee ausnahmsweise einmal im Zug fahren.

Erlebnisse wie das mit dem Halbtax-Abo versöhnten mich immer wieder mit der Politik. Mich erinnert es an meinen Bekannten Felix Buser, ‹Busi› genannt. Er ist im Telefonbuch mit «Präzisionsmechanik» eingetragen. ‹Busi› ist ein Tüftler, ein Handwerker, der für jedes Problem eine Lösung hat. Und wenn er zehn schlaflose Nächte dafür braucht. Er hat mir mal den Kugelschreiber erklärt, «den du im Warenhaus dreckbillig kaufst. Irgendwann einmal hatte einer zuerst die Idee dazu und bastelte den ersten Kugelschreiber als Prototyp von Hand.»

In der Politik verhält es sich ebenso. Alles beginnt mit der Eingebung eines Einzelnen, die dann im Team besprochen wird. So auch mit den Direktzahlungen an die Bauern. Die im SP-Labor entstanden sind. Landwirtschaftspolitik war nicht gerade unser Schwerpunkt. Eigentlich zu Unrecht, denn wir bezahlen sie als Konsumenten.

Als Bub verbrachte ich viel Freizeit im Stall unseres Nachbarn. Deshalb schockte mich ein Erlebnis, das ich mit einer Schulkolonie machte. Es war in Mon oberhalb von Tiefencastel. Wir waren mit unseren zehn-, zwölfjährigen Mädchen und Buben unterwegs. Auf einer Waldlichtung kam uns eine kleine Herde Kühe entgegen. Die Kinder stoben auseinander, als ob es Raubtiere wären. Die schwergewichtige Esthi, die im Sport wirklich kein Ass war, kletterte vor lauter Angst mühelos auf einen Baum. Von diesen Kindern hatte noch keines jemals eine Kuh gestreichelt.

Meine Generation hat in den Kriegsjahren 1939 bis 1945 mitbekommen, was Bauern für Land und Volk bedeutet und geleistet haben. Die vom späteren Bundesrat Traugott Wahlen dirigierte «Anbauschlacht» ist bis heute in Erinnerung geblieben. Alle wussten wir: Davon hängt ab, ob wir alle genug zu essen hatten.

Die Bauern haben viel ‹Goodwill› in die Nachkriegszeit mitbekommen. Mit einer Preis- und Abnahmegarantie für ihre Produkte durch den Bund. Faktisch hatten wir in der Schweiz für die Landwirtschaft die staatliche Planwirtschaft. Ein System, bei dem alles, was produziert wurde, vom Staat zu guten Preisen übernommen wird, führt zwangsläufig zur Überproduktion. In den Kühlhäusern lagerten ganze Berge von Fleisch und Butter, Milchseen mussten trockengelegt werden, das heisst, aus der überschüssigen Milch wurde Milchpulver hergestellt und verbilligt im Ausland verkauft oder verschenkt. Dasselbe wiederholte sich beim Käse, Eine halbstaatliche ‹Käseunion› organisierte den Käseexport zu Billigpreisen. Gourmets in Paris oder in Mailand kauften Schweizer Käse weitaus günstiger ein als wir in der Schweiz selbst. Im Schnitt legte der Bund jährlich um die 500 Millionen Franken drauf. Für Käseexportsubventionen budgetierte der Bund mehr Millionen als etwa für die Kultur.

Diese Preis- und Absatzgarantie bescherte den Konsumenten zudem noch Monopolpreise. Ausländische Landwirtschaftsprodukte wurden mit hohen Zöllen künstlich verteuert und im Inland fehlte jeglicher Wettbewerb. Eine solche Ordnung garantierte im

Handel absolute Höchstpreise. Die Steuerzahler finanzierten eine maximal teure Landwirtschaftspolitik und wurden dafür als Konsumenten noch bestraft. Das wollten wir ändern.

SP-Nationalrat Hans Schmid aus St. Gallen überraschte uns mit seinem Vorschlag: Stichwort ‹Direktzahlungen›. Die Landwirtschaft sollte näher an den Markt herangeführt werden, weg von der Preis- und Abnahmegarantie also. Dafür bekommen die Bauern vom Bund nach bestimmten Kriterien direkt Geld überwiesen. Als Gegenleistung verzichten sie auf garantierte Höchstpreise und auf die garantierte Abnahme ihrer Produkte durch den Bund. Mehr Markt und weniger Staat, so könnte man die Idee von Hans Schmid umschreiben.

Die Bauernlobby lehnte den 1983 vorgeschlagenen Systemwechsel empört ab. Sie wollte sich schon gar nicht von der SP ihre Politik vorschreiben lassen. Mit Direktzahlungen würden Bauern Staatsdiener, plärrten sie. Ein paar Jahre später servierte uns diese Bauernlobby Direktzahlungen, als ob das schon immer ihre Idee gewesen wäre. Dem stimmten Bundesrat und Parlament zu. Der ursprüngliche SP-Vorschlag ist Praxis geworden.

Meine Formulierung, mit den Direktzahlungen hätten wir «weniger Staat und mehr Markt», ist unpräzise: Die Bauern bekommen vom Staat nicht etwa weniger Geld als vorher. Die Konsumenten profitieren aber von etwas günstigeren Preisen als beim alten Regime. Dennoch kosten Agrarprodukte bei uns mehr als im europäischen Ausland. Die Schweiz hat generell höhere Kosten, nicht nur in der Landwirtschaft.

Weshalb braucht es überhaupt Direktzahlungen vom Staat? Weil den Bauern faktisch überall geholfen wird. Im EU-Finanzhaushalt zum Beispiel ist der grösste Ausgabenposten der für die Landwirtschaft.

Ein besonderes Kapitel ist das KVG, das Krankenversicherungsgesetz. Versuche, das KVG zu revidieren, waren mehrfach gescheitert. CVP-Bundesrat Flavio Cotti unternahm einen neuen Anlauf und hatte eine Revisionsvorlage ausarbeiten lassen, die dann 1993 von Bundesrätin Ruth Dreifuss übernommen und drei Jahre später in Kraft gesetzt wurde. Wir hatten uns auf zwei Schwerpunkte konzentriert.

98 Prozent der Schweizerinnen und Schweizer waren freiwillig bei einer Krankenkasse versichert. Dennoch stellten wir in der zuständigen Kommission den Antrag, es sei das Versicherungsobligatorium einzuführen. Gegen anfänglichen Widerstand setzten wir uns durch. Mit dem Obligatorium können Versicherte bis ins hohe Alter, wenn sie wollen, die Krankenkasse ohne Nachteile wechseln. Was ist daran das Besondere?

Wer zum Beispiel eine Herzoperation überstanden hatte und die Krankenkasse wechseln wollte, sah zuvor davon besser ab. Die neue Kasse hätte ihn nur mit dem Vorbehalt aufgenommen, dass bei einer erneuten Herzerkrankung Arzt- und Spitalkosten nicht übernommen würden. Beim Obligatorium sind alle Vorbehalte weggefallen.

Wir haben bei der Krankenversicherung die Kopfprämie. Für die obligatorische Grundversicherung zahlen alle die gleich hohe Kopfprämie, ob Direktor oder Putzfrau. Für Ersteren fällt diese finanziell kaum ins Gewicht, für Letztere umso mehr. Deshalb schlugen wir das AHV-System vor.

Für die AHV zahlen Arbeitgeber und Arbeitnehmer je 4,2 Lohnprozente. Wer mehr verdient, zahlt auch mehr. Die Beiträge für die Krankenkasse sollten acht Lohnprozente nicht übersteigen. Darauf einigten wir uns in der Kommission. Bei 50 000 Franken Jahreseinkommen sind das 4000, bei 150 0000 sind es 12 000 Franken. Mit der Kopfprämie, ich wiederhole mich, zahlen beide gleich viel.

Die Bürgerlichen lehnten Lohnprozente ab. Vielen liegt schon der AHV-Finanzmodus schwer auf dem Magen. Umgekehrt konnten sie die ungleiche Belastung bei der Kopfprämie nicht einfach wegreden. FDP-Nationalrat Heinz Allenspach, Direktor des Schweizerischen Arbeitgeberverbandes, schlug Verbilligungsbeiträge für Einkommensschwächere vor, finanziert je zur Hälfte von Bund und den Kantonen. Die Kommission stimmte zu, Verbilligungsbeiträge entlasten untere Einkommen spürbar. Es sind, Stand 2014, 4,2 Milliarden Franken dafür ausgegeben worden.

Für uns sind Verbilligungsbeiträge die zweitbeste Lösung. Die es nur gibt, weil wir Lohnprozente vorgeschlagen haben. Das zwang die politische Rechte zu einer Alternative. Das ist ihr Geheimnis. Die Bürgerlichen haben, seit es den Bundesstaat gibt, die Linkskurve noch immer mit einem Kompromiss erwischt. Das hat ihnen die Macht gesichert. Sie haben es seit dem Generalstreik von 1918 nie mehr darauf ankommen lassen, dass es den ‹Kessel verjagt› hätte und sie von der politischen Macht weggefegt worden wären. Das ist eine einmalige Leistung, die ich als Linker neidlos anerkennen muss.

Ich habe mich mit einem grossen Erfolg aus dem Nationalrat verabschiedet. Wer heute länger als zwölf Jahre im Nationalrat politisiert, wird von gewissen Medien als «Sesselkleber» etikettiert. So ein Blödsinn. Es gibt Parlamentarier, deren Leistungsausweis ist von Anfang an dürftig. Und es gibt solche, die immer am Ball sind. Auch noch nach zwanzig und mehr Jahren. Zu denen gehörte ich.

Im November 1989 stimmten wir über die GSoA-Initiative ab. Über die Abschaffung der Armee, wie sich die ‹Gruppe Schweiz ohne Armee› auf die Agenda gesetzt hatte. Dass die nötige Zahl Unterschriften überhaupt zustande kam, überraschte bereits. Wenn es in der Schweiz ein Tabu gab, dann neben der Neutralität die Armee. Der Bundesrat glorifizierte sie als die «Schule der Nation».

Die Armeeführung war zuversichtlich und rechnete für das GSoA-Volksbegehren mit einer regelrechten Abfuhr. Mit zehn, zwölf Prozent Ja-Stimmen. Es waren dann 36 Prozent. Von diesem ‹Sieg› hat sie sich bis heute nicht erholt.

Das Allerschlimmste: Die jüngeren, noch wehrdienstpflichtigen Jahrgänge stimmten mehrheitlich für die Abschaffung, Ohne die Aktivdienstgeneration hätten die Armeegegner gewonnen.

Am Tag nach der denkwürdigen Abstimmung rückte ich in die Wintersession ins Bundeshaus ein. Und deponierte eine ‹Parlamentarische Initiative›, es sei ein Zivildienst einzuführen. Eine solche Initiative hat den Vorteil, dass sie nicht schubladisiert werden darf, sondern behandelt werden muss. Das war die grosse Stunde von Pascal Couchepin, damals noch Nationalrat.

Couchepin präsidierte die Fünferkommission, der mein Anliegen zugewiesen wurde. Er eröffnete die Sitzung mit den Worten: «Wir brauchen nicht mehr lange zu diskutieren, es ist Zeit für einen Zivildienst.» Nach einer halben Stunde sassen wir bereits im ‹Pressecafé› an der Schauplatzgasse. Aber nur zu viert. SVP-Nationalrat Fritz Haari aus Reichenbach, Berner Oberland, kam am Morgen zu Sitzungen oft verspätet, weil er vorher noch die Kühe melken musste. So ist halt das Milizsystem.

Als Haari zu uns stiess, informierte ihn Couchepin über unseren Beschluss. Der Bauer reagierte auf eindrückliche Art: «Als Trainoberst habe ich mein ganzes Leben lang einen Zivildienst für Dienstverweigerer bekämpft. Wenn du sagst, es ist jetzt Zeit, gut, ich mache mit.»

Beide Räte stimmten meiner Parlamentarischen Initiative zu. Da sie eine Verfassungsänderung verlangte, musste das Stimmvolk entscheiden. Was es mit einem selten überwältigendem Mehr tat. Es war wirklich Zeit gewesen für den Zivildienst. In der Bundesverfassung wird ein Grundsatz stipuliert. Dazu brauchte es ein Ausführungsgesetz, wie der Zivildienst zu vollziehen ist. 1996 ist er dann eingeführt worden. 2014 haben ihn 6000 Männer absolviert. Dies, obwohl er anderthalb Mal so lange dauert wie der Militärdienst, weil die Bürgerlichen ihn nicht zu attraktiv haben wollten.

Der erste Vorstoss für einen Zivildienst wurde im Nationalrat 1903 eingereicht. Dazwischen liegt ein parlamentarischer Leidensweg von 93 Jahren. Seit ich im Nationalrat war, haben stets linke Pazifisten sich für einen Zivildienst engagiert. Der verstorbene Thurgauer FDP-Nationalrat Ernst Mühlemann, in der Armee Brigadier, meinte einmal zu mir, Pazifisten seien ja Armeegegner, also könne ihr Begehren für die Armee nichts Gutes bedeuten: «Die wollen mit ihren Zivildienstlern doch nur die Armee unterwandern.»

Ich bin als kritischer Befürworter der Landesverteidigung von diesem Verdacht eher entlastet worden. Meine Position war stets, Armee ja, aber nicht um jeden Preis der Rüstungsindustrie. Die Schweizer Armee will niemanden angreifen, nicht einmal Liechtenstein, sie ist ausschliesslich auf Verteidigung eingestellt.

Meines Wissens hat die Schweiz in Westeuropa den Zivildienst als letztes Land eingeführt. Ich erwischte den richtigen Zeitpunkt. In Moskau herrschte Gorbatschow-Tauwetter. Der Kalte Krieg zwischen Ost und West, zwischen Moskau und Washington, zwischen dem militärischen Warschauer Pakt und der Nato, zwischen dem Kommunismus und dem Kapitalismus neigte sich spürbar dem Ende zu. Die Angst der Bürgerlichen, ein Zivildienst könnte die Armee schwächen, hatte ausgedient. Zumal nach dem Debakel der GSoA-Abstimmung eine Geste des guten Willens fällig war.

Wie es der spätere Bundesrat Pascal Couchepin auf seinem Radar erkannte: Es war Zeit.

Die erfolgreiche Niederlage

In der Politik geht es auf und ab wie bei einer Berg- und Talfahrt. Der Politiker ist ein Überzeugungstäter. Was immer er tut oder unterlässt, kann er begründen. Wenn ich jetzt über mich schreibe, ist es eine Auseinandersetzung mit mir selbst. Ich lege Rechenschaft ab und frage mich zugleich, wo ich richtig und wo ich wohl falsch entschieden habe.

Ich habe Menschen erlebt, im Leben wie auch in der Politik, die von sich so überzeugt sind, dass sie gegen die andere Meinung, gegen das andere Argument völlig immun sind. Eigentlich ist jede Diskussion mit ihnen für die Katz. Sie schwärmen noch nach Tschernobyl und Fukushima von der ‹sauberen Kernenergie›. Sie wissen, was ‹Wahrheit› ist, und lassen von ihr um keinen Preis ab. Willi Ritschard hat vor diesen felsenfest Überzeugten gewarnt: «Ich habe Angst vor jenen, die zu wissen glauben, was die Wahrheit ist. Ich suche sie ständig.»

Beim Stichwort ‹SP-Bankeninitiative› klopfe ich mir selbst auf die Schultern. Mit ihr haben wir den wohl stärksten innenpolitischen Gegner herausgefordert. Es war eine Kampfansage an die Grossbanken, an das Zentralkomitee des Finanzkapitals an der Zürcher Bahnhofstrasse.

Auslöser der Bankeninitiative war der ‹Fall Chiasso› 1977. Die Schweizerische Kreditanstalt (SKA), heute Credit Suisse, hatte etwa drei Milliarden Franken in den Sand gesetzt. Das war damals eine Riesensumme. Entstanden war das Milliardenloch in der SKA-Filiale Chiasso. Dort wurden 280 Angestellte beschäftigt.

Für das Lokalgeschäft hätte ein Dutzend genügt. Nach Zürich war Chiasso die zweitgrösste SKA-Bankfiliale. Was steckte da dahinter? Das Bankgeheimnis.

In Chiasso wurde das Zentrum für das Italiengeschäft auf- und ausgebaut. Und zwar für spezielle Kunden: Für reiche Steuerflüchtlinge, die ihre Millionen hinter dem Bankgeheimnis in der Schweiz verstecken wollten, um sich so die Steuern im eigenen Land zu ersparen. Auf dieses Betrugsgeschäft hatte sich die SKA in Chiasso spezialisiert. Potenzielle Kunden wurden nach Strich und Faden verwöhnt – im eigenen Hotel ‹Corso› in Chiasso mit allen nur denkbaren Lustbarkeiten. Wem das zu bieder war, der wurde nach Venedig eingeladen und für drei Tage im Luxushotel einquartiert. Spielgeld für das Casino selbstverständlich inbegriffen.

Die SKA hatte sich im Nobelhotel ‹Savoy› in Mailand eingemietet. Dort sind Kunden empfangen und beraten worden. Ein als Gemüsehändler getarnter SKA-Banker transportierte die Schwarzgelder unter dem Gemüse am scheinbar ahnungslosen Zoll vorbei nach Chiasso.

Das Geschäft florierte. Die steuerfreien Gelder sollten vorwiegend in Italien gewinnbringend angelegt werden. Dabei entstanden die Milliardenverluste: beim Bau von Luxushotels, die nie rentierten, oder beim Kauf von Weinbergen für die Firma Winfood. Als grösster Flop erwies sich das Phantomprojekt ‹Arabelle-Mare›, eine Ferieninsel in der Nähe von Venedig. Da half auch kein Kardinal, der ihr bei der Eröffnung seinen Segen erteilte.

Die Kreditanstalt hatte sich in Chiasso auf das Geschäft mit dem Steuerbetrug spezialisiert. Als der Skandal platzte, erklärte sich die Generaldirektion in Zürich als ahnungslos. Sie habe von alldem, was sich in ihrer Chiasso-Filiale abgespielt hatte, nichts gewusst. Dieses Spiel kennen wir. UBS und Credit Suisse zahlten in den

USA für ihr Geschäftsmodell mit dem Steuerbetrug Milliardenbussen. Von der Chefetage wollte davon keiner auch nur eine Ahnung gehabt haben. «Unsere Weste ist weiss», schworen CEO und Verwaltungsratspräsident von Credit Suisse. Das mag ja sein, aber die Hände hatten sie sich schmutzig gemacht.

Der «Chiasso-Skandal» veranlasste uns zu handeln. Mit einer Bankeninitiative, um den Missbrauch mit dem Bankgeheimnis zu unterbinden. Neben dem Steuerbetrug profitierte auch die Mafia davon. Sie deponierte Drogengelder und Millionen aus der Unterwelt auf Schweizer Banken, um sie zu ‹waschen› und als sauberes Geld dann zu investieren.

Die Bankeninitiative löste am rechten politischen Ufer vom ersten Moment an Grossalarm aus.

Der Briefträger brachte mir ein einmaliges Dokument: «Protokoll der 309. Sitzung des Verwaltungsrates der Schweizerischen Bankiervereinigung vom Samstag, den 2. Juni 1977, 10.15 Uhr, am Hauptsitz der Zürcher Kantonalbank, Zürich». Ein Verwaltungsrat hatte es im Zug liegen gelassen. Der aufmerksame SBB-Kondukteur fand es nicht nur, er schickte es mir mit den Worten: «Das dürfte dich interessieren.» Und wie es das tat.

An dieser 309. Sitzung wurde einzig die SP-Bankeninitiative diskutiert. Direktor Markus Lusser hatte die Strategie entworfen, wie diese Initiative zu bekämpfen sei. Zum allerersten Mal überhaupt hatte ich einen schriftlichen Beweis in den Händen, wie eine Lobby im Bundeshaus operiert.

Direktor Lusser attestierte uns Sozialdemokraten, als einzige Partei und dann noch so rasch auf den ‹Chiasso-Skandal› reagiert zu haben. Der Bankeninitiative müsse, erklärte Lusser, ein Gegenvorschlag den Wind aus den Segeln nehmen. Die SP wolle die Banken per Gesetz mehr kontrollieren, «wir wollen eine freiwillige Lösung. Mit der Vereinbarung über die Sorgfaltspflicht. Die Vereinbarung soll garantieren, dass das Bankgeheimnis nicht missbraucht werden kann.» Banken sollten also freiwillig auf lukrative Geschäfte mit vermögenden Steuerflüchtlingen verzichten. Ob Lusser an den Storch glaubte? Ich weiss es nicht. Sicher nicht an seine Sorgfaltspflicht-Vereinbarung, da kannte er seine Banker zu gut.

Als Chef der Bankenlobby skizzierte Lusser, was geplant war: «Am 7. Juni empfängt Herr Bundesrat Chevallaz auf unsere Bitte hin das Präsidium zu einer Aussprache. Wir werden ihm die Vereinbarung aus unserer Sicht vorstellen und mit ihm gleichzeitig ‹die Regie› besprechen.»

Gewerkschaften, Bauern- und Gewerbeverband, Economiesuisse, Apothekerverband, Wirteverband, Bankiervereinigung und, und vertreten Interessen ihrer Mitglieder. Dafür gibt es sie. Sie mischen sich in die Politik dann ein, wenn sie eigene Anliegen haben. Dafür suchen sie im Bundeshaus Unterstützung. Grössere Organisationen schaffen es, eigene Abgeordnete ins Parlament zu wählen. Sonst werden Lobbyisten auf Politiker angesetzt. Das ist politischer Alltag. Jeder Parlamentarier ist für sich verantwortlich, wie weit er sich darauf einlässt, um, das ist das Entscheidende, unabhängig zu entscheiden.

Eine etwas andere ‹Philosophie› gilt für einen Bundesrat. Er muss das Parteibuch nicht an der Garderobe abgeben, ist jedoch Mitglied der Regierung, die für das ganze Volk regiert. Dass Finanzminister Georges-André Chevallaz gemeinsam mit der Bankiervereinigung «Regie» geführt hatte, um ein Volksbegehren zu bekämpfen, widersprach seinem Amt. Er verstiess gegen Anstand, politische Fairness und gegen die Verfassung. Ein Bundesrat ist nicht der Papagei einer Interessenorganisation.

Bei der «Regie» ging es um das Drehbuch, wie Vorstösse zum ‹Fall Chiasso› im National- und Ständerat zu parieren seien. Das wäre Aufgabe des Bundesrates gewesen, nicht die von Markus Lusser.

Diese Komplizenschaft hatte eine Geschichte. Das Bankgeheimnis wurde als so etwas wie eine ‹Wunderwaffe› für den Finanzplatz Schweiz eingestuft. Für die gesamte bürgerliche Elite gehörte es sich, das Bankgeheimnis um jeden Preis zu verteidigen. Vorgeschoben wurde dafür das Landesinteresse. Bundesrat Kaspar Villiger ist Kronzeuge. Er erklärte gegenüber den USA, der OECD (Organisation für wirtschaftliche Zusammenarbeit) und an die Adresse des G8-Gipfels im Brustton der patriotischen Mission: «Das Bankgeheimnis ist nicht verhandelbar.»

Da durfte sein Nachfolger Hans-Rudolf Merz nicht nachstehen. Mit der Drohung: «Am Bankgeheimnis werdet ihr euch die Zähne ausbeissen.» Diese Fehleinschätzungen endeten in einer Sackgasse. Das Bankgeheimnis war für ausländische Kunden nicht mehr zu halten. Nicht nur das. Der Schweiz und ihren Banken hat kaum etwas so geschadet wie das Bankgeheimnis als Geschäftsmodell für den Steuerbetrug. Sogar UBS-Boss Sergio Ermotti gibt zu, man habe zu lange daran festgehalten.

1984 stimmten wir über die Bankeninitiative ab. Mit 73 Prozent Nein-Stimmen setzte es eine Kanterniederlage ab. Die Angstkampagne hatte sich ausgezahlt. Der Finanzplatz Schweiz werde, drohten die Gegner, ein Ja zur Initiative nicht überleben.

Die Banken interpretierten die Ablehnung der Bankeninitiative für sich als ‹Persilschein›, als Freipass für ihre Geschäfte mit der Steuerhinterziehung. Das vor der Abstimmung deponierte Versprechen, mit der Sorgfaltspflicht-Vereinbarung freiwillig darauf zu verzichten, erwies sich als Versprecher. Als Muster ohne Wert, hätte Grossvater gesagt.

Der Staat hat diese Geschäftspraxis mit dem gesetzlich geschützten Bankgeheimnis ausdrücklich legitimiert. Ein Bankangestellter, der Kundendaten an die Steuerbehörde preisgibt, macht sich sogar strafbar. Dr. P. Klauser war Rechtskonsulent der Schweizerischen Nationalbank. Als wir in einer Spezialkommission des Nationalrats zuhanden des Plenums über die Bankeninitiative zu entscheiden hatten, erklärte er an der Sitzung vom 13./14.1.1983: «Der schweizerische Bankier, der dem Ausländer aktive Beihilfe zu Devisen- und Steuerdelikten leistet, handelt im allgemeinen nicht widerrechtlich.»

Die UBS und Credit Suisse sind von der US-Justiz wegen dieser «aktiven Beihilfe» besonders hoch mit Geldbussen betraft worden. Dabei haben sie ‹nur› getan, was der Gesetzgeber erlaubt hat. Unser Staat war ihr Komplize. Unser Staat hat toleriert, dass schweizerische Banken ausländische Staaten durch Steuerhinterziehung betrügen dürfen.

Jetzt darf ich festhalten: Das war einmal. Ich zitiere die in Aarau erscheinende ‹Nordwestschweiz› vom 17.9.2015: «Man darf den Moment durchaus historisch nennen. Der Nationalrat stimmte gestern formell der Abschaffung des Bankgeheimnisses gegenüber dem Ausland zu. Künftig beteiligt sich die Schweiz am automatischen Austausch von Kundendaten. Ausländer, die in der Schweiz ein Konto haben, können ihr Geld somit nicht mehr vor dem Fiskus verstecken.»

Der ‹Automatische Informationsaustausch›, wie es im Fachjargon heisst, verpflichtet die Banken, der zuständigen Steuerbehörde die Daten ihrer ausländischen Kunden mitzuteilen. Diese Weisung beschränkt sich auf Kunden aus dem OECD-Raum. Der Organisation für wirtschaftliche Zusammenarbeit gehören die 34 wichtigsten Industrieländer an.

Das Bankgeheimnis wurde 1934, also vor 82 Jahren (Stand 2016), per Gesetz eingeführt, mit der Begründung, Vermögen von Juden müssten vor den Schergen der Hitler-Nazis geschützt werden. Da diese Zweckbestimmung schändlich missbraucht wurde, lancierte die SP 1977 die Bankeninitiative. 31 Jahre nach der Abfuhr an der Volksabstimmung ist vollzogen worden, was wir gefordert hatten. Wir haben nachträglich recht bekommen. Dafür gibt es weder einen Preis, noch wird die SP politisch belohnt. Aber festhalten darf ich im aufrechten Gang: Im Nachhinein erweist sich das wuchtige Nein zur Bankeninitiative als eine der erfolgreichsten Niederlagen.

Die SVP hat ein Rückzugsgefecht eingeleitet. Sie deponierte eine Volksinitiative, wonach das Bankgeheimnis für den inländischen Gebrauch neuerdings in der Bundesverfassung festzuschreiben sei. Das geht sogar der Bankiervereinigung zu weit. Da soll eine tote Sau noch geimpft werden. Wir müssen auch darüber abstimmen, sofern die SVP diesen Rohrkrepierer nicht doch noch zurückziehen wird. Weil bekanntlich Tote nicht wieder auferstehen.

Mein Rücktritt

Die SP Schweiz hat Jahrgang 1888. Ernst Reinhard aus Bern war von 1919 bis 1936 Präsident – siebzehn Jahre, das ist Rekord. Der Zürcher Hans Oprecht und ich folgen mit je fünfzehn Jahren. Gewählt zu werden, ist das eine. Zum richtigen Zeitpunkt abzutreten, das Zweite. Diesen zu erwischen, ist gar nicht so einfach. Mir kam mein verstorbener Freund und Fraktionskollege Andreas Gerwig zu Hilfe. Im Herbst 1989 überfiel er mich mit der Mahnung, es sei

Zeit, das Präsidium abzugeben. Ich gebe zu: Im ersten Moment reagierte ich ungehalten. Doch schon am nächsten Tag wusste ich, dass Gerwig recht hatte. Und so erklärte ich auf dem nächsten Parteitag meinen Rücktritt. Kaum hatte ich diesen Schritt getan, war ich erleichtert. Allein hätte ich es kaum geschafft. Man(n) ist in ein Amt wie selbstverliebt und verpasst den richtigen Zeitpunkt zu gehen, bevor es heisst: «endlich.» Davor hat mich mein Freund bewahrt.

Es gibt ungeschriebene Regeln. Eine heisst, der zurückgetretene Präsident mischt sich nicht in die Nachfolgeregelung ein. Daran habe ich mich nicht gehalten, weil mir nicht ‹wurscht› war, wer die SP führen wird. Ich traute mir zu, von den vier Kandidaten – zwei Frauen und zwei Männer – den besten zu erkennen. Für mich war das Peter Bodenmann aus Brig. Dem Parteitag vom April 1990 wollten wir ein Zweierticket mit einem gemischten Doppel vorschlagen. Ich engagierte mich dafür, dass Bodenmann nominiert wurde. Am Parteitag selbst sorgte er dann mit seinem brillanten Bewerbungsvortrag selbst für eine glanzvolle Wahl.

Ich war ein guter Parteipräsident, das darf ich, ohne mich zu überschätzen, mit gutem Gewissen festhalten. Peter Bodenmann legte noch eine Schippe drauf. Er brachte kreativen Schwung in die Partei. Und harmonierte bestens mit André Daguet als Generalsekretär sowie mit Otto Stich als Finanzminister, der anfänglich den Walliser als zu links bekämpft hatte, sich dann aber mit dem Pragmatiker Bodenmann als starkes Duo auszeichnete.

Ich bin schon oft gefragt worden, ob ich mich als alt Präsident weiterhin in die Tagespolitik einmische und ob man mich noch immer konsultiere. Wer zurücktritt, meldet sich ab, so ist unsere Kultur. Das gilt generell, nicht nur in der Politik. Ich habe als SP-

Präsident meinen Vorgänger kaum einmal um Rat gefragt. Das wird mir eigentlich erst jetzt beim Schreiben richtig bewusst. Man schätzt es nicht, wenn sich ein Ehemaliger zu sehr vordrängt.

Alt Bundesräte, die meinen, Politik besser zu verstehen als ihre Nachfolger, machen sich unbeliebt. Für mich persönlich hat das aber nicht etwa ausgeschlossen, gute Kontakte mit Nachfolgern zu pflegen. Deshalb wünschte Christian Levrat als SP-Präsident, dass ich bei der Jubiläumsfeier 125 Jahre SP Schweiz einen Auftritt hatte. Zusammen mit Ruth Dreifuss. Mit meinen damals 66 Jahren SP-Mitgliedschaft habe ich immerhin die Hälfte dieser Jubiläumsstrecke miterlebt und zum Teil mitgestaltet.

Begegnungen

Das Spannendste in der Politik sind die Menschen. Im Laufe der Jahrzehnte sind mir Tausende begegnet. Viele flüchtig, andere intensiver, wenige waren ständige Begleiter. Ich habe diejenigen herausgegriffen und kurz porträtiert, die mir auf irgendeine besondere Art interessant erscheinen.

Fredi wollte nicht gewählt werden

Wer für den Gemeinderat, den Kantonsrat oder eben für den Nationalrat kandidiert, möchte gewählt werden. Auch wenn die meisten wissen, dass ihre Chancen minimal sind. Im Nationalrat sind zweihundert Mandate zu vergeben. 2015 haben über dreitausend kandidiert.

In meinen zwei letzten Jahren als Nationalrat sass ich neben Fredi Alder, Rorschach, der fast zur Kandidatur genötigt wurde. Der Kanton St. Gallen hat vierzehn Sitze zu vergeben. Der Parteipräsident versicherte Fredi, er müsse keine Angst haben, gewählt zu werden. Seit Jahrzehnten verteidigte die SP ihre zwei Sitze. Da beide Bisherigen wieder kandidierten, würden sie auch gewählt, versicherte der Parteichef. «Aber wir müssen die Liste doch mit valablen Kandidaten füllen», überzeugte er Fredi Alder.

Dann geschah das Unvorhergesehene. Die SP des Kantons St. Gallen gewann 1995 einen dritten Sitz. Gewählt war Fredi Alder. Als langjähriger Kantonsrat genoss er eine gewisse Bekanntheit.

Natürlich hätte er die Annahme der Wahl verweigern können. Dann wäre der erste Ersatz nachgerückt. Das mochte Fredi dann doch nicht verantworten. Damit hätte er den Wählerwillen missachtet. Zu Recht hätte man ihm vorgeworfen, dass er überhaupt kandidiert habe. Deshalb schickte sich der pflichtbewusste Lehrer vom Seminar in Rorschach in das Unvermeidliche.

Unglücklich schien Fredi mir nicht zu sein. Schliesslich hatte er der SP St. Gallen den dritten Nationalrat beschert. Darauf durfte er ruhig stolz sein. Was ihn störte, war der Preis, den er dafür bezahlte. Der Kanton strich ihm die Hälfte seines Gehalts. Die ‹Gage› als Nationalrat kompensierte den Verlust bei weitem nicht. Zumal er für die gestrichene Hälfte die Arbeitgeberbeiträge für die AHV und Pensionskasse übernehmen musste, um seine Altersvorsorge nicht zu verschlechtern.

«Ich bin doch der grösste Dubel», stöhnte er etwa, «als Nationalrat arbeite ich viel mehr und verdiene dafür weniger.»

Nach vier Jahren machte Fredi Alder dem ‹Elend› ein Ende. Mir ist kein Zweiter eingefallen, der so ungern Nationalrat geworden ist wie Fredi. Moment, da war doch noch einer: Hansueli von Allmen, SP-Stadtpräsident von Thun. Er kandidierte, weil seine Vorgänger das Doppelmandat ausgeübt hatten. Thun war damals eine Militärstadt, mit Rüstungsbetrieben, Waffenplatz, Kasernen und, und. Als Nationalrat brauchte der Stadtpräsident im Bundeshaus gute Beziehungen. Nach vier Jahren verzichtete von Allmen darauf, erneut für den Nationalrat zu kandidieren. «Das ist nicht mein Job, das können andere besser», meinte er. Eine Erklärung, die ich ebenfalls nur einmal gehört habe.

Der charmante Versager

Wann immer die SP-Fraktion einen zu profilierten Parteipolitiker für den Bundesrat nominierte, verweigerten ihm die Bürgerlichen ihre Stimme.

1978 mussten wir für den zurückgetretenen Aussenminister Pierre Graber einen welschen Ersatz stellen. Vom Format her wäre der Genfer Nationalrat Christian Grobet der ideale Kandidat gewesen. Wir wussten jedoch, dass er nicht gewählt worden wäre. «Zu links», drohten Bürgerliche. Sie hätten uns wie schon so oft ‹ihren› Kandidaten aufgezwungen. Dem wollten wir zuvorkommen und präsentierten mit Ständerat Pierre Aubert aus La Chaux-de-Fonds einen Kandidaten, der problemlos gewählt wurde.

Der neue Aussenminister hatte uns anfänglich positiv überrascht. Er propagierte eine «dynamische Aussenpolitik». Das war mutig. Die grosse bürgerliche Mehrheit handelte damals nach der Devise, die beste Aussenpolitik sei keine Aussenpolitik. Die Schweiz sei neutral und halte sich am besten zurück. Aubert besuchte als erster schweizerischer Aussenminister ein paar Staaten in Afrika – und wurde dafür von den Bürgerlichen verprügelt. SVP-Nationalrat Professor Walther Hofer höhnte: «Was hat die Schweiz in Afrika überhaupt verloren?» Seine Kritiker hatten ihm die «dynamische Aussenpolitik» ein für alle Mal ausgetrieben. Von da an riskierte Aubert kaum mehr Aufregendes.

Dem liebenswürdigen Neuenburger fehlte die nötige Robustheit, solche Attacken wegzustecken. Gegen den Strom zu kämpfen, gehörte nicht zu den Stärken von Pierre Aubert. Von seinem Naturell her war er als Bundesrat zu lieb und damit auch zu schwach. Der brillante Anwalt blieb als Bundesrat eine Fehlbesetzung, wie das folgende Beispiel bestätigt.

Als Präsident der Solothurner Filmtage vereinbarte ich mit meinem Genossen Bundesrat eine Pressekonferenz in Solothurn, um die vierzehn Kulturattachés aus halb Europa zu begrüssen und ihren Besuch zu würdigen. Als ich ihm mitteilte, Medienvertreter von Radio, Fernsehen und Presse würden darüber berichten, fiel ich aus allen Wolken: «Dann komme ich nicht», reagierte er leicht entsetzt und hielt Wort. Jeder andere Bundesrat wäre enttäuscht gewesen, wenn keine Journalisten gekommen wären.

Die Wahrheit erfuhr ich von Auberts Sekretärin, nachdem er 1987 zurückgetreten war. «Mein Chef hat vor jedem öffentlichen Auftritt Angst gehabt.» Man stelle sich das einmal vor. Ein Bundesrat ist eine öffentliche Person. Über Dölf Ogi spotteten wir, dieser würde, falls es bis dort oben ein Fotograf geschafft hätte, auf dem Matterhorn einen Handstand machen. Pierre Aubert hingegen flüchtete vor der Öffentlichkeit in die innere Emigration. Das erklärt im Nachhinein die latent spürbare Unsicherheit, wie sie sich in Stockholm offenbarte.

Im März 1986 fand in Stockholm die Trauerfeier für den ermordeten schwedischen Ministerpräsidenten Olof Palme statt. Pierre Aubert vertrat den Bundesrat, ich die SP Schweiz. Über hundert Staaten erwiesen mit ihren Delegationen dem Verstorbenen die letzte Ehre. Nach der Trauerfeier trafen sich die Gäste zum Abschiedstrunk. Unser Aussenminister nahm daran nicht teil. Er flog mit dem Bundesratsjet sofort nach Bern zurück. Nie hätte er mehr Regierungs- und Staatschefs oder Minister ‹auf einem Haufen› angetroffen, da die Schweiz damals noch nicht Mitglied der UNO war. Heute weiss ich natürlich: Mein Genosse Bundesrat war vor so viel Prominenz geflüchtet.

Hätte nicht Staatssekretär Edouard Brunner Auberts Departement geleitet, wäre die Schwäche seines Chefs längstens publik geworden. Insider konnten sie nicht übersehen. René Felber schickte als Auberts Nachfolger den Staatssekretär als Botschafter nach Washington: «Brunner ist zu lange faktisch Departementschef gewesen, er könnte sich mir nicht mehr unterordnen.»

Wir hatten in der Fraktion gelitten. Alle mochten Pierre Aubert persönlich gut leiden. Er war ein ganz lieber Kerl, als Bundesrat jedoch leider zum Verzweifeln.

Schwache Bundesräte sind schwer zu ertragen. Ist es der eigene, tut's weh. Ich riskierte, was kein Parteipräsident gerne macht. Öffentlich gestand ich meinen Frust, am besten würde Pierre Aubert als Bundesrat zurücktreten. In der Fraktion kam das gar nicht gut an. Ausser meinen engsten Freunden ruderten alle zurück. Sinngemäss mit den Worten, so war die Kritik doch nicht gemeint. «Wie denn?», fragte ich. Grosses Schweigen in allen Landessprachen.

Einer blieb mir treu, versicherte, ich sei sein Freund. Und half mir in der Garderobe in den Mantel. Beim anschliessenden Weihnachtsessen der Fraktion wollte er unbedingt neben mir sitzen, der gute Pierre. Er konnte nicht einmal wütend sein. Hätte ich den Rücktritt von Willi Ritschard verlangt, wäre aus mir Hackfleisch geworden.

Ein bisschen Widerstand leistete er dann doch. Aubert harrte noch zwei Jahre aus. Als ob er uns beweisen wollte, was in ihm steckt, hielt er eine Abschiedsrede, die sich gewaschen hatte. Wirklich hervorragend. Mit souveräner Erleichterung, endlich den Job losgeworden zu sein.

Noch etwas: Peter Amstutz, Bundeshausredaktor der ‹Basler Zeitung›, hatte den Aussenminister nach Bukarest begleitet. Er habe einen völlig anderen Bundesrat kennengelernt. Brillant wie einst im Ständerat.

Willy Brandts Vordenker

Wer Egon Bahr sagt, meint auch Willy Brandt. Und umgekehrt. Die beiden waren Synchronpolitiker. Ich weiss nicht, ob ich dem

Mitte 2015 93-jährig verstorbenen Egon Bahr gerecht zu werden vermag. Ich versuche es.

Nach der Niederlage von Hitler-Deutschland hatten die Siegermächte USA, Sowjetunion und Grossbritannien Deutschland aufgeteilt. In die DDR, die Deutsche Demokratische Republik, die dem kommunistischen Ostblock Moskaus zugeteilt wurde. Und in die Bundesrepublik, die sich dem USA-Westen mit der Nato anschlossen. Deutschland sollte nie mehr als europäische Grossmacht einen Weltkrieg auslösen können.

Die Bundesrepublik Deutschland hatte das bessere Los gezogen. Die USA finanzierten mit dem sogenannten Marshallplan den Wiederaufbau, der als deutsches Wirtschaftswunder in die Geschichte einging. Die DDR umgekehrt musste jahrzehntelang an die Sowjetunion Reparationsleistungen erbringen, um so die Kriegsschuld des Dritten Reiches abzuzahlen.

1950 brach der ‹Kalte Krieg› zwischen dem Ost- und Westblock aus. Die Notgemeinschaft im Kampf gegen die Nazi-Wehrmacht überlebte den Frieden nicht mehr gemeinsam. Die alte Feindschaft zwischen dem kommunistischen ‹Vatikan› in Moskau und der kapitalistischen Hochburg in Washington hatte sich als stärker erwiesen. ‹Kalter Krieg› wurde er genannt, weil die beiden Grossmächte in Ost und West Atomwaffen besitzen – heute noch. Das führte zum ‹Gleichgewicht des Schreckens›. Weder die USA noch die Sowjetunion hätten einen Atomkrieg überlebt. Beide verfügen über, wie man sagt, die ‹Zweitschlagskapazität›. Der Angegriffene hätte noch zurückschlagen können. So hätten sie sich gegenseitig zerstört. Deshalb blieb es beim ‹Kalten Krieg›. Unter dem litten die zwei Deutschland besonders. Die 1961 von der DDR errichtete Berliner Mauer manifestierte den absoluten Tiefpunkt. Der Kalte Krieg mutierte zum ‹feindlichen Frieden›.

Egon Bahr, inzwischen Pressechef von Willy Brandt als Berliner Oberbürgermeister geworden, bäumte sich gegen das fatale Geschehen auf. 1963 hielt er in der Evangelischen Akademie in Tutzing seine wohl berühmteste Rede. Mit dem Stichwort «Wandel durch Annäherung». Bahr plädierte für eine Entspannungspolitik mit Moskau. Der Weg für bessere Beziehungen zum anderen Deutschland führte nur über Moskau. Es war Hitler-Deutschland gewesen, das die Sowjetunion überfallen hatte. Und es war die Sowjetunion, die mit zwanzig Millionen Toten im Zweiten Weltkrieg den höchsten Blutzoll bezahlt hatte. Deshalb «war es an uns», erklärte mir einmal Egon Bahr, «die Eiszeit mit Moskau aufzutauen.» «Wandel durch Annäherung» signalisierte, Schritt für Schritt vorzugehen.

1969 gewann die SPD mit Willy Brandt als Bundeskanzlerkandidat die Wahlen. Er bildete eine Koalition mit der FDP, mit den Freien Demokraten Deutschlands. Ihr Vorsitzender Walter Scheel wurde Vizekanzler. Unter Führung von Brandt wurde die neue Ostpolitik, wie sie Egon Bahr aufgezeigt hatte, eingeleitet. Sie führte zu Verhandlungen mit Moskau, zu Gesprächen mit den Machthabern in der DDR. Diplomatie sollte den ‹Kalten Krieg› überwinden.

Die CDU/CSU-Opposition bekämpfte Brandts Ostpolitik schamlos schonungslos. Das sei Landesverrat, Brandt mache die Sowjetzone, wie die DDR verhöhnt wurde, hoffähig. Wer Frieden wolle, müsse mit dem Feind reden, konterten Brandt und Bahr. Helmut Kohl führte dann als CDU-Bundeskanzler 1982 diese Ostpolitik fort.

Ohne diese wäre es 1990 nicht zur Wiedervereinigung gekommen. «Es wächst zusammen, was zusammengehört», begrüsste Willy Brandt seinen späten Sieg.

Valentin Falin, der wohl mächtigste sowjetische Botschafter in Berlin, hat Brandts These bestätigt. Ohne die Ost- und Entspannungspolitik wäre Gorbatschow nicht die Nummer eins im Kreml geworden, meinte Falin. Und ohne Gorbatschow hätte es aus Moskau keine Zusagen zur deutschen Wiedervereinigung gegeben.

Ich lernte Egon Bahr an einer Klausurtagung in Bonn kennen, zu der Willy Brandt das Präsidium der SP Schweiz eingeladen hatte. Er erläuterte uns als ihr Architekt die Ostpolitik, die weit über das Verhältnis mit Moskau und mit der DDR hinausging. Sicherheit und Frieden seien unteilbar geworden, notierte ich mir aus Bahrs Rede. «Sicherheit gibt es nur noch gemeinsam. Nicht gegeneinander, nur noch miteinander werden wir sicher sein. Ideologische und politische Gegner haben das gemeinsame Interesse am Überleben.» Damit verwies Bahr auf das vorhin erwähnte «Gleichgewicht des Schreckens».

Egon Bahr faszinierte mich als einmaliger Ausnahmepolitiker. Mit seiner sonoren Stimme analysierte er ein Problem glasklar. Ihn konnte man nicht missverstehen, Bahr argumentierte präzise und punktgenau.

Nach der Wiedervereinigung wurde die DDR-Staatspartei SED, die Sozialistische Einheitspartei Deutschlands, von der PDS abgelöst, von der Partei des demokratischen Sozialismus, mit Gregor Gysi als erstem Vorsitzenden.

Die PDS habe sich nie für die Berliner Schandmauer entschuldigt, sondern sich nur distanziert. Ob das ausreiche, wurde Bahr gefragt. «Ja, weil sich niemand für die Mauer entschuldigen kann. Hat denn jemand von Konrad Adenauer verlangt, dass er sich als erster Bundeskanzler der Bundesrepublik Deutschland für die Nazis, für den Zweiten Weltkrieg entschuldigt? Das sind schreckliche historische Ereignisse, für die es keine Entschuldigung gibt. Für Geschichte kann man sich nicht entschuldigen.»

Genossen sind nicht unbedingt auch Freunde. Herbert Wehner weilte Anfang 1974 als Vorsitzender der SPD-Fraktion im Bundestag auf Besuch in Moskau. Der als Zuchtmeister berüchtigte Wehner vermisste bei Willy Brandt die harte Hand. Weshalb er von Moskau aus seinen Unwillen bekundete: «Der Herr badet gerne lau.» Dieser Affront sorgte für internationales Aufsehen.

Am 5. Mai 1974 trat Brandt als Bundeskanzler zurück. Helmut Schmidt solle sein Nachfolger werden, wünschte er. Brandts persönlicher Mitarbeiter Günter Guillaume war als DDR-Spion enttarnt worden. In seinen Erinnerungen beschreibt Helmut Schmidt seine «Angst vor der Verantwortung». Er bedrängte Brandt, Bundeskanzler zu bleiben. Auch wenn Guillaume von Damenbesuchen wusste, sei er nicht erpressbar. «Wegen dieser Lappalien kann ein Bundeskanzler sein Amt nicht aufgeben», schrie er ihn an. Was er später bereute: «Ich hätte Willy nicht anbrüllen dürfen.»

In der Fraktion wurde Willy Brandt verabschiedet. Herbert Wehner ging mit einer Rose in der Hand auf ihn zu: «Willy, wir alle lieben dich.» Das Fernsehen zeigte einen Egon Bahr, der sichtlich aufgewühlt seine Tränen wegwischte und nicht wie die anderen applaudierte. Später erklärte er sich: Er habe so viel Heuchelei nicht mehr ausgehalten. Als ich ihn Jahre danach darauf angesprochen habe, mochte er nicht mehr darüber reden. «Ach, der Wehner», schüttelte er den Kopf.

Egon Bahr war als Vordenker Brandts wichtigster Diplomat. Er pendelte zwischen Bonn, Moskau, Washington, London und Paris hin und her, um den ‹Wandel durch Annäherung› stets ein bisschen voranzubringen. Ob er von Brandt für seine Arbeit auch Komplimente bekommen habe, wurde er gefragt. «Nee, überhaupt nicht. Ein Lob von Willy war: ‹Das ist gar nicht so schlecht.› An ein direktes Lob von ihm kann ich mich nicht erinnern.» Freunde brauchen keine Komplimente, wird sich Brandt gedacht haben.

Im Willy-Brandt-Haus Berlin, das ist die SPD-Parteizentrale, hat man mir gesagt, Egon Bahr habe noch mit 93 in seinem Büro gearbeitet. Immer mit dem Auto quer durch Berlin unterwegs.

Ben Gurion, erster Ministerpräsident von Israel, hat ein Vermächtnis hinterlassen: «Wer nicht an politische Wunder glaubt, ist kein Realist.» Egon Bahr hatte daran geglaubt.

Der Revolutionär aus dem Jura

Eigentlich müsste ich erzählen, wie der Kanton Jura entstanden ist. Nur kurz. Der Jura gehörte zum Kanton Bern. In Delsberg entstand eine Separatistenbewegung für einen Kanton Jura. Mit den ‹Béliers›, den ‹Widdern›, als Sturmtrupp. Der intellektuelle Kopf und Stratege hiess Roland Béguelin. Ihn lernte ich auf spezielle Art kennen.

Die Béliers machten sich in der Deutschschweiz lange Zeit unbeliebt. Sie zerstörten zum Beispiel das Soldatendenkmal bei Les Rangiers. Sie waren während einer Session in den Nationalratssaal eingedrungen, um so auf ihren Kampf aufmerksam zu machen.

Nach zwei Jahrzehnten Kampf für einen Kanton Jura gab das Stimmvolk 1979 dafür grünes Licht. Der Jura wurde als 26. Kanton in die Eidgenossenschaft aufgenommen.

Nun musste für die SP Schweiz eine administrative Frage geregelt werden: Beitritt der SP Jura zur schweizerischen Partei. Das war keineswegs so einfach, wie ich es mir vorgestellt hatte. Als Gastreferent an einem ausserordentlichen Parteitag der SP Jura plädierte ich für deren Beitritt zur SP Schweiz. Ich hatte nicht mit

Roland Béguelin gerechnet. Er votierte an diesem Abend siebenmal dagegen. Mit einem simplen Argument. Das war Bern. Béguelin mochte dieses Reizwort nicht hören. ‹Bern› war für ihn der Inbegriff des Feinds, der den Jura kolonialisiert hatte. Béguelin appellierte an die Delegierten mit seiner kampferprobten, brillanten Rhetorik, parfümiert mit einer gehörigen Portion Charme, «Berne jamais», Bern niemals als Sitz «de mon parti» zu akzeptieren.

Ich weiss nicht, wie die Abstimmung ohne den Schreiner Lucien ausgegangen wäre. Lucien erwischte Béguelin auf seinem linken Fuss: «Roland, du bist doch Internationalist. Wenn wir nicht der SP Schweiz beitreten, gehört die SP Jura nicht der Sozialistischen Internationale an. Dann kannst du die ‹Internationale› nicht singen.» Es gab begeisterten Applaus. Béguelin musste gespürt haben: Die Delegierten wollen zur SP Schweiz. Er winkte Lucien zu: «1:0, tu a gagné», du hast gewonnen. Die Delegierten jubelten.

Der Kanton Jura existiert noch kein halbes Jahrhundert. Offiziell heisst er ‹La Republique et Canton du Jura›. Regiert wird er nicht von Staatsräten, wie Regierungsräte in der Romandie heissen, sondern von Ministern. ‹Les ministres›. Paris ist halt näher als Bern. Immerhin, das alte Feindbild war einmal: Dass Claude Hêche als erster Jurassier 2015 Ständeratspräsident wurde, tat gut.

Gret und ich wohnen zeitweise in Courtemaîche, in der Ajoie hinter Pruntrut, fünf Kilometer von der französischen Grenze entfernt, von Boncourt also. Bekannt durch die Zigarettenfabrik ‹Burrus›. Neuerdings stehen dort zwei Fabriken von Nick Hayek.

Bern hat auch angenehme Erinnerungen zurückgelassen. Am Wasserhäuschen hängt ein von der Berner Regierung in den 1950er Jahren verfügtes Bauverbot. Damit nach viel Regen, wenn die Allaine überläuft, das Wasser ein Auffangbecken hat. Zwei-, dreimal im Jahr haben wir Überschwemmungen, haben wir den ‹Lac de Courtemaîche›. Schon vor gut sechzig Jahren hat man gewusst, dass Hochwasser einen Auslauf braucht, soll es nicht Hauser und Strassen überschwemmen.

Roland Béguelin beschwerte sich bei mir einmal, für seinen Kampf habe er aus der Deutschschweiz kaum Anerkennung und wenig Unterstützung gefunden. Ich lud ihn, allerdings erst nach unserem Parteitag, nach Basel ein. Das sei die grosse Ausnahme gewesen, meinte er. Die Basler seien halt die ‹Romands der Deutschschweiz›, fügte er hinzu, um sich dann mit den Worten zu verabschieden: «Übrigens, noch lieber als die ‹Internationale› singe ich die ‹Marseillaise›.»

Der Hotelier von Brig

Peter Bodenmann ist mit 320 Betten der grösste Hotelier in Brig. Wenn er mir im dritten Soussol die Heizanlage und den Wäschereiraum erklärt, erkenne ich als technische Null sein beachtliches Fachwissen. Punkto Wärme und Strom ist er faktisch Selbstversorger. Die zwei grossen Industriewaschautomaten hat er durch 21 Hauswaschautomaten ersetzt, weil sie, wie er ausgerechnet hat, weniger Strom verbrauchen. Alle sind auf Sockel montiert, um für das Personal so bedienungsfreundlicher zu sein.

Aber ich habe Peter Bodenmann als Politiker kennengelernt. Als erster Linker, verboten jung, wurde er in die Briger Stadtregierung gewählt. Das war für die ‹Schwarzen›, gemeint sind die CVPler, ungewohnt. Sie hatten sich daran gewöhnt, unter sich zu bleiben. So teilten sie dem unwillkommenen Roten Friedhof und Kehrichtabfuhr zu. Mit der schäbigen Vorfreude, damit werde er politisch verhungern. Denn mit dieser Aufgabe könne er nicht punkten. Dafür hatte er genug Zeit, um die Dossiers der anderen zu studieren. Lustvoll redete er ihnen an den Sitzungen drein. Nachdem die Rechnung nicht aufgegangen war, wechselten die ‹Schwarzen› ihre Taktik. Nach dem Motto, man muss ihn beschäftigten, musste er das Baudepartement übernehmen. Da hatten sie Bodenmann grausam unterschätzt.

Seit Jahrzehnten hatten die gleichen Architekten und Handwerker von der Stadt die Aufträge bekommen. Bodenmann schrieb sie öffentlich aus und liess genau das spielen, was die CVP im Parteiprogramm verkündet, in Brig aber nie praktiziert hatte: freier Markt mit Wettbewerb. So kamen Handwerker und Architekten zum Zug, die sich längst damit abgefunden hatten, übergangen zu werden, weil sie den ‹Schwarzen› nicht genehm waren.

Nationalrat Pascal Couchepin hat mir einmal den Kanton Wallis analysiert. Sämtliche Chefbeamte seien von der CVP. Wer das Parteibuch nicht besitze, werde nicht gewählt. Stand Neunzigerjahre: In der Regierung, ‹Staatsrat› genannt, sassen vier von der CVP plus ein Freisinniger. Der sei reine Dekoration, meinte Couchepin. An sich könnten alle fünf CVPler sein, aber 4:1 sehe demokratischer aus.

1997 unterstützten sich FDP und SP im Wahlkampf gegenseitig. Mit Peter Bodenmann wurde der erste Linke in den Staatsrat gewählt. Nun war das Verhältnis nicht mehr 4:1, sondern 3:2. «Das sieht doch schon viel besser aus», hörte ich den späteren Bundesrat. Als Couchepin Bundespräsident wurde, veröffentlichte er 2002 das Buch ‹Ich glaube an die Politik›. Mit einem Vorwort von, natürlich, Peter Bodenmann. In der übrigen Schweiz wunderte man sich – zumindest diejenigen, denen die Politik im Wallis ein Rätsel ist.

Peter Bodenmann ist ein Abtrünniger. Sein Vater Hermann vertrat die CVP im Ständerat. Hermann Bodenmann präsidierte die Bankenkommission, das heisst, er war ein politisches Schwergewicht.

Wer als Sohn zum politischen Gegner überläuft, macht sich sein Leben selber schwer. Peter Bodenmann gründete das K.O., das ‹Kritische Oberwallis›. Dazu die Monatszeitung ‹Rote Anneliese›, abgeleitet von Analyse. Ich lese sie seit Jahrzehnten.

Wo immer die ‹Vitamin-B-CVP-Politik› falliert und skandaliert, die ‹Rote Anneliese› deckt es auf. Sie ist über das, was sich bei den ‹Schwarzen› abspielt, bestens informiert. In der Walliser CVP gibt es neben den schwarzen Konservativen noch die gelben Christlichsozialen. Sie können sich vier Jahre spinnefeind sein, wenn es um die Macht im Kanton geht, bei den Wahlen also, begraben sie das Kriegsbeil. Die ‹Rote Anneliese› ist das Organ, bei dem sich beide verpfeifen. Abwechslungsweise freut's mal die einen oder ärgert's die anderen.

Zwei linke Parteien im Oberwallis seien ein Luxus, erkannte Peter Bodenmann. So kam es zur Fusion des K.O. mit der SP, wobei diese vitalisiert und personell kräftig aufgerüstet wurde. Bodenmann kam mit einer starken Mannschaft in die Fusionspartei. Die auch für die Gewerkschaften erfolgreich arbeitete. So etwa bei der Lonza in Visp. Sie schaffte es, diese Belegschaft grösstenteils gewerkschaftlich zu organisieren.

Dass ich mir wünschte, Bodenmann würde im SP-Präsidium mein Nachfolger, habe ich an anderer Stelle bereits begründet. Wir sassen im Nationalrat noch sieben Jahre in der gleichen Reihe nebeneinander. Mein Status hatte sich schlagartig geändert. Nun war bei den Bürgerlichen der Walliser das Feindbild. Auch bei mir bestätigte sich das Bonmot, als alt Präsident bin ich der Vernünftige geworden. Die Verstorbenen waren stets die Besten gewesen. Bei heiklen Geschäften meinte Bodenmann etwa einmal zu mir: «Geh du an Mikrofon, du bist jetzt nicht mehr die Reizfigur wie ich, vielleicht hast du mehr Erfolg.»

Peter Bodenmann ist rhetorisch hochbegabt, schreibt schnell und gut, überzeugt als Stratege und als Taktiker. In der Fraktion haben ihn einige als arrogant empfunden. Er war einfach besser als die meisten und, das haben nicht alle goutiert, zeigte es auch. Bescheidene Zurückhaltung ist nicht gerade seine Spezialität.

Ideologisch steht Bodenmann auf dem linken Parteiflügel, ist aber ein knallharter Pragmatiker, der lösungsorientiert politisiert. Der es versteht, mehrheitsfähige Kompromisse zu schmieden. Das hat er mit dem anderen Bergler, mit FDP-Präsident Franz Steinegger aus dem Kanton Uri, erfolgreich bewiesen. Der Rote aus der CVP-Familie musste viel einstecken und lernte auszuteilen. Berührungsängste kennt er nicht. Den politischen Boxkampf mit Christoph Blocher liebte er. Ex-Bundesrat Moritz Leuenberger haut er in seiner ‹Weltwoche›-Kolumne noch heute in die Pfanne. Bodenmann hätte lieber den volkstümlichen Ständerat Otto Piller als Nachfolger von Otto Stich gehabt. Den Handörgeler und nicht den feingeistigen Opernliebhaber aus Zürich, der für ihn zu wenig kämpferisch politisiert hat. Bodenmann kann mit Parteifreunden unerbittlich sein.

Bei den Wahlen 1995 führte er die SP auf die Erfolgsspur zurück. Mit seiner pointierten Politik vermochte er die Wählerschaft zu mobilisieren. Mit einer Botschaft, die verstanden wurde: soziale Sicherheit und Öffnung der Schweiz im Verhältnis zur EU.

Zusammen mit dem Generalsekretär André Daguet investierte Bodenmann viel Zeit in die Parteiarbeit. Er war in seiner Anwaltskanzlei von seinen zwei Kollegen für die Politik faktisch freigestellt worden. Jeden Morgen telefonierte er mit André Daguet, um die Lage zu besprechen. Nötigenfalls setzte er sich in den Zug und fuhr nach Bern in die Parteizentrale. Ich darf sagen, viel für die

Partei gearbeitet zu haben. Bodenmann hat noch eine Schippe draufgelegt. Er war im besten Sinne des Wortes der Parteichef. Mit einer optimalen öffentlichen Präsenz.

In der Fernseh-Arena war er ein Ereignis. Er punktete mit eindrücklichen Auftritten. Etwa wenn er, wie ich an anderer Stelle bereits erwähnt habe, die Armee als «Trachtenverein» lächerlich machte, oder als er sich weigerte zu diskutieren und die ‹Arena› verliess.

Letzteres geschah 1995. Eine namhafte Gruppe von Ökonomen, Unternehmern und Politikern hatte die neoliberale Kampfschrift ‹Mut zum Aufbruch – Eine wirtschaftspolitische Agenda für die Schweiz› veröffentlicht. Gefordert wurde eine «wirtschaftliche Erneuerung». Gemeint war die Privatisierung der öffentlichen Dienste: SBB, Post, Swisscom, Schulen, Universitäten, SRG, Spitäler. Herausgeber war David de Pury, Verwaltungsratspräsident von BBC, heute ABB. In der Fernseh-Arena erschien nicht der angekündigte David de Pury selbst, sondern ein zweitrangiger Stellvertreter. Woraufhin sich Peter Bodenmann weigerte, mit diesem zu streiten, und sich deshalb von der Debatte abgemeldet hat.

So etwas durchzuziehen, bedingt viel Selbstvertrauen. Das hat sich Bodenmann als abtrünniger Roter im schwarzen Wallis erarbeitet, anders hätte er politisch nicht überlebt. Diesen Stil pflegte er auch als Staatsrat.

Im Wallis ist es üblich, dass die Regierung einmal im Jahr einen Tag lang in corpore mit dem Bischof zusammensitzt. Bodenmann liess sich entschuldigen, er müsse arbeiten. Was ihn nicht daran hinderte, dann mit Bischof Brunner einen Deal abzuschliessen. Um in leerstehenden Klöstern Asylanten unterzubringen. Beide, der Bischof und der Linke, verstanden sich hervorragend.

Bodenmann trat vor Ablauf der Legislaturperiode als Staatsrat zurück. Die drei Bodenmann-Brüder hatten beschlossen, in Brig ein Hotel zu bauen. Dann machte der Generalunternehmer Konkurs. Rechnungen von Handwerkern wurden nicht bezahlt. Für die politischen Gegner wäre es ein Fressen gewesen, zu kolportieren, die roten Bodenmänner würden ihre Schulden nicht bezahlen. Peter übernahm das Krisenmanagement und musste ein paar Millionen verlorene Franken nachfinanzieren. So ist er Hotelier geworden.

Bekanntlich lässt die Katze das Mausen nicht. Peter Bodenmann politisiert, nun halt als einfacher Bürger, weiter. Als Kolumnist, er hält Vorträge, ist ein beliebter Interview-Gesprächspartner und bleibt schweizweit bekannt als der «Hotelier von Brig».

«Ich übernehme die Verantwortung»

Es geht weiter mit einem anderen Walliser: Bundesrat Roger Bonvin, CVP, nach elf Jahren 1973 zurückgetreten. Zuerst war er Verkehrs- und Energieminister, dann übernahm er das Finanzdepartement. Wieso, bleibt mir bis heute ein Rätsel.

Als Verkehrsminister setzte sich Bonvin im Wallis mit dem Furkatunnel, den im Parlament eigentlich niemand für sinnvoll hielt, ein Denkmal. Der schlaue Roger Bonvin schaffte sein Wunschvorhaben mit einem Trick: mit einem Kostenvoranschlag von nur etwa 82 Millionen Franken. Für so wenig Geld erwies die Mehrheit im National- und Ständerat ihm halt den Gefallen. Denn er war ein überaus sympathischer Mann. Wo immer man ihm begegnete, rief er jedem von weitem mit einem fröhlichen Lächeln ein «Sälü» zu.

Bald einmal gab es ein böses Erwachen. Bonvin verlangte für seinen Tunnel Nachtragskredite. Diese führten zu einem Stimmungsumschwung. Am liebsten hätten wir sie abgelehnt. Nur: Die Übung abzubrechen, wäre keine Alternative gewesen. Zurückgeblieben wäre eine teure und nutzlose Ruine. Am Schluss kostete der Bonvin-Tunnel das Fünffache, über 400 Millionen Franken.

Bonvin gab schamlos charmant zu, gemogelt zu haben. Anders hätten wir ihm ja seinen Eisenbahntunnel nicht bewilligt, meinte er. Wohl wahr.

Als Energieminister amtierte Bonvin noch in der atomaren ‹Steinzeit›. Weil der Ausbau von Wasserkraftwerken sich dem Ende näherte, sollte nicht noch der letzte Bach trockengelegt werden. Da bot sich die angeblich sichere und saubere Atomenergie als Alternative an. Nicht für alle. Der Widerstand gegen Atomkraftwerke nahm zu, vor allem bei der Linken. Bonvin versuchte, die Kritik zu kontern, und verabreichte eine Beruhigungspille. Mit Worten, die weit über seine Zuständigkeiten und seine Möglichkeiten hinausgingen. Aber, was er sagte, ist unvergesslich geblieben: «Ich übernehme die Verantwortung für die Sicherheit von Atomkraftwerken.» Der Gute ist längstens im Himmel. Wir alle haben keine Ahnung, ob der liebe Gott weiss, was ihm der gläubige Katholik hinterlassen hat.

Bonvin fiel im Stadtbild von Bern mit seinem Auto besonders auf. Er fuhr einen rundum verbeulten VW. Seine Sekretärin erzählte mit, warum. Er habe die Kurve zur Garage nicht immer erwischt. So häufig nicht, dass er ständig einen neuen Wagen hätte kaufen müssen.

Als Finanzminister war er eine Fehlbesetzung. Ähnliches habe ich in der Finanzkommission nie mehr erlebt. Wenn Bonvin das Budget oder die Staatsrechnung erklärte, hörte ihm buchstäblich ‹keine Sau› zu. Wir lasen die Zeitung oder erledigten Telefonanrufe. Seine Ausführungen waren wirklich nichtssagendes Geplauder. Alle warteten wir auf Markus Redli, Direktor der Finanzverwaltung. Von ihm erfuhren wir, was wir wissen wollten. Fragen stellten wir nur Redli, weil wir von seinem Chef nichts Substanzielles erwarten durften. Das Auffällige war: Ihn störte unser Desinteresse überhaupt nicht.

Der muntere Finanzminister referierte unbeirrt weiter, als ob er sich mit sich selber unterhalten hätte. Wie es in seinem Inneren aussah, wäre interessant gewesen zu erfahren.

Bonvin kompensierte seine Inkompetenz mit Herzlichkeit. Niemand war ihm böse. Er wurde zweimal mit guten Resultaten wiedergewählt. Schweizerische Politik ist eine Wundertüte. Die Bundesversammlung wählt nicht einfach die Besten. Oft ist entscheidend, wenn Kandidaten einfach zur rechten Zeit im richtigen Kanton und in der richtigen Partei sind. Das Kollegialsystem erträgt nicht zu viele brillante Solisten, sondern Mannschaftsspieler, um es im Fussballjargon zu formulieren. Der Furkatunnel ist Bonvins Vermächtnis geblieben. Das zählt – im Wallis.

Der Friedensnobelpreisträger

Bei Willy Brandt spürte ich dessen Zuneigung zur Schweiz. Ich kenne nur zwei deutsche Politiker, die ein ähnlich enges Verhältnis hatten oder haben. Erhard Eppler, Vordenker der SPD, hat an der Universität in Bern Theologie studiert. Richard Weizäcker, der ehemalige Bundespräsident, verbrachte in der Jugend ein paar Jahre in Bern. Sein Vater war Gesandter, wie Botschafter damals hiessen, in Bern gewesen.

Willy Brandt wusste, wie kontrovers bei uns die Flüchtlingspolitik im Zweiten Weltkrieg beurteilt wird. Für ihn zählte, dass viele Freunde und Bekannte dank der Schweiz den Krieg überlebt hatten. «Dafür bin ich dankbar», meinte er. Er hatte in der Geschichte noch weiter zurückgeblättert. Angefangen beim Sozialistenverbot im 19. Jahrhundert unter Kanzler Otto Bismarck. Damals seien viele Sozialisten in die Schweiz geflüchtet und hätten Asyl bekommen, erzählte er mir. Einer hiess Herman Greulich, der bei der Gründung der SP eine massgebliche Rolle innehatte. Berühmt wurde er als Anführer der ‹Kapelle Greulich› im Nationalrat. Er dirigierte die damals sieben SP-Abgeordneten.

Unter Bismarck wurde der ‹Vorwärts› als SPD-Parteizeitung in Zürich gedruckt und illegal verteilt. «Einer unserer grossen Figuren, August Bebel, liegt in Zürich begraben», würdigte Brandt. Er selbst hatte die zwölf Jahre Naziherrschaft in Norwegen und Schweden verbracht. Der Emigrant vermochte aus eigener Erfahrung die Rolle der Schweiz für seine Genossen nachzuvollziehen.

1977 bat ihn die Uno, das Präsidium der Nord-Süd-Kommission zu übernehmen, um das Verhältnis der reichen Länder im Norden zu den armen Ländern im Süden zu untersuchen. Siebzehn grosse Namen aus Asien, Südamerika, Afrika und Europa krönten das Patronatskomitee.

1980 erschien der Abschlussbericht ‹Das Überleben sichern›. Aus den fast 500 Seiten seien zwei Zitate angeführt:

«Für den Preis eines Kampfflugzeuges könnte man etwa 40 000 Dorfapotheken errichten.»

«Die Beseitigung von Hunger ist das elementarste der menschlichen Grundbedürfnisse. Daher messen wir der Steigerung der internationalen Nahrungsmittelproduktion und der Förderung der Landwirtschaft so grosse Bedeutung bei, und zwar in jenen vielen Ländern der Welt, die in bedenklichem Ausmass davon abhängig geworden sind, Lebensmittel einzuführen.» Was heute noch vor allem in Afrika für viele Länder gilt.

Das Sekretariat für die Nord-Süd-Kommission zählte vierzehn Beschäftigte. Ich war Zeuge, wie Brandt sich entschied, wo er sich niederlassen wollte. Das geschah in Mannheim, beim Morgenessen nach dem SPD-Parteitag, bei dem auch Bruno Kreisky, Bundeskanzler von Österreich, teilnahm. Zum besseren Verständnis sei erwähnt, dass die beiden ‹dicke› Freunde waren.

Kreisky bedrängte Brandt mit seinem beträchtlichen Wiener Charme, das Sekretariat «selbstverständlich» nach Wien zu vergeben. Er zählte alle Vorteile auf, die für Wien sprachen

«Bruno, ich gehe nach Genf», konterte Willy Brandt. «Es ist halt so, mein Lieber, in der Schweiz funktioniert alles noch besser als bei dir. Sei es die Post, die Bahn, die Kommunikation, die Swissair oder seien es die Behörden, die Eidgenossen sind einfach unschlagbar gut. Kommt hinzu, Genf ist auch noch Europasitz der Uno.»

Das letzte Argument hat Kreisky am meisten geärgert. Damals war die Schweiz noch nicht Mitglied der Uno. Der Österreicher hatte in Wien eine, wie er sagte, «Uno-Stadt» aufstellen lassen. In der Absicht, die Uno von Genf nach Wien zu verlegen. Es gehe doch nicht an, dass die Schweiz als Nichtmitglied der Uno immer noch vom Standort in Genf profitiere.

«Die Schweizer werden das nachholen, du weisst doch, sie brauchen für alles mehr Zeit als wir», beruhigte Brandt seinen Freund. Für mich war das eine Sternstunde, zuzuhören, wie der grosse Deutsche unsere Schweiz verteidigte.

Wir haben von Brandts Faible für die Schweiz profitiert. Der SPD-Vorsitzende hat das Präsidium der SP Schweiz mehrmals zu einer Klausurtagung nach Bonn-Bad Godesberg eingeladen. Da durfte man sagen, wir seien aus erster Hand informiert worden.

Im Vergleich zur Schweiz sind die deutschen Parteien finanzstark. Die staatliche Parteienfinanzierung ist grosszügig. Willy Brandt erklärte sie so: «Wir machen alles gründlich, auch die Demokratie.» Adolf Hitler war von der Rüstungs- und Schwerindustrie der Ruhr finanziert worden und so an die Macht gekommen.

Parteien sollen nicht mehr von privaten Geldgebern abhängig sein, das ist der Sinn der öffentlichen Parteienfinanzierung.

Was für ein Mensch war Willy Brandt? Die Ostpolitik muss ich nicht erklären, sie ist im Abschnitt über Egon Bahr nachzulesen. Zwei Sätze möchte ich noch nachschieben.

Willy Brandt hat als Bundeskanzler das andere Deutschland personifiziert. Er war der erste Regierungschef, der aus dem Widerstand kam. Und nach seiner Wahl mit dem Versprechen begeisterte: «Mehr Demokratie wagen.»

Wahlveranstaltungen haben ‹drüben› eine andere Dimension als bei uns. Ich war zu einer Wahlkundgebung in der Grugahalle in Essen eingeladen worden. Es ging zu wie bei einem Rockkonzert. Die etwa 12 000 Anwesenden wurden eine Stunde mit einem Vorprogramm unterhalten. Dann marschierten sie ein, die drei grossen Tenöre: Willy Brandt, Helmut Schmidt, Herbert Wehner. Das Publikum klatschte ihnen minutenlang begeistert zu. Am nächsten Morgen beim Frühstück zeigte sich Brandt darüber nicht etwa angetan. Nachdenklich meinte er: «Weisst du, sie haben schon einmal einem derart frenetisch zugejubelt und geklatscht – nur war es: Adolf Hitler.»

Hans-Jürgen Wischnewski rief mich an. Ob ich den Jean Ziegler als Vertreter der SP Schweiz im Büro der SI, der Sozialistischen Internationale, nicht ersetzen könnte. «Dieser Ziegler ist unmöglich», schob er seinen Frust nach.

Wischnewski war als ‹Ben Wisch› bekannt geworden. Als exzellenter Kenner des Nahen Ostens. Einen berühmten Namen machte sich Ben Wisch in Mogadischu, Hauptstadt von Somalia. Dort war ein Flugzeug mit entführten Geiseln gelandet. Der Deutsche leitete, unterstützt von einer GSG-9-Spezialtruppe der Bundeswehr, die erfolgreiche Befreiung.

Das ‹Büro› der SI umfasste etwa 150 Mitglieder. Wir würden «Vorstand» sagen. Willy Brandt war Vorsitzender. Ich konsultierte ihn über Wischnewskis Anliegen. «Nein, lass mir bitte den Jean im Büro. Wenigstens einer, der unseren Gottesdienst stört.» Das war typisch für Brandt. Ihn langweilten die politischen ‹Grossmuftis›, aktive oder ehemalige Minister, eher. «Mir fehlt die Auseinandersetzung, mir fehlt der Ideenstreit, da ist Jean Ziegler in seinem Element.»

1971 hatte die Jury in Oslo Willy Brandt in Anerkennung seiner mutigen Ostpolitik für den Friedensnobelpreis nominiert. Er quittierte ihn mit den Worten: «Frieden ist nicht alles, aber ohne Frieden ist alles nichts.»

Der linke Lobbyist im Bundeshaus

Der Bündner Gallus Cadonau ist seit vielen Jahren der erfolgreichste Umweltschutz-Lobbyist im Bundeshaus. Er hat ein breit abgestütztes Beziehungsnetz aufgebaut.

Beruflich ist er Geschäftsführer bei der Greina-Stiftung. 1986 wurde sie als Schutzpatronin der einzigartigen Greina-Hochebene gegründet. Als Kampforganisation für die Natur. Im Pflichtenheft steht ganz allgemein die Erhaltung der letzten frei fliessenden alpinen Gewässer, die Renaturierung von Flüssen und Bächen. Dazu gehört die in der Bundesverfassung verankerte «Sicherung der Restwassermengen». Damit nicht noch der letzte Bach für ein noch so kleines Wasserkraftwerklein ausgetrocknet wird. Schliesslich engagiert sich die Greina-Stiftung für die Unterschutzstellung von Landschaften von nationaler Bedeutung sowie für eine umweltfreundliche Energiepolitik.

Gallus Cadonau ist mit Leib und Seele Lobbyist für die Umwelt. Wenn ich ihm zufällig im Zug begegne, dokumentiert er mich mit seinen neusten Unterlagen. Er ist nie ohne unterwegs. Vielleicht in den Ferien, sicher wäre ich nicht.

Kennengelernt habe ich den ‹Überzeugungstäter› für die Natur bei unseren Wanderferien in Vals in den 1970er-Jahren. Er und Pater Flurin Maissen nahmen mich mit auf einen Kontrollgang entlang des Hinterrheins, um mir als Politiker zu zeigen, was sie bewegt. Es ging schon damals um die Restwassermengen, um den Lebensraum also für Fische, Flora und Auen, der ohne genügend Wasser abstirbt.

Pater Maissen lebte in Rumein. Bei ihm habe ich die erste Biogasanlage gesehen. ‹Anlage› ist etwas hochgegriffen: Vom Mist des benachbarten Bauern führte eine Leitung aus Plastik in seine Küche. Der Mist lag in einem geschlossenen Behälter und wurde jede Woche ausgewechselt. Der Bauer schwärmte, der dann fermentierte Mist sei für den Acker nahrhafter.

Bei Pater Maissen habe ich meine erste mit Biogas gekochte Suppe gegessen. Ich weiss noch, wie mich das beeindruckt hat. Hätte ich nur darüber gelesen, wäre das kaum ein Ereignis gewesen. Nur durch die Live-Demonstration wurde das Erlebnis in meinem Kopf gespeichert. Dabei war das erst ein improvisierter Anfang, wie wir heute wissen.

Gallus Cadonau hinterliess im Dorf Waltensburg markante Spuren. Ein Investor wollte dort Ferienhäuser bauen, geplant waren Siedlungen. Cadonau überzeugte die Bewohner, dass es besser wäre, bestehende Bausubstanz zu nutzen und in leer stehende Häuser Ferienwohnungen einzubauen. Hinzu kam das Hotel ‹Ucliva› als Zentrum. So gründete er eine Hotel-Genossenschaft.

Im Vorstand machten mit der Bäcker, der Bauer, der Gemeindepräsident, und für die Finanzierung suchte er zusätzlich Genossenschafter im Unterland. Er ist im ‹Ucliva› schon lange nicht mehr der Tätschmeister, aber sein Konzept stimmt noch immer.

Weshalb ist Cadonau als Lobbyist erfolgreich? Er ist glaubwürdig und vertrauenswürdig. Sich selbst nimmt er zurück, es geht ihm um die Sache. Persönlich ist er ein ‹gmögiger›, ein sympathischer Mensch, der seine Anliegen charmant-hartnäckig vertritt. Cadonau ist kein nerviger Schmeichler. Seine Stärke ist die unverschämt offene Art, mit der er argumentiert. Ist er für mich deshalb ein guter Lobbyist, weil er ein Linker ist? Da muss ich etwas klären.

Über die Lobbyisten im Bundeshaus wird landesweit gestöhnt, und sie werden kritisiert, als ob sie eine korrupte Landplage wären. In der Politik geht es um Interessen von Unternehmern, Arbeitgebern, Bauern, Gewerkschaften, Konsumenten und Nutzern von privatem und öffentlichem Verkehr, um nur ein paar Beispiele zu erwähnen. Als übergeordnete Interessen gelten diejenigen von Land und Bevölkerung, der Allgemeinheit, wie man so schön sagt.

Lobbyisten sind professionelle Interessenvertreter. Sie werden von ihren Auftraggebern dafür bezahlt, dass sie deren Anliegen an den Mann oder an die Frau bringen. An diejenigen, die ‹zufällig› im Bundeshaus Politik machen.

Das ist zunächst nichts Ehrenrühriges. In der kapitalistischen Marktwirtschaft gehören Lobbyisten zum System. Kein Parlamentarier muss übernehmen, was ihm eingeflüstert wird. Der schon oft gemachte Vorschlag, Lobbyisten zum Bundeshaus hinauszujagen, womit das Problem gelöst wäre, wäre törichte Scheinpolitik. Man wird sie nicht los.

Zweitens: Ich gestehe gerne ein, von Lobbyisten manchmal überaus brauchbare Informationen oder Unterlagen bekommen zu haben. Allein schon zu wissen, was ihr Auftraggeber für politische Wünsche hat, ist interessant und wichtig. Es kann ja sein, dass mich die Argumente des Pharmakonzerns oder des Krankenkassenverbandes überzeugen. Oder eben gerade nicht.

Der Lobbyist macht seinen Job. Ich hatte als Nationalrat weder Berührungsängste noch machte ich mich abhängig. Ich möchte das Lobbyisten-Wesen oder, wie viele meinen, ‹-Unwesen› nicht etwa verharmlosen. Die Atomlobby lud in ihren guten Zeiten National- und Ständeräte regelmässig zu mehrtägigen ‹Ausflügen› nach Südafrika ein. Das war natürlich der Versuch, Politiker für ihre Anliegen zu gewinnen. Nun ist der Sitz der bekannten Bewegung ‹Moralische Aufrüstung› in Caux und nicht im Bundeshaus. Es gibt, seien wir doch offen, Politiker, die man ‹kaufen› oder wunschgemäss beeinflussen kann. Und man soll bitte nicht so tun, als wäre das ganz speziell bei Politikern so. Es ‹menschelet› überall. Als Randerscheinung beim Fifa-Skandal sind Zürcher Staatsanwälte ins Rampenlicht geraten. Sie haben von der Fifa Tickets für die Fussball-WM in Brasilien bekommen und angenommen. Ich kann es drehen und wenden wie ich will: Der Lobbyist kann einen Politiker nur verführen, wenn dieser auch mitmacht. Ob er das im Bundeshaus oder im Verborgenen versucht, ist unerheblich.

Es ist wie mit dem Spielcasino. Niemand wird gezwungen, Roulette zu spielen. Wer dort versumpft und verlumpt, ist selbst schuld. Also sollte man Spielcasinos verbieten? Das waren sie ja während Jahrzehnten. Ein Bekannter von mir hat sich dann halt im Spielcasino von Baden-Baden ruiniert. Politik kann man nicht verbieten, nur weil es Lobbyisten gibt. Wobei mein Wahlkanton Basel-Stadt im Bundeshaus einen Lobbyisten beschäftigt. Angestellt von der Regierung. Mein Lobbyistenfreund Gallus Cadonau hat mich darauf gestossen, das Thema zu bearbeiten. Ohne ihn hätte ich die Umwelt- und Energiepolitik nie so gut kapiert.

Der Schriftsteller im Bundeshaus

SP-Bundesrat Hans Peter Tschudi war Ende 1973 zurückgetreten und wurde als ‹AHV-Tschudi› verabschiedet. Unter seiner Federführung sind die bescheidenen Renten des grössten Sozialwerks zügig ausgebaut worden.

Die Fraktion nominierte den Aargauer Nationalrat und SP-Präsidenten Arthur Schmid zum Tschudi-Nachfolger. Im Bundeshaus schwirrten Gerüchte herum, der Solothurner Regierungsrat Willi Ritschard möchte ebenfalls Bundesrat werden. Darauf angesprochen, ob das stimme, wimmelte er mich ab: «Das wären doch viel zu grosse Schuhe für mich.» Die verklausulierte Ausrede liess mich im ahnungsvollen Ungewissen. Damals hätte es sich nicht gehört, seine Ambitionen offen zuzugeben.

Gewählt wurde dann doch Ritschard. Die CVP-Fraktion stimmte geschlossen für ihn, um ihren eigenen Kandidaten Nationalrat Leo Schürmann aus Olten zu verhindern. Zwei Bundesräte aus dem gleichen Kanton waren nicht zulässig. Nach der Wahl von Ritschard sagte denn auch der gut gelaunte CVP-Fraktionschef zufrieden und gut hörbar: «So, der Fall Schürmann wäre erledigt.» Wie er das meine, fragte ich. «Neben dem brillanten Kurt Furgler noch den Schürmann als Bundesrat, nein, das hätten wir nicht ausgehalten. Bei zwei Koryphäen vom selben Kaliber hätten wir in der Fraktion nichts mehr zu sagen gehabt», belehrte mich Alois Hürlimann.

Uns war wieder einmal ein Bundesrat gewählt worden, den nicht wir vorgeschlagen hatten. Deshalb wurde Ritschards Wahl sehr distanziert aufgenommen, um es milde zu formulieren. Bei der Vereidigung verliessen zwei Genossen sogar den Saal. Später ärgerten sich die Bürgerlichen. Kurt Furgler beklagte einmal in seiner Fraktion, wie man mir zugetragen hatte: «Wir haben der SP ja diese populäre Lokomotive geschenkt.»

Der anfänglich Ungeliebte hat uns schnell versöhnt. Nicht zuletzt mit einem überraschenden und wohl einmaligen Schachzug. Nämlich, als Ritschard den Schriftsteller Peter Bichsel zu seinem persönlichen Mitarbeiter ernannte. Auf uns in der Fraktion wirkte das, als ob er eine Lebensversicherung abgeschlossen hätte. Nun konnte ihm nichts mehr passieren, «er hat ja den Peter an seiner Seite».

Bichsels Einzug im Bundeshaus darf ruhig als nationales Ereignis notiert bleiben. Die ihn gewählt hatten, wussten nun: Mit Bichsels Wahl hat ihr neuer Kollege das Parteibuch nicht etwa an der Garderobe, sondern ein klares politisches Bekenntnis abgegeben.

Peter Bichsel schreibt Geschichten. Über Menschen, denen er begegnet, die er kennt, mit denen er zusammensitzt. Er stellt sie uns vor. Offensichtlich ist er ein guter Beobachter und Menschenkenner. Nach der Lektüre kommen sie mir wie alte Bekannte vor. Bichsel vereinnahmt mich mit seiner Schreibkunst auf ganz seltsame Weise.

Ganz stark finde ich, wie er Politik analysiert. Wenn er die SVP durchleuchtet, resultiert als Ergebnis: «Blocher will die ganze Schweiz.»

Bichsel hat ein wunderbares Buch geschrieben: ‹Des Schweizers Schweiz›. Er bekennt, gerne in der Schweiz zu leben. Einmal hat er gesagt, er würde nur anderswo leben, wenn man ihn dazu zwänge. «Ich bin hier geboren, ich bin hier aufgewachsen, ich verstehe die Sprache dieser Gegend. Ich weiss, was ein Männerchor ist. Ich weiss, was eine Dorfmusik ist, ein Familienfest einer Partei. Es ist mir wichtig, Bürger dieses Landes zu sein.»

Dieser Bürger ist unbequem. Bichsel wirft der SVP vor, unsere Demokratie auf Abstimmungen zu reduzieren. Sie funktioniere Abstimmungen in Wahlen um. «Bei ihren Initiativen geht es nicht primär um den Inhalt der Initiativen, sondern um die Wahl der SVP. Die Abstimmung selbst ist die Wahl. Und der SVP ist jedes Mittel recht, diese Wahl zu gewinnen. Denn die Blocher-Partei will den Erfolg. Sie will die absolute Mehrheit in der Schweiz. Und was dann geschehen würde, können wir nur erahnen.»

Bichsels Urteil über den Zustand der Schweiz ist keine erbauliche Lektüre: «Jede neue Sozialmassnahme wird bei uns einmal damit bekämpft, dass man sagt, sie lähme die Privatinitiative.» Privatinitiative sei das Sprungbrett, reich werden zu können. «Die Privatinitiative ist das Recht der Wölfe.»

Bichsel ist ein Phänomen. Er drängt sich nicht nach vorn. Er ist kein Ich-Mensch, der sich öffentlich inszeniert. Gleichwohl steht er dort, wo er hingehört: im Schaufenster der Schweiz.

Zu wissen, Bichsel war politischer Berater von Willi Ritschard, empfand ich kolossal beruhigend. Zwei politisch Gleichgesinnte waren dennoch ein ungleiches Paar. Der eher gutgläubige Willi Ritschard brauchte den weniger zuversichtlichen, den kritischeren Peter als ‹Klagemauer›. Das war kein einfacher Job. Der emotionale Mensch Ritschard genoss Streicheleinheiten, reagierte auf Kritik eher dünnhäutig. Dennoch musste ihm Bichsel regelmässig darlegen, für was er seinen Bundesrat loben könne und wofür eher nicht. Es müssen sich dabei filmreife Szenen abgespielt haben.

Ritschards Hobby war das Wandern. Anders Bichsel, alles Sportliche ist ihm eher zuwider. Über das Wochenende war er dennoch oft mit Willi unterwegs. Nicht unbedingt, um die Natur zu geniessen, vielmehr, um Ruhe und Zeit für Gespräche zu haben. Zum Beispiel über den ‹Fall Kaiseraugst›, den ich an anderer Stelle bereits erwähnt habe. Für schweizerische Verhältnisse glich die Besetzung des AKW-Geländes in Kaiseraugst vom 1. April 1975 fast schon einer Revolution, zumindest einem Aufstand gegen den Rechtsstaat. Dass die Bauherrschaft ihre Bagger abziehen und auf die Aushubarbeiten verzichten mussten, löste im Bundeshaus Empörung gegen diesen «Pöbel» aus. Der Aargauer SP-Regierungsrat Louis Lang hätte das Gelände noch so gerne mit der Polizei geräumt. «Aber die 238 Mann, der mit dem Holzbein mitgezählt, reichen nicht aus», jammerte er mir ins Telefon. Kein Kanton kam ihm zu Hilfe. Da spielten bürgerliche Bundesräte mit dem Gedanken, die Armee einzusetzen. Ritschard konterte diesen Plan mit dem Gesprächsangebot an die Besetzer.

Solche Entscheidungen haben die zwei miteinander durchdiskutiert. Im Nachhinein wäre der Einsatz von militärischer Gewalt gegen die in der Region von links bis rechts unterstützten AKW-Gegner staatspolitisch eine Katastrophe gewesen. Bichsel darf stolz sein, womöglich noch Blutvergiessen mit verhindert zu haben.

1979 wechselte Ritschard vom Energie- und Verkehrsdepartement ins Finanzdepartement – das auf dringenden Wunsch seiner Kollegen. Georges-André Chevallaz war als Finanzminister ins Militärdepartement strafversetzt worden. Dem Waadtländer waren alle seine Finanzvorlagen vom Stimmvolk abgelehnt worden. Die kollegiale Fürsorge ging so weit, dass ihm Instruktionen erteilt wurden, wie er sich nach einer Niederlage bei der Pressekonferenz am Abstimmungssonntag zu verhalten habe: «Mach wenigstens ein ernstes Gesicht und lach nicht wieder so blöd.» Jetzt wissen wir, woher der Name ‹Kollegialsystem› kommt.

Willi Ritschard wäre gerne Finanzminister gewesen. Wäre. Wenn da nicht der Frust gewesen wäre. Peter Bichsel hat oft erzählt, eigentlich sei Willi als Finanzer unglücklich gewesen. Die gleichen Bürgerlichen, die ihn unbedingt als Finanzminister haben wollten, hätten alles getan, damit er erfolglos geblieben sei. Dermassen konsequent, dass er und auch Bichsel darunter gelitten hätten. Als Finanzminister habe Ritschard mehr Reden denn je gehalten. Für Bichsel war das die Flucht aus der Enttäuschung heraus gewesen.

Typisch für Peter Bichsel ist Folgendes. Der Schriftsteller hat bis heute keine Erlebnisse als Bundesratsberater veröffentlicht. An sich wären alle Voraussetzungen gegeben, aus dieser Zeit einen politisch-literarischen Knüller, wie man sagt, zu veröffentlichen. Mit garantiertem Erfolg. Fast jeder andere an Bichsels Stelle würde sich so viel Enthaltsamkeit nicht leisten wollen. Er schweigt. Wohl seinem Freund Willi zuliebe. Aus Respekt vor dem einmaligen Vertrauensmandat.

So ist er halt.

Der miese Kerl aus Rom

1912 fand im Basler Münster ein internationaler Sozialistenkongress statt. Es war der verzweifelte Versuch, den sich abzeichnenden Krieg zwischen den europäischen Grossmächten noch abzuwenden. Die prominenten Referenten appellierten an die Arbeiterschaft, den Kriegsdienst zu verweigern. Diese Hoffnung endete in den Massengräbern des Ersten Weltkrieges. Die Arbeiter folgten 1914 dem Mobilmachungsbefehl sowohl in Berlin als auch in Paris.

1982 hatte Willy Brandt als Vorsitzender der SI, der Sozialistischen Internationale, zu einer Tagung nach Basel eingeladen. Mit dem Auftrag an die SP Schweiz, im Münster eine Gedenkfeier für den Sozialistenkongress zu organisieren. Schauspieler des Stadttheaters stellten Szenen von 1912 nach. Dazu kamen Reden von Willy Brandt, Bundesrat Willi Ritschard und mir als SP-Präsident.

Einmal mehr setzte sich an den SI-Sitzungen in Basel der Italiener Bettino Craxi unangenehm in Szene. Er präsidierte die Sozialistische Partei. Daneben gab es in Italien noch die KP, die Kommunistische Partei, sowie die Sozialdemokraten.

Craxi erschien an der ersten Sitzung wie meistens zu spät. Dafür begleitet von einem Fernsehteam. Er befolgte die Devise, wer verspätet eintrifft, fällt auf. Bei erstbester Gelegenheit verlangte er das Wort, wiederum gefilmt vom italienischen Fernsehen. Von da an hatte er sich von uns anderen verabschiedet.

Craxi unterhielt sich draussen nur noch mit Medienleuten. Ihm ging es bei einer solchen Tagung nur um die persönliche Präsenz am Bildschirm und um möglichst zahlreiche Interviews in der Presse.

In Basel lebte schon damals zahlenmässig eine grosse und politisch aktive italienische Kolonie. Die KP stellte von den drei Linksparteien auch in Basel die stärkste Sektion. Mit Michele Parisi als Generalsekretär. Bekam er aus Rom hohen Genossenbesuch, suchte er das Gespräch mit mir als SP-Präsident, weniger mit der moskauhörigen PdA, der Partei der Arbeit. Die KP Italien hatte sich schon früh von der Moskauer Vorherrschaft befreit und steuerte einen eigenständigen nationalen Kurs. Heute ist Michele Parisi Wirt des Kultrestaurants ‹Zum Schmalen Wurf› am Rhein.

Die italienischen Sozialisten hatten für ihren Genossen Bettino Craxi im Volkshaus zu einer Kundgebung eingeladen. Der Saal war platschvoll. Im Vorraum erwartete ein Empfangskomitee den grossen ‹compagno› mit vielen Geschenken.

Und dann dieses Fiasko.

Als Versammlungsleiter wartete ich mit den etwa tausend Anwesenden ungeduldig auf den berühmten Referenten. Mit 45 Minuten Verspätung war Craxi endlich im Taxi vorgefahren. Er eilte grusslos an allen Genossen in Richtung Rednerpult vorbei. Ohne sich für die Verspätung zu entschuldigen, absolvierte er seine einstündige Rede wie ein lästiges Pflichtprogramm. Zeit für eine Diskussion hatte er nicht. Bettino Craxi verliess den Saal so, wie er gekommen war: ohne auch nur einen seiner Landsleute gegrüsst, geschweige denn mit ihm geredet oder ihn wenigstens umarmt zu haben. Er stieg ins Taxi ein, und weg war er.

Ich fühlte mich fassungslos wie kaum je einmal. Die Genossen vom Empfangskomitee, die sich auf diesen Abend gefreut hatten, hockten da wie bestellt und nicht abgeholt. Einige weinten, andere waren wütend, Dritte schienen wie gelähmt zu sein.

Meine innere Stimme meldete sich: «Dieser Sauhund.» Craxi zeigte nicht das geringste Gespür für seine Landsleute in der Fremde. Er behandelte sie wie den letzten Dreck.

Zumindest hatte sich dieser miese Kerl nicht verleugnet. Als Ministerpräsident wurde Craxi zum Steigbügelhalter für Silvio Berlusconi, indem er ihm Teile des staatlichen Radios und Fernsehens überliess und damit Berlusconi ermöglichte, sein Medienimperium aufzubauen, das er für seine Politik missbrauchte. Craxi wurde für diesen Liebensdienst reichlich belohnt. Seine letzten Jahre verbrachte er in Tunis, sonst wäre er im Gefängnis gelandet.

Was wir mit ihm in Basel erlebt hatten, war Craxi live: rücksichtslos und korrupt.

Ein Russe im Berner Warenhaus Loeb

Ich lernte Dimitri, den Nachnamen habe ich vergessen, in Moskau kennen, als eine SP-Delegation 1988 die Sowjetunion besuchte und er uns betreute.

Seit 1985 herrschte Michail Gorbatschow als Partei- und Staatschef und entzückte uns mit seinen Reformen. Die Russen entzückte er weniger – schon gar nicht mit dem Wodkaverbot. Dimitri fand das eine Schnapsidee. Er erklärte uns, wie wir ihm helfen konnten: Für Westbesucher und für die Parteibonzen galt das Verbot nicht. In Spezialläden standen Wodkaflaschen für sie bereit.

Jedenfalls bleibt die Fahrt im Schlafwagen nach Kiew in vergnüglicher Erinnerung. Im Abteil nebenan fuhr ein Pope mit, der sich zu uns setzte. Der Gottesmann liebte Wodka und soff munter mit. Er und Dimitri hätten die drei Flaschen problemlos alleine geleert.

Dimitri unterhielt uns mit seiner Geschichte mit dem Hochzeitskleid. Seine Tochter wollte heiraten. Im kommunistischen Regime war Mode ein Fremdwort. Da Dimitri vorhatte, in die Schweiz zu reisen, hatte er von der Familie den Auftrag gefasst, für seine Tanja ein Hochzeitskleid mitzubringen. Dimitri hatte sich im Warenhaus Loeb in Bern umgeschaut. Die Auswahl sei für ihn überwältigend gewesen, meinte er. Die Preise allerdings ebenfalls. Sie lagen ab 1200 Franken aufwärts. Da konnte er mit seinen 150 Schweizerfranken einpacken. Hatte er gedacht. Die Verkäuferin hatte ihn im Auge behalten. Ein Russe aus Moskau, der erst noch perfekt Deutsch sprach, war damals eine mittlere Sensation. Sie hatte seine Enttäuschung gespürt und die Abteilungsleiterin geholt. Um es kurz zu machen: Die beiden Frauen packten für Dimitri ein Hochzeitskleid ein, das 1350 Franken gekostet hätte – für ihn 150 Franken. So herzlich sei er noch nie verabschiedet worden, und so glücklich habe er nie mehr ein Warenhaus verlassen.

François Loeb vertrat damals die FDP im Nationalrat. Ich erzählte ihm Dimitris Geschichte und wollte wissen, wie ein solcher Rabatt möglich sei. Seine Antwort verblüffte mich: «Wenn die Abteilungsleiterin findet, sie könne ein solches Geschäft verantworten, darf sie das, sie hat dafür die Kompetenz.»

In den Loeb-Personalnachrichten erschien dann diese Story als doch nicht alltäglicher ‹Knüller›.

Eine Frau mit Standvermögen

Sie strahlt Wärme aus, Herzlichkeit, selbst ihre Strenge hat etwas Charmantes. Ich schreibe über Bundesrätin Ruth Dreifuss.

An ihr ist vieles ungewöhnlich. Ihre Wahl in den Bundesrat ist ohne Beispiel. Die SP-Fraktion hatte die Genfer Ständerätin Christiane Brunner für die Nachfolge von Aussenminister René Felber nominiert. Die bürgerliche Mehrheit der Bundesversammlung wählte aber den Neuenburger Nationalrat Francis Matthey. Dieser nahm die Wahl nicht an, sondern verlangte eine Woche Bedenkzeit. Was in den bürgerlichen Reihen mit hörbarem Missvergnügen quittiert wurde. Es herrschte nach dem zweiten Mittwoch in der Frühjahrssession 1993 dicke Luft im Bundeshaus. Zehn Jahre vorher hatte sich Ähnliches abgespielt. Die Bürgerlichen wählten nicht die offizielle Kandidatin Lilian Uchtenhagen, sondern Otto Stich. Ein zweites Mal hätten wir uns nicht wieder eine Frau abservieren lassen. Das wusste der gewählte Francis Matthey, weshalb er sich Bedenkzeit ausbedang.

Dass die Bürgerlichen im zweiten Wahlgang doch noch Christiane Brunner wählen würden, mussten wir ausschliessen. So kam Ruth Dreifuss ins Spiel. Es ging dann zu wie beim Transfer eines Fussballers. Ruth Dreifuss wohnte in Bern. Um wählbar zu sein, wurden ihre Papiere in Rekordzeit nach Genf transferiert. Pro Kanton war nur ein Bundesrat zugelassen, den Berner Sitz belegte Adolf Ogi aus Kandersteg, der dann noch ungewollt eine wichtige Rolle spielte.

Wir beschlossen für den zweiten Wahlgang ein Zweierticket: Christiane Brunner und Ruth Dreifuss. Gewählt wurde Dreifuss.

Für die Bürgerlichen war das im Blindflug geschehen. Fast keiner hatte die neue Bundesrätin gekannt, die meisten nicht einmal dem Namen nach. Ruth Dreifuss hatte viele Jahre im Ausland für die Entwicklungshilfe gearbeitet, dann das Dossier ‹Internationales› beim Schweizerischen Gewerkschaftsbund übernommen. Sie verlegte ihren Arbeitsplatz vorwiegend nach Genf, wo sie den Gewerkschaftsbund bei verschiedenen internationalen Organisationen vertrat und auf der schweizerischen Politbühne kaum bis gar nicht präsent war. Selten dürfte ein Mitglied des Bundesrats gewählt worden sein, das den meisten vorher völlig unbekannt war. Nachdem Francis Matthey seine Kandidatur zurückgezogen hatte, folgte kein Störmanöver mehr.

Wer neu gewählt wird, dem wird das übriggebliebene Departement zugeteilt. Im Kalten Krieg war es regelmässig das EMD, das Eidgenössische Militärdepartement, gewesen. Obschon damals die Armee bei den Bürgerlichen unter Heimatschutz stand, wechselte praktisch jeder bei der erstbesten Gelegenheit in ein anderes Departement. SVP-Bundesrat Rudolf Gnägi hielt mit sieben Jahren Chef EMD den Rekord – bis ihn Ueli Maurer überholt hat.

Ruth Dreifuss übernahm dank Adolf Ogi ihr Wunschdepartement. Die CVP-Bundesräte Arnold Koller und Flavio Cotti wollten beide in das Departement für auswärtige Angelegenheiten wechseln. Bundespräsident Ogi verlangte, sie sollten sich absprechen: «Wir brauchen nicht zwei Aussenminister.» Das schafften die beiden nicht. Ogi schickte sie dann zweimal aus der Sitzung des Bundesrats hinaus. Mit dem Auftrag: «Einigt euch.» Sonst müsse halt er entscheiden.

So kam es dann auch: Aussenminister werde Cotti, Koller bleibe Justizminister, entschied Adolf Ogi. Mit der Begründung, Ruth Dreifuss sei als Nicht-Juristin das Justizdepartement nicht zuzumuten. Der Gentleman aus Kandersteg hat das richtig entschieden. Bei Simonetta Sommaruga blieb so viel kollegiale Rücksichtnahme auf der Strecke. Sie ist seit hundert Jahren als Nicht-Juristin als Erste dort, wovor Ogi Ruth Dreifuss verschont hat.

Zwanzig Jahre nach Hans Peter Tschudi war das Sozialdepartement wieder in SP-Hand. Mit einem gewaltigen Unterschied. Tschudi regierte in einer Zeit der vollen Bundeskasse. Ruth Dreifuss übernahm das Departement des Inneren in einer Zeit der Wirtschaftskrise. Der Bund schrieb rote Zahlen. Kaum war sie im Amt, begann die politische Rechte den Angriff auf den Sozialstaat mit dem Kampfruf «Deregulieren, liberalisieren, privatisieren». 1995 plakatierten die Neoliberalen ihr Programm: «Mut zum Aufbruch». Fast zwei Dutzend Konzernbosse und andere Elefanten aus der Wirtschaft forderten die Macht im Land. Weniger Staat und viel mehr Markt, so die Devise. Öffentliche oder halböffentliche Betriebe sollten privatisiert werden: Post, SBB, Swisscom, Spitäler, Schulen, Universitäten, Radio und Fernsehen, Wasser- und Stromversorgung. Kehrichtabfuhr und, und.

Während Tschudi den Sozialstaat ausbauen konnte, musste Ruth Dreifuss als Sozialministerin ihr Hauptgewicht darauf verlegen, Erreichtes zu verteidigen und zu halten. Dafür war sie ein Glücksfall. Mit einem phänomenalen Standvermögen. Mental, ideologisch und politpragmatisch.

Die vollschlanke Frau mit ihrem bodenständigen Naturell scheint mit ihrer inneren Ruhe fest verankert zu sein. Mich nähme wunder, ob es Situationen gibt, in denen sie um ihre Haltung ringt. Erlebt habe ich sie so nie.

Jede Begegnung mit Ruth Dreifuss hinterlässt ein wohliges Gefühl. Ihre Nähe tut gut. Es ist diese unkomplizierte, zugleich dezidierte und erst noch liebenswürdige Art, die fasziniert. Ob sie sich mit dem Buschauffeur unterhält, ob sie gegenüber einem bürgerlichen Ständerat ihre Sozialpolitik verteidigt oder ob sie dem Partei- und Staatschef aus China die schweizerische Demokratie erklärt, macht für sie keinen grossen Unterschied.

Politische Gegner beklagten sich bei mir etwas über sie. Nicht, weil sie ausfällig geworden wäre, sie heisst ja nicht Blocher. Einer gestand mir, sie pariere seine Attacken geradezu freundlich und schlage mit sanfter Härte zurück, das bestens gelaunt, er komme ihr einfach nicht bei.

Im amerikanischen Parlament wird, um etwas zu verhindern, endlos geredet. Man sagt dazu «Filibustern». Diese Taktik beherrschte Ruth Dreifuss gekonnt. Wenn es sein musste, langweilte sie ihre Gegner ausgiebig mit Zahlen, mit Statistiken, mit Zitaten aus Gutachten, mit Argumenten noch und noch und wiederholte das Ganze etwas anders formuliert noch einmal. Nötigenfalls ein drittes Mal.

Ein Freisinniger meinte: «Es ist schwer, das zu ertragen, irgendwann gibst du auf. Man wird mit dieser Dreifuss einfach nicht fertig.»

«I mache eifach mini Büez», hat sie mir einmal gesagt. Für Nichtberner: «Ich mache einfach meine Arbeit.»

Unter denkbar ungünstigen Bedingungen hat Ruth Dreifuss den Sozialstaat gut über die Jahre gebracht. So erfolgreich, dass nach ihrem Rücktritt unsere rechte Konkurrenz beteuerte, nun sei es an der Zeit, das sozialpolitische Ruder herumzuwerfen, um wieder eine bürgerliche Politik zu machen. Der freisinnige Wirtschaftsminister Pascal Couchepin wechselte demonstrativ ins Departement des Inneren, um als Sozialminister die nötigen Korrekturen vorzunehmen.

Couchepin legte gleich los und propagierte das AHV-Alter 67. Dafür fand er nicht einmal in seiner eigenen Partei Zustimmung.

Dann arbeitete er die noch von Ruth Dreifuss verfasste «Botschaft zur 11. AHV-Revision vom 2. Februar 2000» um, nach dem Motto, weniger sei mehr. Im Parlament bekam er dafür eine Mehrheit. SP und Schweizerischer Gewerkschaftsbund reichten dagegen das Referendum ein. In der Volksabstimmung von 2004 wurde die Vorlage mit einer Zweidrittelmehrheit bachab geschickt. Von da an war dem Walliser, den ich überaus schätze, die Sozialpolitik verleidet. Er übergab das Dossier seinem Nachfolger Didier Burkhalter.

Der Neuenburger nahm einen neuen Anlauf und präsentierte eine 11. AHV-Revision nach bürgerlicher Façon. Sie wurde bereits im Nationalrat versenkt. Von der unheiligen Allianz SVP–SP. Der SVP fehlten massivere Abstriche, für die SP blieb zu wenig Fleisch am Knochen. Burkhalter war mit seinem sozialpolitischen Latein bereits am Ende. Er wechselte in die Aussenpolitik. Nun ist SP-Bundesrat Alain Berset der Dritte, der diese 11. AHV-Revision realisieren soll. Inzwischen sind fünfzehn Jahre vergangen. So lange steckt sie im politischen Stau.

Fazit: Die nach Ruth Dreifuss lautstark geforderte bürgerliche Sozialpolitik ist kläglich gescheitert. Unser politisches System ist mühsam. Um etwas Neues durchzusetzen, braucht es viel Zeit. Umgekehrt ist das System recht resistent gegen Abbaugelüste. Das Volk hat das letzte Wort. So schnell lässt es sich seine AHV nicht zurückdrehen. Mit dieser Erkenntnis fällt der Leistungsausweis von Bundesrätin Ruth Dreifuss noch etwas eindrücklicher aus.

Mein Doppelgänger

«War es schön auf Rhodos?», überfiel mich in meinem Stammcafé ‹Bachmann› in Basel ein wildfremder Mann. Ich sei noch nie auf dieser Insel gewesen, stellte ich fest. Aber er habe mich ja gesehen, wiederholte er sich. Leicht gereizt gab ich zurück: «Ich weiss doch, wo ich Ferien mache und wo nicht.»

Mister Unbekannt wusste es besser. Wie sein Name sei, fragte ich. Der habe damit nichts zu tun, wimmelte er mich ab. Das stimmte mich hässig, ich möchte gerne wissen, mit wem ich mich unterhalten soll. Dann liess er die Katze aus dem Sack: «Ich verstehe Sie ja gut, dass Sie nicht gerne über Rhodos reden. Sie waren nicht mit Ihrer Frau dort, sondern mit einer etwas jüngeren Blonden.» Seine Miene und sein schäbiges Lächeln verrieten: «Gell, dich habe ich erwischt.» Das Gespräch wurde sinnlos, der Herr behauptete stur weiter, ich müsse auf Rhodos gewesen sein.

Gute zehn Jahre später folgte die Fortsetzung. Ich fuhr im letzten Zug von Bern nach Basel, rauchte Pfeife und las Zeitung. Mein Gegenüber hatte ich nicht beachtet. Kurz vor Burgdorf sprach er mich an: «Entschuldigung, darf ich Sie stören. Mein Name ist Meister, ich wohne in Binningen und bin Ihr Doppelgänger.» Er habe lange im Ausland gelebt, zuletzt zwölf Jahre in Südafrika. Nach seiner Rückkehr sei er ein fremder im eigenen Land gewesen. «Ich kannte praktisch niemanden mehr. Zum Glück bin ich regelmässig als ‹Nationalrat Hubacher› angesprochen worden. So lernte ich Leute kennen und habe ein paar dauerhafte Bekanntschaften gemacht.»

Nun schauten wir uns genauer an, standen auf. Wirklich: Grösse, Statur, Kopfform, Haare, Alter glichen sich wie ein Ei dem anderen. Es war, als ob ich mir selbst begegnet wäre.

Plötzlich fiel mir Rhodos ein. «Machen Sie Ferien auf Rhodos?» – «Ja, immer wieder.» – «Allein oder mit der Partnerin?» – «Mit meiner Frau.» – «Ist sie blond?» – «Ja, wieso interessiert Sie das?»

Ich erzählte ihm meine Geschichte.

Mister Unbekannt vom Café ‹Bachmann›, lesen Sie mich?

So falsch lag er ja nicht. Er hatte auf Rhodos meinen Doppelgänger gesehen.

Es gibt noch eine Pointe. Kürzlich trat eine Frau im Restaurant ‹Bodega› beim Barfüsserplatz in Basel an meinen Tisch: «Wir kennen uns doch.»

Sie müsse mir helfen, ich hätte im Moment eine Gedächtnislücke, verbarg ich meine Verlegenheit.

«He, wir sind uns doch auf den Malediven begegnet.»

Aha, schon wieder mein Doppelgänger, dem Ferienprofi hatte es auch der Indische Ozean angetan. Nein, ich war auch noch nie auf den Malediven. Die Frau mochte es kaum glauben, dass es nur der Doppelgänger gewesen sein sollte.

Fazit: Als Politiker wird man(n) beobachtet.

Der Theatermacher

Mich nähme ja schon wunder, ob ein Theater, wie es Werner Düggelin von 1968 bis 1975 in Basel auf die Bühne zauberte, in der heutigen Zeit überhaupt noch möglich wäre. Es herrschte Aufbruchsstimmung; Düggelin, kurz der ‹Dügg›, lieferte Ereignisse, die Stadtgespräch wurden. Die uns begeisterten und andere auf die Palme brachten.

Düggs Theater vergleiche ich mit einem gesellschaftspolitischen Labor. Das konventionelle Theater mit Oper, Schauspiel, Ballett brillierte künstlerisch. Daneben standen aktuelle Ereignisse oder Dramen aus dem Zeitgeschehen auf dem Spielplan.

Als Beispiel nenne ich den Chile-Abend. Als Gedenkanlass für den 1973 vom US-Geheimdienst CIA ermordeten linksdemokratischen Regierungschef Salvador Allende. Mit dem faschistischen Diktator Pinochet als dessen Nachfolger, der Tausende unbequeme

Demokraten hinrichten liess. Und dessen politisches Credo lautete: «Die Demokratie ist die beste Brutstätte des Marxismus. Darum wird sie von Linken auch so hartnäckig verteidigt.»

Mir ist dieser Theaterabend als Requiem für Demokratie und Freiheit in Erinnerung geblieben.

1968 erkämpften in Prag Reformkommunisten unter Führung von Alexander Dubček den ‹Prager Frühling›. Die stalinistischen Moskauhörigen wurden als Machthaber vom Aufstand weggefegt. Die Moskauer Führung schaute nicht lange zu: Sowjetpanzer walzten den ‹Prager Frühling› brutal nieder. Mit Max Frisch als Hauptredner führte das Theater eine Protestkundgebung durch.

Es waren solche Extras, die dem Theater einen innovativen Schub verliehen. Dügg brauchte sich als Intendant über mangelndes Interesse nicht zu beklagen. Immer wieder sorgte sein Theater für öffentliches Aufsehen.

Düggelin war es gelungen, das Theater über das Stammpublikum hinaus zu öffnen. Scheinbar Nebensächliches hat dabei geholfen. Die Kleiderordnung wurde entstaubt, Jüngere besuchten die Vorstellungen auch in Jeans und ohne Krawatte. Damals herrschte selbst für die ‹Küchlin›-Bar in der Steinenvorstadt Krawattenzwang.

Die Kassiererin hatte dieses Accessoire gegen eine Gebühr ausgeliehen, sonst hätte sie mich nicht hereingelassen.

In Basel formierte sich Einmaliges. Im alten ‹Joggeli›-Fussballstadion hatte Helmut Benthaus für frischen Wind gesorgt. Nach einer langen Durststrecke führte er als Trainer den FCB, den FC Basel, von einem Erfolg zum nächsten.

Er und Dügg brauchten Geld. Zusammen lancierten sie die FCB-Theater-Lotterie. Sehr erfolgreich. Das Theater profitierte von der breit abgestützten Allianz besonders. Es streifte den Geruch des Elitären allmählich ab.

Düggelins Herkunft könnte nicht bodenständiger sein. Aufgewachsen ist er in Siebnen am Zürichsee, Kanton Schwyz. Das Dorf zählte 1200 Einwohner, 17 Beizen, viele Bauern. Bei denen lernte er jassen. Mit allen Tricks und Unterzügen, die dazugehören. Dügg ist ein gefürchteter Jasser. In Siebnen hat er mal eine Kuh herausgespielt, die bei einem Bauern in Pension stand. Etwas Bäuerisches hat er mitgenommen. Das dürfte ihn ermutigt haben, Bewährtes zu pflegen, Neues zu riskieren. Mit der Begabung, Unwichtiges souverän wegzulassen.

Düggelin ist ein Menschenfischer. Mit dem Auge für Talente. Mit dem Gespür, Künstler zu fördern und zu Hochleistungen zu fordern. Er liebt sie, seine Künstler und Mitarbeiter, darum gehen sie für ihn durchs Feuer. Im Umgang mit uns Alltagsmenschen gibt er sich nicht intellektuell, sondern ‹stinknormal›, als der Jasser aus Siebnen. Er hat eine derbe Art, mit Scheinheiligen, mit Schmeichlern, Heuchlern, Opportunisten, Angebern und ähnlichen Typen umzugehen. Sie landen schnell in der Kategorie mit dem grossen A im Loch.

Für Düggelin ist die Emmentaler Theaterbühne in Langnau genauso gute Kunst wie seine auf der grossen Bühne. Begeistert ist er, wenn bei der Ländlerkapelle von Emmenmatt vom Grossätti bis zum Urenkel alle wie die Herrgöttli spielen, obschon keiner Noten lesen kann. Dügg ist einer, den der Erfolg nicht überheblich macht.

Ein blasierter Etepetetetyp aus dem Verwaltungsrat antwortete auf meine Frage, wie er Düggelin finde: «Ja, er grüsst auch die Putzfrau.» Damit war er für ihn disqualifiziert.

Nach grossen Premieren trafen sich Eingeweihte im Haus von Joggi Oeri, einem der grossen Roche-Aktionäre, Grossrat der Liberal-demokratischen Partei. Das Besondere daran: Eingeladen wurden Theaterliebhaber des aufgeklärten Bürgertums und die linke Szene. Das ist in Basel möglich, in anderen Städten der Deutschschweiz wäre das, meine ich, schwer vorstellbar.

Die legendäre Maja Sacher, Gattin des Dirigenten und Mitbesitzers von Roche, pflegte ihren eigenen Stil. Nach einer für sie grossartigen Aufführung machte sie Düggelin, wie sie sagte, «ein kleines Geschenk». Es sah aus wie eine Schachtel Pralinés. Irrtum, es war ein Helgen. Als ihn mal der Galerist Felix Handschin besuchte, reagierte der mit einem grossen Hallo: «Läck, woher hast du dieses Bild?» Dügg erzählte es ihm. «Weisst du, was es wert ist?», hakte Handschin nach. «Keine Ahnung.» – «Etwa hunderttausend Franken.»

Die ‹Basler Zeitung› vom 5.11.2015 beschrieb einen Arbeitstag des 85-jährigen Regisseurs: «Stille im Zuschauerraum. Probenbeginn. In der ersten Reihe sitzt Düggelin, neben sich einen kleinen Tisch mit Manuskript, Kaffeetasse und einer Schale voller Salzbretzel. Er beobachtet. Plötzlich schlägt seine Hand mehrmals auf den Tisch. Ist etwas nicht in Ordnung? Die Schauspielerin Imogen Kogge lässt sich nichts anmerken und spielt weiter. Unverhofft geht Düggelin auf die Bühne und beobachtet die Schauspielerin von Nahem. Er verwirft die Hände, verdreht die Augen, schaut nach oben in den Schnürboden. Und dann dies: Düggelin dreht sich um, kehrt zurück zu seinem Stuhl und sagt leise: ‹Sehr schön.› Es ist ein ganz eigener Dirigiercode, den Düggelin in seiner Regiearbeit einsetzt. Das Auf-den-Tisch-Hauen steht für Applaus.»

Der unermüdliche Theatermacher sagt: «Ich mag das Alter nicht. Wer sagt, der Zerfall des Körpers sei schön, hat einen Knall.» Der Lebemensch spürt den Jahrgang: «Ich liebe das Essen und das Trinken; es hat mich ruiniert, mein Leben lang, finanziell meine ich.»

Als er mit 37 Jahren Direktor des Stadttheaters wurde, sollte er in die Pensionskasse des Staatspersonals aufgenommen werden. Alle Beschäftigten waren dort versichert. Dügg weigerte sich mit der Begründung, er sei kein Beamter. Es brauchte extra einen Beschluss des Regierungsrats, davon abzusehen. Wie ein Beamter versichert zu sein, hätte ihn mental belastet. Er tauschte soziale Sicherheit gegen seine absolute Unabhängigkeit ein.

Düggelin hat nach Basel kein anderes Theater mehr geleitet. An Angeboten hätte es nicht gemangelt. Seither ist er freischaffender Regisseur. Das erfolgreich. Die sieben Jahr als Intendant in Basel dürften für ihn zu den schönsten zählen. Lange ist es her, «uhuere lang», würde Dügg sagen. Für uns war's eine grandiose Zeit.

Der konservative Liberale

Berührungsängste mit bürgerlichen Politikern habe ich nie gehabt. Erstens soll man den politischen Gegner kennenlernen, zweitens sind Gespräche lehrreich.

CVP-Nationalrat Paul Eisenring gehörte dem konservativen Flügel an. Wenn er ans Mikrofon trat, um die Wirtschaftspolitik der CVP zu erklären, hörten wir ihm zu. Er redete nicht nur, Eisenring hatte auch etwas zu sagen.

Als Journalist, später als Verleger der ‹Schweizerischen Handelszeitung› war er ein eloquenter und nicht ungern ein bärbeissiger Kommentator. Er präsidierte den Verband der Warenhäuser in der Schweiz und gehörte dem Verwaltungsrat von BBC, heute ABB, an.

Fast wie ein Hobby pflegte er im Rat noch als Spezialgebiet Landwirtschaftspolitik. Eigentlich hat es nur zwei Nationalräte gegeben, die über diese agrarpolitische Planwirtschaft den Überblick hatten: Walter Biel vom Landesring und Otto Stich von der SP. Biel arbeitete bei der Migros, Stich bei Coop. Sie hatten in ihren

Unternehmen die real existierende Bauernpolitik mitbekommen und konnten aus der Praxis schöpfen. Eisenring hat sie studiert und begriffen – womit im Rat drei kompetent mitreden konnten. Wir anderen kapierten zu wenig oder noch weniger.

Ich versuchte, zu den dreien aufzuschliessen, und sprach beim Bundesamt für Landwirtschaft vor. Mit dem Begehren, mir sämtliche Gesetze, Verordnungen, Erlasse oder, was immer an Paragrafen existierte, auszuhändigen. Der Papierhaufen wog um die zweieinhalb Kilo. Die deponierte ich im Plenum auf dem Rednerpult als Beweis, was uns zugemutet wurde: über Tausende Seiten Bescheid zu wissen. Ein Detail ist mir geblieben: Allein die «Hackfleischverordnung» umfasste neun A4-Seiten. Die Lust, mich einzuarbeiten, war mir vergangen.

Paul Eisenring und ich gingen nicht jede Session miteinander essen, aber immer wieder. Ich bekam viele Informationen aus der Wirtschaft, er interessierte sich für Reaktionen von den Gewerkschaften. Der als Erzkonservativer abgestempelte Eisenring war ein überaus offener Gesprächspartner.

23 Jahre lang sassen wir beide zusammen im Nationalrat. Uns verband ein ‹Lieblingssport›: Zwischenrufe. Im Deutschen Bundestag gehören sie zur Politkultur. Herbert Wehner war dafür berühmt-berüchtigt geworden. Bei uns sind Zwischenrufe eher unüblich, wenn nicht gar ungehörig, so meine Erfahrungen.

Paul Eisenring machte sich als ‹Lästermaul› einen Namen. 1987 war Arnold Koller, ‹Noldi› genannt, zum Bundesrat gewählt worden. Eisenring knurrte halblaut vor sich hin: «Erst kürzlich mussten wir ihn als Fraktionspräsident absetzen, und schon wird er Bundesrat.»

Eisenring gab sich gerne etwas kratzbürstig und versteckte damit das Liebenswürdige.

Ihn hatte seine Parteikollegin Josi Meier genervt. Jene National- und dann Ständerätin, die für das wunderbare Bonmot zeichnete: «Die Frau gehört ins Haus ... ins Bundeshaus.» Paul Eisenring schimpfte, Josi Meier laufe schlecht gekleidet herum. Wie ein «Lumpenlisi». Nur kritisieren genügte ihm nicht: Er ging mit seiner Kollegin Kleider einkaufen. «Damit man sich für dich nicht mehr genieren muss.» Die liebenswürdige Geste sollte dann doch nicht allzu charmant enden.

Der Nullo Sullo

Oreste Fabbri hat mich als Sekretär des Bau- und Holzarbeiterverbandes in die Gewerkschaftsarbeit eingeführt.

In der Ziegelei Allschwil hatte Fabbri eine Arbeiterkommission, AK, durchgesetzt. Zur ersten Sitzung mit der Direktion nahm er mich mit. Daraus wurde für mich eine ganz besondere Lehrstunde.

Wir warteten im Büro des Direktors auf die AK-Kollegen. Der Direktor hatte sie vorher angewiesen, die Schuhe auszuziehen, um seinen schönen Teppich nicht etwa zu verdrecken.

Oreste Fabbri reagierte sofort: «Herr Direktor, es wird erst verhandelt, wenn meine Kollegen die Schuhe angezogen haben.» Der Direktor liess in seiner Verlegenheit als Zeichen der Wiedergutmachung Wein servieren. «Erst nach der Sitzung», stoppte ihn Fabbri.

Fabbri wurde Leiter des Basler Gewerkschaftsbundes, damals ‹Arbeiterbund› genannt. Zugleich schaffte er die Wahl in den Grossen Rat. Die Rolle als Vertreter der Arbeitnehmerschaft war ihm auf den Leib geschrieben. In den Sechzigerjahren demonstrierte er sein Talent als populistischer Redner.

Der italienische Arbeitsminister war zu einer Inspektionstour in die Schweiz angereist. Er besuchte auch Basel. Um abzuklären, ob seine Landsleute, «Gastarbeiter» genannt, auch anständig behandelt würden. Das war dem Oreste Fabbri sauer aufgestossen. Er rechnete im Grossen Rat mit dem Minister aus Rom auf seine Art ab.

«Dieser Nullo, nein, er heisst ja Sullo, soll doch bitte in Italien dafür sorgen, was er von uns verlangt. Die bei uns arbeitenden Italiener sind ja nicht hierhergekommen, weil es ihnen in Italien gut gegangen ist. Sie kommen zu uns, weil sie im eigenen Land arbeitslos waren oder einen schlecht bezahlten Job hatten. Weil dieser Sullo eben eine Nullo ist.»

Eine solche Tirade kam links und rechts, bei den ‹Büezern› und den Arbeitgebern gut an. Basel hatte selten einen so populären Gewerkschaftsführer wie Oreste Fabbri.

Dieser liebte derbe Spässe. Mit drei SP-Freunden gründete er den VSEK, den ‹Verein sozialdemokratischer Ehebruchskandidaten›. Was unseriös aussah, war einfach ein Viererclub, der jedes Jahr eine Auslandreise unternahm. Gerne trieben sie es bunt. In Savona fuhren sie im offenen Auto durch die Stadt, und der Anwalt Jules Goetschel hielt eine faschistische Lobesrede auf den ‹Duce› Benito Mussolini – dermassen penetrant, dass er ausgepfiffen wurde und sie schleunigst abhauen mussten.

Als Sozialdemokrat war Oreste Fabbri ein kompromissloser Demokrat. Er hatte im Zweiten Weltkrieg ‹Fröntler›, das waren Anpasser an Hitler-Deutschland, genauso unbarmherzig bekämpft, wie nach dem Krieg den Sowjetkommunismus und seine Anhänger in Basel.

Ich schliesse mit einem für mich unvergesslichen Vergleich von Fabbri: «Die Demokratie ist zwar die Staatsform der Geduld, aber nicht die des politischen Selbstmords.»

Der Ungeliebte

Nationalrat Pierre Graber aus Lausanne hatte die SP-Fraktion souverän präsidiert. Der ehemalige Stadtpräsident und Waadtländer Staatsrat funktionierte als autoritärer Grandseigneur, dessen Name man mit dem welschen Akzent auszusprechen habe: «Grabeer». Wir alle wussten: Er wollte Bundesrat werden. Partei- und Fraktionsführung sorgten dafür, dass sein Amtsvorgänger Willy Spühler vorzeitig ‹zurückgetreten wurde›. Denn Graber war schon 62 und konnte nicht mehr länger warten. Das machte ihn nicht zum beliebten Genossen.

Pierre Graber übernahm von Spühler die Aussenpolitik. In seinen 23 Jahren als Nationalrat hatte er sich als Finanz- und Sozialpolitiker verdient gemacht. Aussenpolitische Spuren existierten keine. Wir hätten gerne einen versierten Aussenminister gehabt und trauten dem Neuenburger aus der Waadt wenig zu. Nach seinem ersten Amtsjahr kommentierte ich in der Parteipresse seine Arbeit etwas gar schullehrerhaft mit dem provokativen Schlusssatz: «Wenn ich an Pierre Graber denke, bekomme ich Heimweh nach Willy Spühler.»

Von da an behandelte er mich drittklassig. Er redete kaum mehr mit mir, auch nicht, als ich Parteipräsident war. Gegen Kritik reagierte er mimosenhaft empfindlich.

Ich hatte Pierre Graber unterschätzt. Der Machtpolitiker begnügte sich nicht etwa mit der Rolle, als Bundesrat unter ferner liefen wahrgenommen zu werden. Als ausgewiesener Exekutivpolitiker hatte er sich bestens in das neue Amt eingearbeitet. Für die politische Rechte war damals keine Aussenpolitik die beste Aussenpolitik gewesen. Die Schweiz sollte sich als neutrales Land zurücknehmen. Der Aussenminister wäre so die graue Maus im Bundesrat gewesen. Diesen Gefallen tat ihr Graber nicht. Im Rahmen der beschränkten Möglichkeiten zählte er zu den starken Aussenministern.

Ich will nicht weiter über mein Nichtverhältnis zu ihm jammern. Ich hatte es mir selbst eingebrockt und schliesse mit einer einmaligen Story:

Fraktionskollege Alfred Bussey aus Lausanne markierte den Johann. Er trug seinem Genossen Bundesrat die Mappe zu den Fraktionssitzungen. Und hoffte, dereinst sein Nachfolger zu werden. Da zog Pierre Graber den Stecker heraus: «Wer mir die Mappe trägt, wird nicht Bundesrat.»

Das nenne ich brillante Arroganz.

Der Deutsche von Gelterkinden

Am 9. November 1989 hörte die Berliner Mauer auf zu existieren. Das war das Ende der Deutschen Demokratischen Republik, der DDR.

Vorher war der langjährige Partei- und Staatschef Erich Honecker vom Politbüro der kommunistischen SED, der Sozialistischen Einheitspartei Deutschlands, abgesetzt und durch Egon Krenz abgelöst worden.

Kein Jahr später, am 3. Oktober 1990, kam es zur Wiedervereinigung der Bundesrepublik Deutschland mit der DDR.

Die SED war als Staatspartei aufgelöst und in PDS umbenannt worden, in die Partei des demokratischen Sozialismus. In dieser turbulenten Phase besuchte ich in Ost-Berlin Gregor Gysi als PDS-Vorsitzenden. Und zwar im gleichen Büro, in dem uns im Sommer 1982 Erich Honecker als SP-Delegation aus der Schweiz empfangen hatte.

Honecker hatte uns anderthalb Stunden mit seinem Propagandareferat nach der Devise «alles wunderbar» gelangweilt. In den nachfolgenden zwei Stunden beantwortete er unsere Fragen wie ein Roboter. Auch bei den härtesten Vorwürfen veränderte er weder Miene noch Stimme, sondern antwortete im stets eintönigen Singsang, ohne ein einziges Mal emotional zu werden. Links und rechts von ihm sassen je zwei Mitglieder des Politbüros und des Zentralkomitees, ohne auch nur einmal etwas gesagt zu haben. Sie hockten da wie die Ölgötzen. Honecker selbst hätte der Erich Müller nebenan sein können. Seine mühsam angelernte Rhetorik war Mittelmass.

Der Besuch bei Gregor Gysi verlief überraschend. Seine Vorfahren, erzählte er, kämen aus Gelterkinden, hiessen jedoch Gysin. Das kleine ‹n› sei auf dem Weg nach Deutschland verloren gegangen. Ob ich ihm bei der Gemeinde Gelterkinden nicht allfällig noch vorhandene Urkunden beschaffen könnte, so sein Wunsch. Was die Gemeindeverwaltung dann auch kulant erledigt hat.

Gregor Gysi zählt im Deutschen Bundestag zu den Schwergewichten. Als Rhetoriker ist er einsame Klasse. 1998 trat Oskar Lafontaine als Minister der Regierung Gerhard Schröder zurück und gab als Vorsitzender der SPD den Austritt aus der Partei bekannt. Zusammen mit Gregor Gysi gründete er eine neue Linkspartei. Aus der PDS wurde ‹Die Linke›. Gregor Gysi war bis im Herbst 2015 Vorsitzender der Bundestagsfraktion.

Hinter dem brillanten Politiker und Anwalt Gregor Gysi vermutet man nicht unbedingt schweizerische Vorfahren.

Chapeau

Der Ruhestand wird unterschiedlich gelebt. Nach einem Veteranenessen meiner Gewerkschaft erzählte ich Gret meine Eindrücke. Jene, die auf irgendeine Art aktiv sind, seien recht gut ‹zwäg›. Mental und körperlich. Andere, die, wie ich es nenne, die Zeit totschlagen, vergreisen, sind älter, als der Jahrgang vermuten liesse.

Unter denen traf ich den Buschauffeur wieder, der mich gedanklich nie losgelassen hat. Mit etwa dreissig meinte er zu mir, wenn er dann pensioniert sei, werde er Zeit für Reisen haben. Die solle er jetzt machen, das Leben fange nicht mit der AHV-Rente an, redete ich ihm zu. Er reiste natürlich auch im Ruhestand nicht. Der Gute war schon mit dreissig ein Frührentner.

Imponiert hat mir beim Veteranentreffen Karl Haldimann. Von Beruf war er Pfleger im Bürgerspital und für die PdA zusätzlich Grossrat gewesen. Er liess den Ruhestand nicht an sich herankommen, sondern hat ihn gestaltet. Als politischer Mensch sei er neugierig, lese viel, informiere sich, leider sei er bewegungsfaul. Die Arbeit als Pfleger habe das nicht zugelassen. «Als Senior musste ich meine Bequemlichkeit bewusst überwinden.»

Karl Haldimann entschied sich für ein Hobby, bei dem er laufen musste: Er suchte Versteinerungen. Jahre später sind wir uns in der Stadt zufällig begegnet. Er müsse nach Bremen, erzählte er mir, um einen Vortrag über Versteinerungen zu halten.

Grossartig. Da hatte sich einer als Senior sich und seiner Gesundheit zuliebe eine neue Herausforderung gesucht. Chapeau, kann ich da nur zuwinken.

Der Unternehmer

Er sei Unternehmer, nicht Manager, wehrte sich Nicolas Hayek, Ein Manager wie beispielsweise Marcel Ospel habe die UBS als grösste Bank der Schweiz ruiniert, ohne persönlich haftbar gemacht zu werden. Gut, er habe seinen Job verloren und ein paar Millionen Boni-Franken zurückzahlen müssen. Aber er sei trotzdem reich geblieben. Ein Unternehmer hingegen hätte sein gesamtes Vermögen verloren. Das sei eben der Unterschied, belehrte mich der grosse Meister.

Ich habe Nicolas Hayek bei der Beschaffung der Leopard-Panzer kennengelernt und bereits beschrieben.

Mir gelang eine Premiere. Die Militärkommission des Nationalrats engagierte erstmals einen Experten, um den Ankaufspreis zu überprüfen. Ich hatte ihn vorher persönlich konsultiert. Viel habe ich über seine Tätigkeit nicht gewusst, dass er in der Branche ein grosser Name war, aber schon.

Beim Besuch an der Dreikönigsstrasse der Firma Engineering AG führte mich Nicolas Hayek durch einen langen Korridor in sein Büro. An den Wänden hingen plakatgrosse Aufnahmen von Unternehmen, die er begutachtet hatte. Dabei bin ich an der halben Welt vorbeigelaufen. Und realisierte, dass er rund um den Globus unterwegs war und sich für mein Anliegen gleichwohl Zeit genommen hatte.

Hayek beschäftigte 300 Leute. Die Hälfte seien Berufsarbeiter, vernahm ich, die er zu Experten ausbilden liess. Die andere Hälfte waren Ingenieure und Techniker. Juristen engagierte er von Fall zu Fall, es gebe genügend gute Anwälte, da müsse er keinen Hausjuristen füttern.

Meine Fraktionskollegen staunten, dass ich es überhaupt gewagt habe, den grossen Hayek anzurufen. Da wirkte vielleicht Grossvaters Erziehung mit: «Keine Angst vor hohen Tieren.» Hayek war völlig unkompliziert, spontan zugänglich, sprühend aktiv, vom ersten Moment an faszinierend. Später, wenn wir uns trafen, konnte es sein, dass wir am Boden hockten und über Gott und die Welt herzogen.

Um als Experte glaubwürdig zu sein, sei, lehrte er mich, Unabhängigkeit das A und O. Das bedeute, fügte er hinzu, keine Gefälligkeitsgutachten abzugeben, nur damit die Kasse stimme. Das erinnerte mich an den Basler Strafrechtsprofessor Max Imboden.

Leider hielt dieser es als FDP-Nationalrat nur vier Jahre aus. Dann widmete er sich erneut nur der Wissenschaft.

1954 hatte Max Imboden auf 44 Kleinformatseiten das Büchlein ‹Helvetisches Malaise› veröffentlicht. Der Professor löste damit ein politisches Erdbeben aus. Ich zitiere nur einen Satz: «Im 19. Jahrhundert waren wir eine revolutionäre Nation, heute sind wir eine der konservativsten der Welt.»

Liberale Freisinnige von diesem Kaliber gibt es nicht mehr. Neben Imboden habe ich sie noch erlebt, etwa Nationalrat Peter Tschopp, ein Basler aus Genf, den Basler Nationalrat Paul Wyss und den Baselbieter Ständerat René Rhinow oder Ständerat Gilles Petitpierre, Sohn des Bundesrats Max Petitpierre, der dafür sorgte, dass die Schweiz nach der Anerkennung durch die Sowjetunion Maos kommunistische Machtübernahme in Peking 1949 nicht ideologisch, sondern politisch beurteilte. Die Schweiz hat als erstes Land des Westens die neue Volksrepublik China diplomatisch anerkannt. Daraus ist ein Goodwillbonus bis heute geblieben.

Professor Max Imboden war ein gefragter Gutachter. Im Zug nach Bern erzählte er mir aus seinen gemachten Erfahrungen. Oft seien seine Gutachten schubladisiert worden, weil nicht genehm. Da habe er seine Praxis geändert. Bevor er ein umfassendes Gutachten abgab, schickte er dem Auftraggeber auf ein, zwei Seiten einen Vorbescheid. Mutmasslich werde er zu folgendem Resultat kommen. Dann sei sein Gutachten erwünscht gewesen oder eben nicht. «Da geht es um Gefälligkeitsexpertisen?», fragte ich. «Ja, das kann man so sagen. Das erlebe ich nur in der Politik. Ein Unternehmer will meine ungeschminkte Auffassung erfahren. Nur sie macht Sinn.»

Nicolas Hayek bekam von der Sandoz, heute Novartis, den Auftrag, den Konzern zu durchleuchten – mit der Auflage, die Lohnsumme müsse dabei um sieben Prozent reduziert werden. Hayek gab den Auftrag zurück. Er könne keine Expertise mit dem im Voraus bestellten Ergebnis verantworten.

Wie ist Hayek ‹Uhrenmacher› geworden?

Das geflügelte Wort, die Schweiz produziere Uhren, Schokolade und Käse, stimmte nicht mehr. Die weltweit führende Uhrenindustrie war in eine schwere Krise gestürzt. Japan hatte sie mit der elektronischen Uhr überholt. Von 90 000 Arbeitsplätzen blieben noch 30 000 übrig. Nicolas Hayek sollte einen Bericht erstellen, ob und wie die Uhrenindustrie aus dem Loch herauskommen könne.

Vom Erfolg träge geworden, hatte die halbstaatlich organisierte Uhrenbranche den Anschluss an die neue Technik verschlafen. Hayek fasste einen Auftrag von nationaler Bedeutung. Faktisch sollte er diese die Schweiz prägende Exportindustrie vor dem Untergang retten.

Für mich war es ein besonderes Privileg, von Hayek zu erfahren, wie er an diese Aufgabe herantrat. Ihm war bewusst geworden, dass er als Unternehmensberater an Grenzen stiess. Sein Gutachten war das eine, der Retter das andere. Auf dem Radar hatte sich keiner gemeldet. Ihn musste es gereizt haben, vom Berater zum Macher zu wechseln.

Den ‹chirurgischen Eingriff›, damit die Sanierung gelingen konnte, erkannte Hayek als unausweichliche Operation. Nicht jeder hätte den Mut dazu gehabt. Die Grossbanken mussten zum Ausgang dirigiert werden: Banken suchen eher das schnelle Geld, wahren vor allem ihre eigenen Interessen. Die Sanierung der Uhrenindustrie hingegen war ein langfristiges Projekt, das schon gar nicht schnellen Gewinn versprach.

Als neuer Partner machte Pierre Arnold mit, Direktionspräsident der Migros. Arnold passte bestens zu Hayek. Die beiden hatten ähnliche Profile, zählten zu den ungewöhnlich Erfolgreichen im Land.

Dem Phänomen Nicolas Hayek gelang es, die marode, fast schon unrettbar verlorene Uhrenindustrie auf Erfolgskurs zurückzubringen. Swatch ist das eine Stichwort, Mut zum Risiko plus ein unglaubliches Leistungsvermögen das andere.

Hoch anzurechnen war dem Sanierer, wie er den Standort Schweiz unterstützte. Wenn er die Belegschaft in drei Schichten, also rund um die Uhr, beschäftigen könne, wären wir mit Hongkong auf Augenhöhe, erklärte er der Gewerkschaft. Zum Dreischichtenbetrieb gehöre, dass Frauen nachts abgeholt und heimgefahren werden müssten. Alles sei trotzdem günstiger, als die dritte Schicht nicht zu haben. Nur so würde die Investition in den Arbeitsplatz rentieren und könne der Standort Schweiz konkurrenzfähig bleiben. Hayek handelte in diesem Sinn mit dem Schweizerischen Uhren- und Metallarbeiterverband, heute Unia, einen Gesamtarbeitsvertrag aus. Deren Präsidentin, Nationalrätin Christiane Brunner aus Genf, erzählte mir darüber: Nicolas Hayek sei zur entscheidenden Sitzung des Verbandsvorstands persönlich erschienen und habe die Kollegen und Kolleginnen mit seinem unverschämten Charme geradezu begeistert.

Er ist eben schon ein aussergewöhnlicher Unternehmer gewesen. Dazu passte, dass sein Swatch-Konzern von den fünfzehn grössten Multis im Land anteilmässig am meisten Arbeitsplätze in der Schweiz bietet. Das ist heute noch so. Nick Hayek gehören in der Schweiz an die 160 Fabriken. Zwei sind in letzter Zeit in Boncourt gebaut worden. Für den Kanton Jura, vor allem für die Ajoie, war das wie Weihnachten.

Für diesen grossen Schweizer, ursprünglich Libanese, gilt der Spruch: «Die einzige Gewähr für das Wissen ist das Können.»

Der Stabschef

In der Hierarchie der Bundesverwaltung spielt die Bundeskanzlei eine wichtige Rolle. In Österreich ist der Bundeskanzler der Regierungschef, bei uns ist er der Stabschef des Bundesrats. Das gilt ebenso für die Bundeskanzlerin.

Ich habe als Nationalrat vier Bundeskanzler, die von der Bundesversammlung gewählt wurden, erlebt. Am eindrücklichsten in Erinnerung geblieben ist mir Karl Huber von 1968 bis 1981. Ich weiss nicht warum, der von der Statur her kleine Mann mit einem verschmitzten Gesicht mahnte mich an einen Appenzeller Bauern. Besser noch an einen bauernschlauen Dompteur, der diese ‹Raubtiergruppe›, genannt Bundesrat, zusammenhielt.

1972 trafen wir uns in den Ferien zufällig am gleichen Strand von Riva del Sole, im Feriendorf des gewerkschaftsnahen Reisebüros ‹Popularis› (existiert nicht mehr) zwischen Follonica und Livorno. Seine Aufgabe sei es, erklärte mir Huber, den Bundesrat nach aussen als Kollegialbehörde möglichst vorteilhaft zu präsentieren, «auf Neudeutsch gesagt, gut zu verkaufen». Das gelinge nur, weil er sich selbst zurücknehme.

Der Bundeskanzler ist ein politisches Amt. Karl Huber war Mitglied der CVP und genoss bei den Bundesräten enormen Respekt. Wenn wir auf ihn zu reden kamen, spürte ich das bei Bundesrat Willi Ritschard – an der Bemerkung etwa: «Nein, das duldet der Kari nicht.» Damit meinte er den Bundeskanzler. Was duldete Kari nicht? Zum Beispiel, wenn Bundesräte sich öffentlich widersprachen. Das gehöre unter vier Augen ausgetragen, nicht auf dem Marktplatz.

Ich wüsste keinen anderen Bundeskanzler, der sich erlaubt hätte, seine Vorgesetzten zu disziplinieren, ohne dass das zu Kompetenzkonflikten führte. Die Autorität von Karl Huber beeindruckte eben auch den Bundesrat. Die sieben Bundesräte (das Gremium war damals noch ein Herrenclub) wussten, dass ihr Bundeskanzler sich um ihr gutes Ansehen bemühte.

Der Nachtportier

Meine erste ‹Büro›-Sitzung der SI, der Sozialistischen Internationale, fand in Kopenhagen statt. Mit dem ‹Büro› ist der Vorstand der SI gemeint. Eingeladen war auch SP-Aussenminister Pierre Graber. An diesen Sitzungen nahmen amtierende oder ehemalige Regierungschefs und Minister teil. SP-Bundesräte befolgten Einladungen nur, wenn die SI in der Schweiz tagte.

Ich traf am Tagungsort, einem Bildungszentrum in Kopenhagen, erst um etwa 23 Uhr ein. Der Nachtportier an der Rezeption kam mir vertraut vor. Quatsch, widersprach ich mir, ich war ja zum ersten Mal in Kopenhagen.

Am nächsten Morgen staunte ich nicht schlecht. ‹Mein› Nachtportier eröffnete die Konferenz: Sven Jörgensen, der dänische Ministerpräsident. Den kannte ich vom Fernsehen oder vom Bild in der Zeitung her. Der Gedanke reizte mich, ob ein Bundesrat auch Dienst als Nachtportier machen würde? Damals, in den Siebzigerjahren, wäre das als Zumutung abgelehnt worden. Heute würde ich es Alain Berset zum Beispiel zutrauen.

Die Skandinavier sind im Allgemeinen unkompliziert. So war es Usus, dass jeder sein Bett für die nächste Nacht selbst vorbereitete. Ich hätte jede Wette angenommen: Pierre Graber wäre abgereist.

Olof Palme, Erziehungsminister in Schweden, war in Kopenhagen für die Sitzordnung beim Essen zuständig. Er platzierte uns jedes Mal anders. Sonst würden immer jene zusammensitzen, die sich kennen.

Später beeindruckte mich die nordische Mentalität auf unserer Ferieninsel Bornholm zwischen Kopenhagen und Malmö. Der deutsche Ferienunternehmer Neckermann plante auf Bornholm Feriendörfer. Bornholm war mal das europäische Zentrum für geräucherten Lachs gewesen. Bis Fabrikschiffe aus anderen EU-Ländern die Ostsee leer gefischt haben. Seither ist der Tourismus die wichtigste Einnahmequelle. Neckermanns Offerte wäre wahrscheinlich bei uns begrüsst worden. Nicht auf Bornholm. Die zuständigen Behörden lehnten sie ab: Bornholm soll kein nordisches Mallorca werden.

Das Klima ist italienisch, nur nachts kühlt es herrlich ab. Von zwölf Feriensommern auf Bornholm genossen wir elfmal Prachtwetter. Nur einmal halb-halb, das heisst, zwischendurch regnerisch. Die Saison ist kurz, trotzdem wird Massentourismus abgelehnt. Der Küstenweg um die Insel misst 152 Kilometer. Ein paar Strände werden gepflegt. Der Strand von Dueodde ist mit den Dünen und dem ‹goldenen› Sand der schönste. Sonst bleiben die Ufer sich selbst überlassen. Ein Bademeister belehrte mich: «Sie sind drei oder vier Wochen hier, die Möwen aber das ganze Jahr. Sie brauchen den Meertang.»

Ich schwärme für den Norden. Bei den Jugendunruhen von 1980 meldete sich Olof Palme als Erziehungsminister bei seinen Kollegen ab, er sei denn mal für zwei Wochen weg. Palme rutschte von einer Universität zur anderen, um mit den Studenten zu streiten, wieso sie den Aufstand probten. Bei Anti-Vietnamkriegs-Demonstrationen marschierte er zuvorderst mit. Ich wünschte mir sehr, einer unserer beiden Bundesräte hätte das auch einmal getan. Da wir neutral sind, gehörte sich das nicht. Auch nicht für Sozialdemokraten. Nur: Schweden betont seine Neutralität genauso.

Das ist eben der Unterschied: Ein Ministerpräsident machte an der Rezeption Nachtdienst. Sein Kollege in Schweden demonstrierte gegen den Krieg.

Der Macher

Er war über den Genfersee geschwommen und bekam in der Schweiz als Flüchtling Asyl. Nach dem Zweiten Weltkrieg durfte er das Flüchtlingslager verlassen und eröffnete in Basel an der Steinenvorstadt die ‹Komödie›, das zuerst kleine, später auf 600 Plätze umgebaute Schauspielhaus. Sein Name: Egon Karter.

Modernisten rümpften die Nase, die ‹Komödie› sei mit Balkon und Parkett kitschig ausgestattet. Nur so entstehe Ambiance, konterte Karter. Werner Düggelin sah das gleich. Er wäre Theaterintendant geblieben, hätte er nur die ‹Komödie› und nicht auch noch das neue Theater übernehmen müssen.

Nur ein begnadeter Macher führt ein solches Theater ohne öffentliche Subvention erfolgreich. Nach Jahren zahlte die Stadt einen Beitrag, verglichen mit der Subvention an das Stadttheater war es ein Trinkgeld. Egon Karter fand mit Migros, Coop und anderen Gönner. Und er führte die ‹Komödie› nach einem eisernen Prinzip: Nie fiel eine Vorstellung aus. Und wenn er selbst für einen in letzter Minute ausgefallenen Schauspieler einspringen musste. Im Jahr wurden an die 450 Vorstellungen produziert. Zum einen zusätzlich das Weihnachtsmärchen an Nachmittagen, zum anderen Aufführungen, ‹Abstecher› genannt, im deutschsprachigen Raum. Spielfreie Tage konnte sich Karter nicht und zusätzliche Einnahmen musste er sich leisten.

Ich bin kein Theaterfachmann. Wie auch? Als Politiker erbrachte ich ein ordentliches kulturelles Engagement. Ich war Personalvertreter im Stadttheater, Verwaltungsrat der ‹Komödie› und langjähriger Präsident der Solothurner Filmtage. Kultur ist subversiv, «Kunst ist immer Widerstand gegen die Herrschenden», sagte Harald Naegeli als berühmtester Sprayer von Zürich. Den hatte die Polizei wegen seinen ‹Schmierereien› mehrmals bestraft, weshalb Naegeli ins Ausland geflüchtet war. Nach Jahren kehrte er als Arrivierter zurück, und die Stadt organisierte für ihn im Kunsthaus eine Ausstellung.

In meinem bisschen kulturpolitischer Erfahrung blieb Egon Karter eine Ausnahmeerscheinung. Er war künstlerisch begabt, aber auch kaufmännisch kompetent. Das ist eine seltene Mischung. Dügg gehört auch dazu. Er delegierte das Finanzielle an seinen kaufmännischen Direktor Adolf Zogg. Der sorgte dafür, dass Budget und Rechnung übereinstimmten. Das ist die andere Begabung: zu wissen, was man kann und was nicht.

Karter kam mit einem minimalen Mitarbeiterstab aus. Sein wichtigster Mann war Eynar Grabowski, sozusagen das ‹Mädchen für alles›: zuständig als Inspizient und Dramaturg, für Administration und Organisation. Im Ensemble beschäftigte er auffallend viele ältere Schauspielerinnen und Schauspieler, die bei anderen Theatern nicht mehr erwünscht waren. Damit präsentierte Karter dem Publikum nicht nur grosse Namen, sondern ebenso grossartige Künstler. Der Spielplan bot Klassiker wie Bert Brecht und gute Unterhaltung mit Komödien oder Musicals. Theaterfans dankten ihm das mit gut besuchten Vorstellungen.

Egon Karter hatte der Musikstadt Basel mit seinem Schauspielhaus eine Kunstgattung nähergebracht, die vorher eher vernachlässigt worden war. Ohne ihn gäbe es das neue Schauspielhaus als Ersatz für die ‹Komödie› nicht.

Er beschäftigte nur blonde Schauspielerinnen. Ich durfte einmal in Wiesbaden zuschauen, wie er Künstler engagierte. Geblieben ist mir Eva Kinsky. Monate später, an einer Personalversammlung, kam sie auf mich zu: «Hallo, wir kennen uns doch.» So sicher war ich mir nicht, denn es stand eine schwarzhaarige Eva Kinsky vor mir. «In Wiesbaden trugen sie doch blonde Haare?» – «Ja, alle wissen doch, dass Karter nur Blonde einstellt, auf der Bühne bin ich es ja.»

Als ich bei Karter den Unwissenden gab und fragte, seit wann er eine Schwarzhaarige ‹im Stall› habe, erfuhr ich seinen Spleen: «Das Luder hat mich getäuscht, sie muss Ende Saison gehen.»

Bis zu seinem Tod blieben Karter und ich Freunde. Wir trafen uns regelmässig zu Einladungen bei ihm zu Hause mit seiner Frau Charlotte Sender. In der mit viel Kunst ausgestatteten Wohnung fielen etliche Bilder von Friedrich Dürrenmatt besonders auf. Sie verrieten ein enges Verhältnis zueinander. Das wäre eine andere Geschichte.

Egon Karters ‹Komödie› war kommerziell ein ständiges Auf und Ab. Wenn es wieder einmal knapp wurde in der Kasse, wusste er einen Ausweg. Wir im Verwaltungsrat waren nicht mehr als seinem Unternehmen gut gesinnte Statisten. Der Macher hiess Karter. Als er altershalber aufhörte, ging sein Werk an das Stadttheater über. Aus der ‹Komödie› ist das Schauspielhaus geworden. An Karter erinnert dabei nichts mehr. C'est la vie.

Chirurg wird Psychiater

Als Sekretär des VPOD Basel betreute ich neben anderen Berufsgruppen das Pflegepersonal der ‹Friedmatt›, heute PUK, Psychiatrische Universitätsklinik. Angefangen hatte sie als Irrenanstalt.

In meiner Vorstellung mussten Psychiater gute Menschenkenner sein. Zumindest in der ‹Friedmatt› stimmte das nicht. Die Direktion hatte den Obmann und seinen Vize unserer Gewerkschaftsgruppe entlassen. Mit der Begründung, sie hätten ihre Arbeit vernachlässigt und des Öfteren gegen die Hausordnung verstossen. Dummerweise fehlten Beweise, konnten Vorwürfe nicht abgeklärt werden, weil alle Vorfälle vor Jahren geschehen seien, ohne dass sie zum angeblichen Zeitpunkt untersucht oder den Angeschuldigten wenigstens durch Ermahnungen zur Stellungnahme vorgelegt worden wären. Die Kündigungen waren eine Strafaktion für ihren gewerkschaftlichen Einsatz.

Den zwei Kollegen wurde Rechtsschutz gewährt, das heisst ein Anwalt kostenlos für ihre Verteidigung zur Verfügung gestellt. Bis das Verwaltungsgericht die Entlassungen als Willkür aufhob, vergingen drei Jahre. Der Lohn musste den zwei für diese Zeit nachbezahlt werden. Plus ein Schmerzensgeld.

Für mich war der ‹Fall Friedmatt› arbeitsintensiv. Zum einen sorgte ich dafür, ihn öffentlich zu skandalisieren, mit Interpellationen im Grossen Rat, mit regelmässigen Publikationen und Presseerklärungen, um Druck aufzubauen.

Nachdem wir vor Gericht gewonnen hatten, dankte ich dem Oberarzt der ‹Friedmatt› für sein anständiges Benehmen. Als Einziger hatte er uns unterstützt und uns etwa wichtige Informationen gegeben. Paul Kielholz, so hiess er, der ‹Kie›, wie wir ihn nannten, lieferte mir dafür eine aufschlussreiche Erklärung. Er sei Chirurg im Kantonsspital Aarau gewesen und bekam Berufsverbot. Ich zitiere seine Worte: «Ich habe gesoffen und bin dann Psychiater geworden. Ich weiss also, was der Mensch für Fehler macht. Meine Berufskollegen hier in der ‹Friedmatt› sind unfehlbar und haben die Kündigung mitgetragen.»

Kielholz wurde zwei Jahre danach vom Regierungsrat zum neuen Direktor gewählt und hat sich als Psychiater europaweit einen guten Namen verdient. Für mich ist die Erkenntnis zurückgeblieben: Jener, der ‹gesoffen› hatte, war der Vernünftigste.

Kleines Land – grosser Staatsmann

In Österreich heisst der Regierungschef Bundeskanzler. Er ist immer zugleich auch Präsident seiner Partei. Nach dem Krieg regierte lange Zeit die bürgerliche ÖVP, die Österreichische Volkspartei. 1970 löste dann Bruno Kreisky von der SPÖ, der Sozialistischen Partei Österreich, die ÖVP für die nächsten dreizehn Jahre ab. Seither regiert fast immer die rot-schwarze grosse Koalition. ÖVP-Politiker sind die Schwarzen.

Ich habe als SP-Präsident mit Bruno Kreisky Kontakte an Sitzungen der Sozialistischen Internationale, bei Einladungen nach Wien oder als Gast an unserem Parteitag gehabt. Mit Willy Brandt und Olof Palme, dem später ermordeteten schwedischen Ministerpräsidenten, gehörte Bruno Kreisky zum wahrscheinlich berühmtesten Trio der europäischen Linken.

Die SPÖ zählte in der Ära Kreisky 700 000 Mitglieder. Das waren zehn Prozent der Einwohner. In der Schweiz machen Mitglieder aller Parteien zwei, drei Prozent aus. Die SPÖ hat nach Kreisky nie mehr einen so populären Politiker gehabt. Österreich und die Schweiz haben heute ungefähr gleich viele Einwohner. Mit einem nicht vergleichbaren politischen System. Das kleine Österreich leistet sich ein Berufsparlament mit allen Schikanen für die Abgeordneten. Für Kreisky war das standesgemäss. Österreich habe eine grosse Vergangenheit, von der die vielen Prunkbauten allein in Wien Zeugnis ablegen. Da passe, erklärte mir Kreisky, kein Milizparlament hinein. Politik sei mehr als nur ein Hobby.

Als Bundeskanzler des Kleinstaates Österreich begnügte sich Bruno Kreisky nicht mit der Innenpolitik. Er agierte auf der Weltbühne wie sein Freund Willy Brandt. Speziell engagierte er sich im Nahen Osten. Kreisky lud als Erster Jassir Arafat nach Wien ein, als er im Westen noch als Terrorist abgestempelt war. Der Halbjude

Kreisky ärgerte damit Israels Politiker. Für ihn war es immer ein Anliegen gewesen, dass sich Israel auf Dauer mit Palästina arrangieren müsse. Das gelinge nur, wenn man, statt aufeinander zu schiessen, miteinander rede.

Jitzchak Rabin, Sozialdemokrat und Ministerpräsident von Israel, setzte sich dann mit Arafat an den Verhandlungstisch: «Wer den Frieden will, muss mit dem Feind reden», so seine Doktrin. Die Verhandlungen endeten mit dem Friedensabkommen von Oslo. Rabin, Arafat und Shimon Peres, ehemaliger Staatspräsident von Israel, wurden dafür mit dem Friedensnobelpreis ausgezeichnet. Ein Jahr danach hat ein Rechtsextremer Rabin bei einer öffentlichen Feier erschossen. Seither sind die Gespräche blockiert. Es gibt im Westen keinen Kreisky mehr, der Tabus bricht und Unmögliches versucht.

Grosse Männer tragen grosse Schuhe. Eher selten fördern sie den Nachwuchs. So bleiben sie gewollt oder nicht unersetzlich. Das musste auch die SPÖ schmerzlich erfahren.

Der letzte Mohikaner

Als das Politbüro der DDR den Partei- und Staatschef Erich Honecker abgesetzt hatte, herrschte in Ost-Berlin Endstimmung. «Wir sind das Volk», demonstrierten in Leipzig, Dresden und anderen Städten Zehntausende. Die kommunistische Diktatur wurde existenzbedrohend erschüttert. Ein solcher Volksaufstand ist nur möglich, wenn zwei Voraussetzungen erfüllt sind: Die ‹unten› wollen nicht mehr, und die ‹oben› können nicht mehr.

Nachfolger von Honecker wurde Egon Krenz. Er war als typischer ‹Apparatschik› der SED ein Regierungschef auf Abruf.

Krenz war nur noch der Konkursverwalter eines maroden Regimes. Mit dem Fall der Berliner Mauer am 9. November 1989 hörte die DDR auf zu existieren. Nach der deutschen Wiedervereinigung stand Egon Krenz vor Gericht. Er musste sich für den Schiessbefehl an der Berliner Mauer verantworten und bekam sechs Jahre Gefängnis diktiert.

Der Basler Unternehmensberater Johannes Czwalina lernte Krenz in Berlin während des Prozesses zufällig kennen. Von da an hat er ihn zeitweise beraten.

2007 habe ich Egon Krenz persönlich getroffen. Und zwar bei Czwalina in Riehen daheim. Er hatte mich dazu eingeladen.

Die DDR zählte mit Ungarn, Bulgarien, Rumänien, Polen, Tschechoslowakei, Litauen, Lettland und Estland zum Imperium der Sowjetunion.

Alexander Schelepin, damals Minister, später Geheimdienstchef der Sowjetunion, plauderte bei einem Treffen in Basel aus der Schule. Er erinnerte an Katholiken, die noch katholischer seien als der Papst. «Die Deutschen sind kommunistischer als wir in Moskau», meinte er maliziös. «Sie sind unsere unangenehmsten Genossen.»

Im Westen ist die DDR wirtschaftlich überschätzt worden. Von allen Satellitenstaaten sei sie ökonomisch am stärksten gewesen, hiess es. Wobei beizufügen wäre, dass sie jahrzehntelang Reparationszahlungen an die Sowjetunion leisten musste. Stellvertretend für den von Hitler ausgelösten Weltkrieg. Die Bundesrepublik ist verschont geblieben. Mit dem ‹Marshallplan› wurde ihr mit 50 Milliarden Dollar der Wiederaufbau mitfinanziert.

Ich denke an Harry Zialkowski, von Beruf Schaffner bei den städtischen Verkehrsbetrieben in Ost-Berlin. Er hat mir mit einem Satz die Konsummisere beschrieben: «Was ist das für ein System, das nicht einmal genügend Zwiebeln produziert, zeitweise sind sie in keinem Laden erhältlich.»

Der Diskussionsabend mit Egon Krenz war ungewöhnlich. Er war der Zögling von Erich Honecker. Als Routinier vertrat er keine anderen Ideen, setzte keine neuen Akzente. Für die «Wir sind das Volk»-Demonstranten blieb er das Gesicht des alten Regimes.

Und doch haben mich drei Aussagen von Krenz beeindruckt.

Im Untergangsjahr 1989 fanden im Mai Wahlen statt. Wie immer wurde das offizielle Wahlresultat geschönt: mit einer angeblichen Zustimmung von 96,3 Prozent. In besseren Zeiten waren es über 99 Prozent. Egon Krenz wurde beauftragt, die Wahlen vom Mai 1989 zu organisieren. Er gab zu, das Ergebnis gefälscht und so die Stimmung gegen das Regime noch zusätzlich angeheizt zu haben. Eine Zustimmung zur SED von über 90 Prozent, das sei ihm im Nachhinein klar geworden, sei eine Provokation gewesen. Der hinterste Bürger wusste: Das konnte bei der miesen Stimmung im Volk niemals der Fall sein.

Wenn noch etwas funktionierte habe in der DDR, dann Polizei und Volksarmee, meinte Krenz. Dass er der Versuchung widerstanden habe, die Demonstrationen mit Gewalt zu bekämpfen, darauf sei er stolz. Weil er sich sagte: «Sollte der Kommunismus irgendwann noch einmal eine Chance bekommen, dann bestimmt nicht, wenn wir ein Blutbad angerichtet hätten.»

Diktaturen verzichten nur selten darauf, ihre Macht um jeden Preis zu verteidigen. Die Geschichte liefert dafür jede Menge Beispiele.

Egon Krenz ist intellektuell keine herausragende Persönlichkeit. Einer, der sich in der Partei hochgedient hatte. Sein Verzicht auf Gewalt verdient hingegen volle Anerkennung. Da war er über sich hinausgewachsen.

Willy Brandt wurde 1959 als erster Sozialdemokrat Bundeskanzler der Bundesrepublik Deutschland. Mit seinem Vordenker Egon Bahr inszenierte er seine Ostpolitik. Mit dem Ziel, sich im Kalten Krieg mit der Sowjetunion zu versöhnen. Es sei Hitler-

Deutschland gewesen, betonte er, das 1943 die Sowjetunion mit der Wehrmacht überfallen habe. Mit 20 Millionen Toten habe diese im Zweiten Weltkrieg die grössten Opfer erlitten. Deshalb sei es am demokratischen Deutschland, den Friedensprozess mit Moskau voranzubringen. Die CDU/CSU-Opposition bekämpfte die Ostpolitik, als ob Bundeskanzler Brandt Landesverrat begangen hätte. 1982 löste Helmut Kohl Helmut Schmidt als Bundeskanzler ab. Und führte Brandts Ostpolitik weiter. Gekrönt wurde sie mit der deutschen Wiedervereinigung am 3. Oktober 1990.

Die Einschätzung von Egon Krenz bestätigte Willy Brandts Vision. Die DDR sei, gestand er uns ein, bei der Auseinandersetzung mit dem demokratischen Westen nicht konkurrenzfähig gewesen. «Uns hat die Ostpolitik unterlaufen und die DDR bei der Wiedervereinigung zum Übernahmekandidaten gemacht», so die Bilanz des letzten DDR-Repräsentanten.

Der Abend mit Egon Kranz bleibt als interessantes Rendezvous mit der Geschichte in Erinnerung.

Beichte in Budapest

1983 erschien das ‹Spiegel›-Buch ‹Ungarn – ein kommunistisches Wunderland?›.

Ich zitiere: «Nachdem im November 1956 sowjetische Panzer den ungarischen. Aufstand niedergewalzt hatten, setzte der Kreml János Kádár als Statthalter Moskaus anstelle des (später hingerichteten) Reformkommunisten Imre Nagy ein. Alles deutete darauf hin, dass die kommunistische Weltordnung wiederhergestellt war. Doch unter Moskaus Mann entwickelte Ungarn ein Reformmodell, das heute im Ostblock einzigartig ist. Der Forint ist die härteste Währung des Ostblocks, Konsumgüter selbst der Luxusklasse sind überall erhältlich, Reisen ins westliche Ausland sind eine Selbstverständlichkeit.»

Für Ungarn wurde der schöne Begriff vom ‹Gulaschkommunismus› erfunden. Im Sommer 1988 besuchte eine SP-Delegation diesen János Kádár. Daraus wurde so etwas wie eine Sternstunde.

Kádár empfing uns als Ehrenpräsident der KP Ungarn. Er war im April nach 33 Jahren als Partei- und Staatschef abgesetzt worden. «Meine Nachfolger sind in den Ferien, deshalb habe ich die Ehre, Sie zu begrüssen», stellte er sich uns vor – und überraschte uns mit seiner Geschichte.

Dass er von seinen Ämtern habe zurücktreten müssen, sei schmerzhaft gewesen, gab er zu. «Aber ich lebe noch. Bisher ist einer nach der Entmachtung entweder im Gefängnis oder im Grab gelandet. Dass ich Sie heute empfangen darf, beweist, die Partei ist demokratisiert worden. Das habe ich gut gemacht.»

Anders falle die Bilanz für die Wirtschaftspolitik aus, fuhr er fort. Zwar sei der Lebensstandard im Vergleich zu den anderen Staaten im Ostblock besser. Der Preis dafür sei aber zu hoch. Aus zwei Gründen, wie er meinte: Der Wohlstand sei mit einer Doppelbelastung verbunden. Fast alle Beschäftigten hätten zwei Berufe, erzählte er. Das mache sich gesundheitlich bemerkbar. Zum einen sei die Lebenserwartung rückläufig, zum anderen nähmen die Absenzen wegen Krankheit zu.

«Mein Credo war immer», so Kádár, «es dürfe keine Arbeitslosen geben und kein Betrieb geschlossen werden.» Was bedeute, die Gewinne der profitablen Unternehmen seien in die defizitären investiert worden. «Nun ist die gesamte Volkswirtschaft krank, weil mit dieser Politik alle Strukturreformen blockiert worden sind. Das habe ich schlecht gemacht.»

Da hat der alte Mann vor uns Schweizer Sozialdemokraten eine Beichte abgelegt, die eindrücklich im Gedächtnis geblieben ist.

Von der Armee zum Münster

Ich schreibe über den höchsten Offizier der Armee, Generalstabschef Arthur Liener. Der Titel ist in ‹Chef der Armee› geändert worden. Liener ist ausgebildeter Physiker. Der Töff ist abwechslungsweise mit dem Klavier sein Hobby.

Der Generalstabschef sei ein gestandenes Mannsbild, hätte Grossmutter gesagt. Ich habe im Bundeshaus sechs Generäle erlebt. Liener ist für mich der beste und vertrauenswürdigste gewesen.

Einer seiner Vorgänger, Jörg Zumstein, behauptete in der Militärkommission, die Schweiz würde einen Atomkrieg überleben. «Wir haben die besten Zivilschutzräume», so seine Begründung. Die man jedoch irgendwann verlassen müsste. «In was für eine Schweiz kämen wir zurück?», fragte ich. Antwort bekam ich keine, dafür Zumstein einen güggelroten Kopf.

Solche makabren ‹Spässe› lieferte Liener natürlich nicht. Zum ersten Mal aufgefallen war mir der Brigadier als Chef der Genie- und Bautruppen. Wir stritten in der Militärkommission über den Bundesratsbunker. SP-Nationalrat Elmar Ledergerber bezeichnete den Bunker als Mausefalle, ergo solle man die Übung abbrechen und nicht noch einmal 160 Millionen Franken verlochen. Wo? Streng geheim.

Arthur Liener beurteilte das Vorhaben ähnlich. Seine ironische Bemerkung, man könne ja aus dem ‹Loch› eine Champignonzucht machen, fiel nicht durchwegs auf Verständnis. Zumal die Mehrheit für «weiter so» stimmte. Nun wartet halt der Bundesratsbunker in Kandersteg auf den Ernstfall.

1989 übernahm Kaspar Villiger das EMD, das Eidgenössische Militärdepartement. Hans-Ulrich Ernst versah als Generalsekretär und

Direktor der Militärverwaltung eine Doppelfunktion. Villiger war sein sechster Chef. Neu gewählte bürgerliche Bundesräte bekamen stets das EMD zugeteilt, wie ich an anderer Stelle schon einmal erwähnt habe. Jeder hat so schnell wie möglich in ein anderes Departement gewechselt. Hans-Ulrich blieb die Konstante. Unter ihm als ‹Grauer Eminenz› führten fünf EMD-Chefs den ‹Laden›. Dazu verspürte Villiger keine Lust. Er trennte sich von Ernst und holte dafür den unbequemen Querdenker Arthur Liener als Generalstabschef.

Chapeau, dachte ich. Das hätte ich Villiger gar nicht zugetraut.

Nach dem Rücktritt von Otto Stich aus dem Bundesrat wechselte Villiger in das Finanzdepartement, und Adolf Ogi wurde Lieners neuer Departementschef. Die Zusammenarbeit begann mit einer Verstimmung. Und zwar wegen der Geschäftsübergabe von Villiger/Liener an Ogi. Der hatte eine Leiche im Keller gefunden, die ihm verschwiegen worden sei. Stichwort ‹Fall Oberst Friedrich Nyffenegger›, im Departement ‹Mischler-Fritz› genannt.

Der Oberst war der Mann für alle Fälle. Wo es etwas auszubügeln, zu organisieren oder in letzter Minute zu erledigen gab, hiess es: «Der Nyffenegger macht das.» In der Administration und der Buchhaltung jedoch herrschte eine Unordnung. Man könnte auch Chaos oder Sauordnung sagen. Ogi übergab den Fall an die Bundesanwaltschaft – und fühlte sich von Liener hintergangen. Der hatte den ‹Fall Nyffenegger› weniger dramatisch beurteilt. Ihn störte, dass immer nur der Oberst einspringen musste, während andere die bequeme Tour drehten.

Bundesanwältin Carla del Ponte behandelte mit viel Übereifer den Fall als Staatsaffäre. Mit einem enormen Aufwand hinterliess sie an die hundert Bundesordner Untersuchungsdokumente. Nach Jahren stand Nyffenegger vor Gericht. Der Prozess dauerte zwei

Wochen. Mit Ach und Krach konnte der Oberst doch noch verurteilt werden. Es reichte nur für eine milde Strafe. Nyffenegger wurde zum betrogenen Betrüger, und Carla del Pontes Staatsaffäre platzte als aufgeplusterte Luftnummer. Lieners Einschätzung, Nyffeneggers Verfehlungen seien eher fahrlässig gewesen und nicht kriminell, wurde vom Gericht bestätigt. Das schien Ogi nicht beruhigt zu haben. Das nächste Missverständnis liess nicht auf sich warten.

Im November 1997 fand in Basel eine Gedenkfeier für den Zionistenkongress von 1897 statt. Der Generalstabschef dislozierte mit einer Armeeeinheit an den Rhein, um nötigenfalls einsatzbereit zu sein.

Bundesrat Ogi hätte gerne auf dem Marktplatz in Basel einen öffentlichen Auftritt zelebriert. Liener widersprach ihm. Der sicherheitspolitische Auftrag werde am besten erfüllt, wenn die Anwesenheit der Armee geheim bleibe. Faktisch grenzte das an Befehlsverweigerung. Lieners Loyalität zur Aufgabe war grösser als die Lust, seinem Chef die gewünschte Publizität zu verschaffen. Der Generalstabschef hielt sich an den militärischen Befehl. Dafür gibt es ein Sprichwort: «Nur wer kriecht, stolpert nicht.»

Die Entfremdung zwischen den beiden Alphatieren eskalierte bis zum Bruch. Liener beschrieb in einem Interview seinen Lohn als «Schafseckelzulage». Damit signalisierte er seinen Frust. Er trat vorzeitig zurück. Arthur Liener hat die Armee mit unaufgeregter Autorität geführt. Er ist der Typ Vorgesetzter, für den man durchs Feuer geht.

Nach dem Ende des vierzigjährigen Kalten Kriegs zwischen Ost und West rutschte die Armee in eine Legitimationskrise. Der Vorgänger von Arthur Liener, der Berner Oberländer Heinz Häsler, dokumentierte 1993 seine Verzweiflung mit den Worten: «Es ist weit und breit kein Feind in Sicht.» Ohne einen Feind ist die Armee verloren.

Liener hatte seinem Departementschef Adolf Ogi vorgeschlagen, eine Strategiekommission einzusetzen, um den Auftrag der Armee neu zu definieren. Ogi ist darauf eingegangen. Er nominierte den brillanten Diplomaten alt Staatssekretär Edouard Brunner als Kommissionspräsident. Dessen Bericht ist heute noch lesenswert.

Arthur Liener und ich kamen uns persönlich näher, als wir von Sportverbänden als Experten für militärische und politische Krisen eingeladen wurden. Liener plauderte aus der Schule. Etwa über etwas gar bürokratische Mitarbeiter: Nach einer Überschwemmung im Wallis musste er Truppen aufbieten, um so schnell wie möglich eine provisorische Brücke zu bauen. Der zuständige Divisionär nervte ihn mit der Empfehlung, zuerst ein Gutachten einzuholen. «Jawoll, wenn der Krieg ausbricht, brauchen wir zuerst ein Gutachten, Sie ‹Schafseckel›.» Das war eine typische Liener-Reaktion. Für praxisfernen Unsinn fehlt ihm jegliches Verständnis.

Der Generalstabschef im Ruhestand übernahm das ‹Kommando› über die Bauhütte des Berner Münsters. Der Sandsteintempel ist eine permanente Baustelle. Es könnte sein, dass Arthur Liener sich genötigt sieht, dem allmächtigen Chef über dem Münsterhimmel gelegentlich auch einmal zu widersprechen.

Der Appenzeller

Christoph Blocher und Hans-Rudolf Merz sind beide in der Wintersession 2003 in den Bundesrat gewählt worden. Ideologisch könnten sie politische Zwillinge sein. Mit Merz als Schmalspurkopie. Ein Gewährsmann erzählte mir, die zwei hätten sich jeweils vor einer Bundesratssitzung abgesprochen. Blocher habe sich beklagt, auf Merz sei leider nicht immer Verlass.

Persönlich ist Hans-Rudolf Merz ein ‹gmögiger› Mensch. Stets munter gelaunt, gesprächig, unterhaltsam, charmant. Das ist die Fassade. Als Bundesrat hat er für seine stockkonservative, aber schwache Politik umso lauter geredet.

Es gibt Politiker, die das Gegenteil tun, was sie versprochen haben. So einer ist Merz gewesen. Als ideale Fehlbesetzung im Bundesrat. Finanzminister Merz hatte mit dem Stichwort Unternehmenssteuerreform II eine Botschaft an das Parlament gerichtet. Das ist der gängige Ausdruck für alles, was der Bundesrat dem Parlament vorschlägt.

Mit dieser Reform würden Kleingewerbler wie Metzger, Floristen, Garagisten und andere steuerlich entlastet. Das hatte Merz an einer Pressekonferenz wortwörtlich so versprochen. An sich hätte es dagegen vernünftigerweise kaum Einspruch gegeben. Weil die Linke diesem Finanzminister grundsätzlich misstraute, ergriff die SP das Referendum. Und verlor die Abstimmung mit nur 0,5 Prozent mehr Ja-Stimmen. Wären die Stimmberechtigten nicht brandschwarz angelogen worden, wie Grossmutter in solchen Fällen zu sagen pflegte, hätten sie die Vorlage abgelehnt.

Der ‹Tages-Anzeiger› vom 24.10.2015 hat an diese Abstimmung vom 24.2.2008 erinnert: «Bei der Unternehmenssteuerreform II hatte Merz 90 Millionen Franken jährlicher Erleichterung für Kleinbetriebe versprochen. Als das Gesetz knapp angenommen wurde, stellte sich heraus, dass jährlich 900 Millionen für Grossaktionäre heraussprangen.»

In meinen 34 Jahren im Nationalrat habe ich einen solchen Wortbruch nie erlebt. Auch beim Bankgeheimnis brüllte der Papiertiger Merz: «Am Bankgeheimnis werdet ich euch die Zähne ausbeissen!» 2009 beantragte er im Bundesrat, den USA per Notrecht Kundendaten der UBS zu liefern, also das Bankgeheimnis zu verraten. Es blieb ihm nichts anderes übrig. Aber das hätte er voraussehen können.

2011 trat er als Bundesrat zurück. FDP-Präsident Fulvio Pelli besass die Frechheit, Hans-Rudolf Merz als «den besten Finanzminister Europas» zu verabschieden.

‹Die Zeit› aus Hamburg vom 3.1.2013 erinnerte in der Schweizer Ausgabe schonungslos an diesen Schaumschläger: «Auch wenn die Schweiz systembedingt die wohl schwächste Regierung der Welt hat, ist es doch nicht ganz egal, wer im Bundesrat sitzt. Das beste Beispiel dafür lieferte FDP-Bundesrat Hans-Rudolf Merz. Selten hat ein Mitglied der Regierung so viel Unheil angerichtet wie der Appenzeller.» Punkt.

Der Bilderbuch-Basler

1946 bin ich als SBB-Lehrling nach Basel versetzt worden. Sogleich trat ich den Juso bei. Präsident war Carl Miville. Mein ältester Freund hat fünf Jahre mehr als ich auf dem Tacho.

Sein Vater trat 1944 als SP-Regierungsrat zur kommunistischen PdA, der Partei der Arbeit, über. Deren Fraktion zählte 32, die der SP 33 Grossräte. Die PdA ist Geschichte.

Der 22-jährige Miville junior brach aus Protest gegen den Vater das Jus-Studium ab und wurde SP-Parteisekretär, dem vom zeitweiligen PdA-Nationalrat Emil Arnold gedroht wurde, er möge ja ein guter SP-Funktionär sein, «aber wenn wir die Macht übernehmen, ist es für dich aus».

In einer damals überalterten SP zählten wir zwei zu den Nachwuchshoffnungen und wurden in den Parteivorstand gewählt. Er übernahm dann die Redaktion der ‹Basler AZ›, des Parteiorgans.

Nach ihm machte ich dort weiter. Ein paar Jahre arbeitete er bei der Gewerkschaft VHTL in Zürich, heute Unia, und ich beim VPOD Basel. Zusammen sassen wir im Grossen Rat, miteinander fuhren wir nach Bern, er als Ständerat, ich als Nationalrat.

Carl Miville ist Basler wie aus dem Bilderbuch. Wer seine baseldytsch geschriebenen Briefe kennt, begreift, wieso er jahrelang als Dialektpapst bewundert wurde. Viel länger hat er die ‹Baseldytschi Bihni› beraten. An der Fasnacht haben wir seine berühmten Schnitzelbänke gehört. Dafür hat er für mögliche Sujets das ganze Jahr ‹Buchhaltung› geführt. Fasnacht ist ein Ganzjahreshobby.

Wenn einer die Geschichte des Sozialismus und des Kommunismus/Stalinismus kennt, dann Carl Miville. Er kann auf dem Podium mit jeder professoralen Kapazität auf Augenhöhe Schritt halten. Ein Politiker sollte informiert und belesen sein, einen guten Wissensfundus haben und, das ist wichtig, das auch vermitteln können. Carl Miville ist begabter Erzähler und brillanter Rhetoriker. Er könnte in der Basler Altstadt als Fremdenführer bei historischen Bauten deren Geschichte darstellen.

Er ist für sein ungemein vielseitiges Wirken 2015 mit dem ‹Bebbi›-Preis ausgezeichnet worden.

Basel-Stadt hat als Halbkanton nur einen Ständerat, der seit 1935 mit einem Unterbruch von 1960 bis 1967 immer ein Sozialdemokrat war bzw. ist. Ein Mitte-links-Ständerat weiss neben den Interessen der Arbeitnehmer ebenso die der Wirtschaft wahrzunehmen. Den weltweit einmaligen Fall, dass die im Europavergleich kleine Stadt Basel zwei der weltweit grössten Pharmakonzerne aufweist, kann kein nationaler Politiker missachten. Carl Miville ist für sein Engagement von links bis weit in die rechte Mitte gewählt worden.

Persönlich pflegt mein Freund eine charmante Sturheit. Wenn wir beide als junge Politiker zwischen zwei Sitzungen das Nachtessen bestellten, schüttelte der Gourmet über mich den Kopf. Ich bestellte ein Birchermüesli oder ‹Café complet›. Seine Reaktion: «Du wirst noch mal verhungern.»

Bei den gemeinsamen Ferien in Lain hatten wir vor, am nächsten Tag über das Weisshorn nach Arosa zu wandern. Nur hatte es dann zünftig geregnet, der Bodennebel versperrte jede Sicht. Nichts mit Arosa, das war sonnenklar. Nur Carl trotzte, es sei nie die Rede gewesen, die Wanderung finde nur bei schönem Wetter statt: «Abgemacht ist abgemacht.» Dafür war es dann beim Jassen echt gemütlich. Wenn der, sagen wir mittelmässige Jasser, auftrumpfte, «jetzt hauen wir sie in die Pfanne», endete es eher beim Kontermatch als mit Carls Match.

Wir sind beide aus der Tagespolitik ausgestiegen, aber politisch mehr als nur interessiert geblieben. Carl kann sich nach einer Fernseh-Arena noch immer herrlich aufregen. Besonders, wenn er den SP-Teilnehmer für schwach hielt. Dann ‹schällt› unser Telefon noch um 23 Uhr.

Wir haben noch etwas gemeinsam: Es gibt nicht mehr viele Politiker mit so viel Erfahrung wie wir zwei. Journalisten, Studentinnen und andere konsultieren uns als Auskunftspersonen. Wenn ich überfragt bin, antworte ich: «Fragen Sie Carl Miville, der weiss es sicher.»

Mörder gesucht

Schweden hat gleich viele Einwohner wie die Schweiz und erklärt sich neutral. Ich habe erwähnt, wie Bundeskanzler Bruno Kreisky von Wien aus Weltpolitik machte. Das traf auch für den schwedischen Regierungschef Olof Palme zu. Ohne den österreichischen Charme, mit nordischer Nüchternheit.

Olof Palme lernte ich bei Anlässen der Sozialistischen Internationale kennen. Mit Willy Brandt, Bruno Kreisky gehörte er zu den herausragenden Figuren. Ich profitierte von seiner Zuneigung zur Schweiz. «Obschon ihr noch nie einen schwedischen Kampfjet beschafft habt», meinte er lächelnd.

Die schwedische Sozialdemokratie hatte vor Palme bereits seit Jahrzehnten regiert. Mit dem Kennwort ‹Volksheim› führte er die für uns Schweizer Linken vorbildliche Sozialpolitik fort. Der Kapitalismus sei nicht überwunden, «unsere Strategie ist es, ihn sozialverträglich zu gestalten», erklärte mir Palme. Die leistungsfähige Marktwirtschaft dürfe nicht à la Wilder Westen unkontrolliert bleiben. Der Staat müsse soziale und ökologische Vorgaben anordnen. Nach diesem Prinzip funktioniere der schwedische Wohlfahrtsstaat.

Für unsere bürgerlichen Politiker zählte Schweden zur ‹Steuerhölle›. Reiche zahlten bis zu 50 Prozent. Dass die Kinder in Tagesschulen mittags verpflegt werden, damit haben bei uns Rechtsaussen noch heute Mühe. Für die ‹Neue Zürcher Zeitung› erzeuge dieses System «Staatskinder». Ich informierte mich 1964 bei den Saab-Werken über den schwedischen Kampfflieger Draken. Generaldirektor Holms erklärte sich mit den hohen Steuern einverstanden, solange das Geld vernünftig ausgegeben werde. Zum Beispiel für Tagesschulen. So könnten Frauen ihren Beruf ausüben. Die Kinder würden nachmittags gemeinsam die Hausaufgaben machen, womit die Eltern daheim entlastet seien. Holms verwies mich auf einen wichtigen Punkt: «Mit diesem System beschäftigen wir weniger Ausländer als ihr in der Schweiz.» Tagesschulen gab es in ganz Schweden schon 1964. «Die kosten halt Geld», meinte Holms. «Nicht für Eltern, sondern für die Steuerzahler.»

Olof Palme bewies, dass auch ein Kleinstaat weltpolitisch eine Stimme hat. In Washington galt er als ein Feind des Westens, als ein Freund Moskaus. Nach demselben Muster sind auch bei uns Unbequeme katalogisiert worden.

Palme kritisierte den Vietnamkrieg der USA mit grösster Härte. An Protestdemonstrationen marschierte er zuvorderst mit. Er befürwortete eine vorbildliche Entwicklungshilfe. Mit dem finanziell weltweit höchsten Einsatz. Womit der Schwede in der Dritten Welt ein Vorzeigepolitiker des reichen Westens war. Was Washington nur ungern zuliess. Im Gegensatz zu Bundesräten hat Palme die stärkste Weltmacht herausgefordert.

Wer so lange regiere wie Schwedens Sozialdemokraten, müsse aufpassen, nicht bequem zu werden, so Palme. Neben der Tagespolitik müssten die grossen Zusammenhänge im Bewusstsein bleiben. «Deshalb ziehen wir uns regelmässig zu Klausuren ins ‹rote Kloster› zurück.» Gemeint war ein Refugium weitab von Stockholm, im Wald versteckt. «Das ist der stille Ort zum kreativen Nachdenken, wozu uns der politische Auftrag als Sozialdemokraten verpflichtet», lese ich in meinen Notizen.

Am 28. Februar 1986 wurde Olof Palme nach einem Kinobesuch mit seiner Lisbet auf offener Strasse erschossen. An die Trauerfeier waren Regierungs- und Staatschefs sowie Minister aus fast hundert Ländern gekommen, um Palme die letzte Ehre zu erweisen. Von sämtlichen Gemeinden waren die Fahnen nach Stockholm getragen worden, und Schwedens beliebteste Jazzsängerin verabschiedete den Toten mit seinem Lieblingslied.

Heute noch, nach dreissig Jahren, ist der Mörder von Olof Palme nicht gefunden worden.

‹HD-Soldat Läppli› im Bundeshaus

Zwölf Jahre nach dem Aufstand der Reformkommunisten in Budapest wiederholte sich 1968 das gleiche Drama in Prag. Die Panzer der sowjetischen Machthaber in Moskau walzten die Rebellion erneut nieder. Im Nationalrat wurde eine Gedenkstunde eingeschaltet. Redner aus allen Fraktionen traten ans Mikrofon.

Für mich hielt Nationalrat Alfred Rasser die bewegendste Rede, die unter die Haut ging. Die mich aufwühlte und beeindruckte. Ja, der Komiker mit dem berühmten Erfolgsstück ‹HD-Soldat Läppli›.

Alfred Rasser wurde 1967 auf der Liste des LdU, des Landesrings der Unabhängigen, gewählt. Es war die von Gottlieb Duttweiler gegründete Migros-Partei mit dem programmatischen Stichwort «Für das soziale Kapital». Die an sich bürgerliche Partei imponierte mit ihrer Toleranzbreite. Fraktionschef William Vontobel erzählte mir über Rassers Einstand: «Damit ihr es wisst, ich bin Sozialist.»

Alfred Rasser als Nationalrat war für Ratskollegen vorwiegend aus den rechten Reihen ein Witz. «Was hat der hier verloren?», meinte einer zu mir. Mit seinem ‹HD Läppli› hat Rasser die Armee für sie bis zum Unerträglichen lächerlich gemacht. Eigentlich hat keiner die Armee dermassen treffsicher kritisiert wie er. Mir fällt ein zweiter Auftritt ein, der Furore machte:

Fraktionskollege Walter Allgöwer zählte im Rat zu den kompetenten und couragierten Kritikern der Armee. Irgendwann verlor er seine Aufmüpfigkeit. Entsprechend fiel ein Votum negativ auf. Der Ratspräsident erklärte nach ihm die Sitzung für geschlossen. Das verschaffte Rasser die Zeit, sich für eine Replik vorzubereiten. Er widerlegte Allgöwer mit Zitaten aus dessen Buch über Militärpolitik. Das hörte sich für Allgöwer deshalb verheerend an, weil er das Gegenteil sagte, was er im Buch geschrieben hatte. Rasser lief zur Hochform auf. Für solche Momente hatte Willi Ritschard den Kommentar parat: Er habe aus ihm Hackfleisch gemacht.

Nach acht Jahren gab Rasser das Mandat zurück. Ohne Milizparlament hätte ich den Politiker Alfred Rasser nie erlebt.

Mich dünkt, zu ihm passe als Bonmot: «Ich will nicht so sein, wie ihr mich wolltet.»

Der Populärste

Der Empfang war schäbig. Im Dezember 1973 wurde Willi Ritschard zum Nachfolger von Bundesrat Hans Peter Tschudi gewählt. Offiziell nominiert wurde Parteipräsident Arthur Schmid. Die Bürgerlichen wählen keinen SP-Chef in die Landesregierung. So hockten wir beleidigt im Ratssaal. Keiner hatte geklatscht, zwei gingen bei der Vereidigung aus Protest hinaus.

Im bürgerlichen Kalkül dürfte nicht vorgesehen gewesen sein, uns den populärsten Bundesrat zu bescheren. Ritschard wechselte nach dem Verkehrs- ins Finanzdepartement. Über ihn könnte ich ein Buch schreiben. Ich habe mit keinem Bundesrat eine so tiefe Freundschaft gepflegt wie mit Ritschard. Ich muss mich auf weniges beschränken.

1979 passierte im Kollegium Ungewöhnliches: Georges-André Chevallaz wurde ins Militärdepartement strafversetzt, weil er bei Abstimmungen toujours als Verlierer dastand. Ritschard müsse die Finanzen übernehmen, so die anderen. Womit eine Geburtstagsfeier versaut wurde. Doch schön der Reihe nach.

SP-Regierungsrat Mundi Wyss feierte im kleinen Kreis den 60. Geburtstag. Gret und ich und das Ehepaar Monigatti, Bauunternehmer, waren eingeladen worden. Mundi Wyss ist 1971 als Nationalrat abgewählt worden. Das als SP-Fraktionschef. Eigentlich hatte er sich als Nachfolger von Hans Peter Tschudi gesehen, nicht Ritschard. Da passierte es. Der Nachtportier von der Rezeption rief unnötig laut: «Herr Hubacher, Bundesrat Ritschard ist am Telefon.» Er wollte von mir wissen, ob die Partei mit dem Wechsel einverstanden sei. Was ich bejahte. Er war ja schon als Regierungsrat Finanzer. Zurück am Geburtstagstisch herrschte bei Mundi Wyss sichtbar schlechte Laune. Ritschards Anruf hatte sein Elend, das mit der Abwahl begann, aufgewärmt. Als der Nachtportier mich ein zweites Mal ans Telefon rief, «Bundesrat Ritschard verlangt Sie», war die gute Stimmung endgültig im Eimer.

Dass sich Finanzminister Ritschard bei den Jugendunruhen 1980 Sorgen machte, war das eine. Das andere: Er handelte. In der ‹Gewerkschaftsjugend› hatte er einen Artikel gelesen, der ihm imponierte. Der Redaktor beschrieb eine Demo von Jugendlichen, wie sie Scheiben einschlugen, Autos demolierten, gewalttätig waren. Und er fragte sich: «Warum, warum machen sie das?»

Ritschard konsultierte den Redaktor, um zu erfahren: «Was ist los mit unserer Jugend?» Er habe ihn stundenlang mit Fragen gelöchert, erzählte mir Bruno Muralt, so der Name des Redaktors. Tage später erschien im ‹Blick› mit Bundesrat Ritschard ein zweiseitiges Interview über die Jugendunruhen. Peter Bichsel, persönlicher Berater des Genossen Bundesrat, rief mich an. Er sei richtig stolz, was da der Willi getan habe.

Ritschard führte das Gespräch mit dem ‹Blick› nicht im Ton des Oberlehrers. Er nahm uns, er nahm die Gesellschaft in die Pflicht: «Es sind unsere Kinder!»

Er hat stets versucht, zwischen der Loyalität zum Kollegialsystem und zur Partei die Balance zu finden. In der Geschäftsleitung verteidigte er die Beschlüsse des Bundesrats und betonte gleichzeitig, die Partei müsse nicht alles gutheissen. «Wir sind zwei von sieben Bundesräten und können nicht das Parteiprogramm umsetzen.» Befolgten wir seinen Rat und sagten «Nein», reagierte Ritschard emotional. Gelegentlich nahm er uns das übel und redete mit mir als Parteipräsident drei Tage lieber nicht mehr. Wenn er mir dann seine kräftige Hand auf die Schulter tatschte und mich als «Fotzucheib» bezeichnete, wusste ich, das ist eine Liebeserklärung, jetzt redet er wieder mit mir.

Ritschard war ein Meister des politischen Kompromisses. Die beste Zeit verbrachte er mit den Bundesratskollegen Hans Hürlimann, CVP, und Fritz Honegger, FDP: Bei den dreien stimmte die Chemie. Sie sprachen viele Geschäfte miteinander ab und zogen sie dann in ihren Fraktionen, im Bundesrat und im Parlament durch. Das habe gut funktioniert, weil mal er, mal die zwei Bürgerlichen Konzessionen machten. «So kam ein guter Kompromiss zustande», rühmte er. Bei einem guten Kompromiss herrsche auf beiden Seiten mittlere Unzufriedenheit. «Die einen haben nicht alles bekommen, die anderen nicht alles verloren.»

Der Kompromiss sei die Alternative zu einer Politik des Alles-oder-nichts, sei die Politik des Möglichen. Mit Maximalforderungen würde das Unmögliche versucht. «Keine der vier grossen Parteien hat die Mehrheit. Für eine mehrheitsfähige Lösung müssen zwei, drei Parteien einen Kompromiss erarbeiten, anders geht es nicht. Das gilt erst recht für uns als linke Minderheit», belehrte uns Ritschard immer von Neuem.

Allergisch reagierte er, wenn in der Fraktion nach grossen Lösungen gerufen wurde. Nach einem Konzept, mit dem verschiedene Probleme auf einen Schlag gelöst würden. So ein Beispiel war der Wunsch, ein Verkehrskonzept für Schiene und Strasse vorzulegen.

Konzepte seien politische Nichtschwimmer, wehrte er sich. In der Schweiz seien nicht grosse politische Würfe gefragt, vielmehr «geht es bei uns nur Schritt für Schritt vorwärts». Um dann Hans Peter Tschudi zu zitieren: «Der erste Schritt ist der wichtigste. Ohne den gibt es keine weiteren Ausbauschritte.» 2016 ist die 11. AHV-Revision traktandiert. Das heisst, nach dem ersten, erst noch kleinen AHV-Schritt sind bisher zehn Ausbauschritte gemacht und ist die AHV enorm ausgebaut worden.

Ich erwähnte es bereits, als Finanzminister litt Willi Ritschard. Zwar baten ihn die bürgerlichen Kollegen, das Finanzdepartement zu übernehmen, liessen ihn dann aber hängen. Als ob sie ihm die Erfolge missgönnt hätten. Ritschard flüchtete immer häufiger an die Öffentlichkeit, pflegte den Dialog mit dem Volk. Da prallten zwei grundverschiedene ‹Philosophien› aufeinander. Die Bürgerlichen befürworten einen schlanken Staat, das heisst einen schwachen, statt einen starken Sozialstaat. Ritschards Antwort: «Nur die Reichen können sich einen schwachen Staat leisten.»

Nach einem Schwächeanfall liess der Arzt verlauten, Bundesrat Ritschard sollte weniger Reden halten. Mich nahm wunder: «Wieso sollst du auf das verzichten, was du am liebsten machst?»

Der Arzt habe wissen wollen, wann er schlafen gehe. «Zwischen Mitternacht und ein Uhr.» – «Wann stehen Sie auf?» – «Um fünf Uhr.» – «Wieso schon so früh?» – «Um sechs Uhr bin ich im Büro.» – «Warum um Gottes willen muss ein Bundesrat um sechs Uhr im Büro sein?» – «Weil ich bis etwa acht Uhr meine Reden schreibe, nachher habe ich dafür keine Zeit mehr.» – «Herr Bundesrat, Sie schlafen zu wenig, Sie müssen halt weniger Reden halten.»

Willi Ritschard erklärte vor den Sommerferien den Rücktritt per Ende 1983 aus dem Bundesrat. Er ist noch im Amt gestorben. Die Familie wünschte, dass ich die Trauerrede halte. Das Vertrauen ehrte mich. Aber es ist meine bisher schwierigste Rede gewesen.

Das schönste Kompliment machte ihm der Strassenwischer am Claraplatz in Basel. Er meinte zu mir: «Willi hätte im blauen Überkleid an die Sitzungen des Bundesrats gehen können, das hätte zu ihm gepasst. Er ist sich immer treu geblieben.»

Der Rote und der Schwarze

In den Siebzigerjahren passierte in Wien Ungewöhnliches: Der Sozialist Otto Rösch wurde Verteidigungsminister. Zum ersten Mal ein Roter. Bisher war das eine Domäne der Schwarzen von der ÖVP, von der Österreichischen Volkspartei, gewesen.

Nach seinem ersten Amtsjahr hatte Rösch eine Delegation der SP Schweiz zu sich eingeladen. Rösch war ins Gerede geraten, weil er vielen Chefbeamten und hohen Offizieren den Dienstwagen gestrichen hatte. Beim Nachtessen demonstrierte der Personalchef sein Unverständnis. Da er auch keinen Dienstwagen mehr fahre, sei er halt mit dem Taxi gekommen. Rösch konterte trocken, der Direktor der Wiener Verkehrsbetriebe sei ein freundlicher Mann. Er schicke ihm alle paar Minuten ein Tram.

Röschs höchster Offizier war Emil Spanocchi, Chef des Bundesheeres. Ein Schwarzer, meinte Rösch. Ob sie gut harmonieren, fragte ich. Die Antwort haute mich fast vom Stuhl.

Ja, das Verhältnis sei ausgezeichnet. Spanocchi betreibe eine Fischzucht, nicht etwa als Hobby, sondern kommerziell. Deshalb habe er ihm neue Kunden akquiriert, zum Beispiel Coop Wien. Zwischen ihnen gebe es keine Probleme. Der Minister sah darin nichts Besonderes. Wir schon.

Wir mussten im Vorzimmer ein paar Minuten warten, bis Rösch zwei Herren verabschiedet hatte.

Das Bundesheer brauche für sämtliche Motorfahrzeuge ein Set für erste kleine Reparaturen. So wie auch eine Taschenapotheke mitfahre. Die eingeholte Offerte sei ihm mit 12 000 Schilling gar hoch vorgekommen. Deshalb habe er die beiden Herren zitiert. Die hätten sich untertänigst entschuldigt, ihrer Sekretärin sei ein Schreibfehler unterlaufen. Die Offerte laute auf 2000 Schilling, nicht 12 000. Als Rösch die zweite und dritte Entschuldigung genussvoll angehört hatte, meinte er, «bin ich deutlich geworden. Der Verteidigungsminister der Republik Österreich hat im Warenhaus ‹Steffl› an der Kärntner Strasse persönlich eingekauft, was zum Set gehört. Und das kostet keine 12 000 Schilling, auch nicht 2000, sondern sage und schreibe 180 Schilling.»

Alle wollten beim Staat Geld verdienen, kommentierte Rösch. Panzer und Kampfjets führe das Warenhaus ‹Steffl› nicht, da müsse er andere Kontrollmechanismen erfinden, um nicht übers Ohr gehauen zu werden.

Wir besuchten die Akademie für Landesverteidigung in St. Pölten. Die war mir bekannt, weil ich mich dort öfters informiert hatte. Im Kalten Krieg lag Österreich an der Schnittstelle von Ost und West. Als Informationsquelle war die Akademie unschlagbar gut.

Inzwischen war in St. Pölten ein neuer Bürgermeister gewählt worden. Weil St. Pölten neben der Hauptstadt Wien ein Schattendasein führte, liess dieser sich etwas einfallen: Alle ausländischen Gäste der Akademie wurden zu ihm geleitet. Zum kurzen Interview mit Fototermin. ‹Nachrichten aus St. Pölten› wurde monatlich an alle Haushalte verteilt. Seit er Bürgermeister sei, besuche die halbe Welt St. Pölten, hiess es.

Zum Abschluss besichtigen wir ein Manöver einer Bundesheereinheit. Der kommandierende Offizier wünschte, dass wir vier mit der Panzerabwehrwaffe ‹Carl Gustav› je drei Schüsse abfeuerten. Zu unserem Erstaunen schossen wir lauter Volltreffer. Der Offizier sah das ganz anders: «Es ist halt so, Schweizer schiessen einfach gut.»

Im Ausland sind Linke erst recht Patrioten. Wir wollen uns doch nicht blamieren.

Der Unerbittliche

Unter Direktionspräsident Fritz Leutwiler zählte er zum Führungspersonal der Schweizerischen Nationalbank. Präziser formuliert: Kurt Schiltknecht war als Währungsspezialist Leutwilers Macher.

Der Mann ist vom Wesen her staubtrocken, unaufgeregt, sachlich wie ein Mathematikprofessor. Für das grosse Publikum eher ‹Mister Unbekannt›. Insider wussten hingegen um seinen Stellenwert.

Der Bundesrat liess alle zwei oder drei Jahre eine Gesamtverteidigungsübung durchführen. An der Armee, Politik, Wirtschaft, Verwaltung, Wissenschaft oder wer sonst noch wichtig war mitmachte. Für die Nationalbank Kurt Schiltknecht. Übernachtet wurde im Bunker.

Schiltknecht hat mir einmal seine Eindrücke geschildert. Für viele sei der simulierte Ernstfall wie ein Abenteuer gewesen, habe an das einstige Pfadilager im Stroh erinnert. Kriegsstimmung habe eher nicht geherrscht. Schon eher ein Zusammensein als grosser ‹Rotary Club›. Da begegneten sich bekannte Namen, «ach, Sie sind auch da», und schon sei über das Geschäft geredet worden.

Nach dem Rücktritt von Fritz Leutwiler wäre Kurt Schiltknecht als Mitglied der Nationalbank-Direktion fällig gewesen. Der Bundesrat ist abschliessende Wahlbehörde. Finanzminister Otto Stich nominierte Schiltknecht, wurde aber überstimmt. Die bürgerliche Mehrheit lehnte Schiltknecht aus politischen Gründen ab.

Der Schweizerische Bankverein liess sich die Chance nicht entgehen und wählte Schiltknecht in ihr Direktorium. Vor der Fusion zur UBS war der Bankverein die zweitgrösste Bank im Land.

Vor der Vertragsunterzeichnung sei da noch ein kleines Problem: Schiltknecht sollte natürlich das SP-Parteibuch abgeben. Der Kandidat sah das anders. Er könne gut ohne Bankverein leben, nicht aber ohne SP-Parteibuch.

Nun politisierte Kurt Schiltknecht nicht auf dem linken SP-Flügel. Dafür hat sie einen rechten. Denn es braucht beide.

In der Politik gibt es die bürgerliche Arroganz und leider auch die linke Borniertheit. Linke, die Genossen vom rechten Flügel für Salonsozialisten halten. Umgekehrt Konservative, die einen jungen Radikalen vom linken Flügel schnell zum Extremisten abstempeln. Dass Kurt Schiltknecht mit dem Banker Martin Ebner zusammenarbeitete und in der ‹Weltwoche› Kolumnist ist, ist sicher gewöhnungsbedürftig. Einige in der SP hätten ihn deswegen am liebsten aus der Partei ausgeschlossen. Diejenigen, die da das sozialdemokratische Reinheitsgebot verletzt sehen, nennen sich Fundis. Meistens fühlen sich die in der Minderheit wohler als an der Macht. Schon ein Kompromiss kann für sie eine politische Sünde sein.

In der ‹Weltwoche›, Ausgabe 10/2015, wurde in einem Interview zu Schiltknecht bemerkt: «Sie sind bekanntlich Sozialdemokrat.» – «Nein, das bin ich nicht mehr. Als sich die Partei dagegen wehrte, dass zu kleine Postfilialen geschlossen werden, fand ich, irgendwann sollte sich die SP der Realität stellen. Eine zukunftsorientierte Partei sollte erkennen, dass wir Strukturveränderungen in der Wirtschaft brauchen, dass wir Betriebe schliessen und Leute entlassen müssen.» Bei der Post war es der SP-Generaldirektor Jean-Noël Rey gewesen, der die ersten Filialen geschlossen hatte. Zusammen mit der Gewerkschaft geschah das sozialverträglich. SBB-Generaldirektor Benedikt Weibel, SP-Mitglied, liess ein paar tausend Beschäftigte in die Frühpension schicken. Die kleinen Stationen, früher durchwegs mit Personal bestückt, sind faktisch automatisiert worden. Solche Massnahmen tun weh, unterbleiben sie, gerät das Unternehmen in Rücklage. Gemessen an dem, was uns die digitale Wirtschaft abverlangen wird, waren das fast noch Schönheitsoperationen.

Im gleichen ‹Weltwoche›-Interview kritisierte Kurt Schiltknecht die USA, weil sie «die öffentlichen Schulen verludern lassen. Damit verschlechtern sich die sozialen Zustände. Eine solche Entwicklung müssen wir in der Schweiz unbedingt verhindern.»

Für mich ist Schiltknechts Austritt ein Verlust. Ich liebe Jean Ziegler und habe ihn als SP-Präsident durch alle Böden gegen konservative Kopfjäger verteidigt. Da müsste sich eigentlich auch ein Kurt Schiltknecht wohlfühlen können. Der eine auf dem linken, der andere auf dem rechten SP-Flügel und ich in der Mitte.

Auf- und Abstieg

Als es in der Basler Innenstadt noch Metzgereien hatte, gab es eine Bell-Filiale an der Freien Strasse. Filialleiter Paul Schneeberger hatte für einen guten Ruf gesorgt.

Bei der Direktion des Allgemeinen Consumvereins, ACV, heute Coop, wurde man auf ihn aufmerksam und engagierte ihn als Chef der ACV-Metzgereien. Bald einmal sind dem begabten Verkäufer sämtliche ACV-Läden unterstellt worden.

Da bekanntlich die Konkurrenz nur selten schläft, wurde man bei der Bell AG auf Paul Schneeberger aufmerksam und holte ihn in die Direktion. Vom Metzger zum Chef des grössten Fleischverarbeiters der Schweiz hatte Paul Schneeberger einen phänomenalen Aufstieg hingelegt.

Bell stellte sein Geschäftsprinzip auf den Kopf und gab den Verkauf als Detailhändler auf. Dutzende Filialen sind geschlossen worden. Mit Fleisch verdiene man an der Freien Strasse oder gar an der Bahnhofstrasse Zürich kein Geld mehr, hiess es. Direktor Schneeberger musste nicht nur Läden schliessen, sondern halt auch Personal entlassen. Das schlug ihm zusehends auf den Magen und aufs Gemüt. Auf einmal litt er an Schlafstörungen. Sein Job machte ihn krank, der Arzt empfahl ihm, den Direktorenposten der Gesundheit zuliebe aufzugeben.

Die Bell AG gehört zur Coop-Gruppe, die deren Fleischwaren verkauft. Paul Schneeberger hat den Direktionshut abgegeben, nicht jedoch den Beruf aufgegeben. Er kehrte nach Heimberg in das Elternhaus zurück und arbeitete bis zur Pensionierung im Coop-Center Kyburz in Thun. Als Verkäufer in der Metzgerei. Er mochte kein Frührentner sein.

Dass ihn die Entlassungen krank machten, war weiss Gott keine Blamage. Wie der den Wechsel von oben nach unten, wieder zum Metzger, hinnahm, fand ich fabelhaft.

Der populistische Aristokrat

«Das ist die Chance meines Lebens, berühmt zu werden.» Mit diesem Vorsatz stieg James Schwarzenbach in die Politik ein.

Die Zürcher Demokraten lancierten die erste Ausländerinitiative, brachten dann die nötigen Unterschriften nicht zusammen. Deshalb gibt es sie nicht mehr.

James Schwarzenbach übernahm die Idee und wurde so 1967 als Nationalrat ins Bundeshaus katapultiert. Seine Partei der Republikaner zählte im Rat drei oder vier Mann. Sie hatten die Unterschriften beisammen.

Schwarzenbach ist ein aristokratisches Geschlecht. James personifizierte nur noch früheren Glanz. Mit seinem Thomas-Verlag verwaltete er den diskreten Misserfolg. Die Politik hat ihn dann erlöst.

Seine frühere Sekretärin erzählte mir über Schwarzenbach Aufschlussreiches. Er sei ein begeisterter Italienfan gewesen. Im Büro habe es nur italienische Kunst gegeben. Die passte nicht mehr zur Ausländerinitiative. Damals kamen die «Gastarbeiter», so der damalige Ausdruck, fast nur aus Italien. Ergo habe Schwarzenbach im Büro alles Italienische ausgeräumt.

Die Wirtschaft lief auf Höchsttouren. Der Bundesrat schlug «Massnahmen gegen die Überhitzung der Konjunktur» vor. Davon wollte die Wirtschaft nichts wissen. Die Unternehmer liessen sich das Geschäft nicht versauen. Ich sagte einmal im Nationalrat, sie würden in Italien noch nachts mit der Stalllaterne Arbeiter rekrutieren.

1970 stimmten wir über die Schwarzenbach-Initiative ab. Wäre sie angenommen worden, hätten ein paar hunderttausend italienische Gastarbeiter die Schweiz verlassen müssen.

46 Prozent stimmten für die Initiative. Sie löste im Bundeshaus ein politisches Erdbeben aus. Alle Parteien, auch die SVP, sämtliche Wirtschaftsverbände, die Gewerkschaften, Kulturorganisationen, die Kirchen, alles, was Rang und Namen hatte, bekämpfte Schwarzenbachs Anliegen. Mit 46-Prozent Ja-Stimmen hatte wirklich niemand gerechnet. James Schwarzenbach wollte berühmt werden und ist es geworden. Mit seinem Fast-Sieg einer gegen alle.

Für uns Sozialdemokraten war es eine besonders bittere Niederlage. Die Arbeiter waren in Scharen zu Schwarzenbach übergelaufen. Der Aristokrat drang zudem weit in die bürgerliche Mitte vor.

Persönlich trat ich gut drei Dutzend Mal gegen Schwarzenbach an. Beide rauchten wir Pfeife. Bei Debatten am Bildschirm hagelte es Reklamationen. Man habe uns im Tabakdunst kaum mehr gesehen. Wir sind als Linke immer stolz darauf gewesen, Internationalisten zu sein. Da durften wir doch nicht noch mithelfen, dass von den Unternehmern rekrutierte Italiener wie Hunde aus dem Land gejagt worden wären. Meine Partei hat für ihre couragierte Gesinnung bis heute einen hohen politischen Preis bezahlt.

Schwarzenbachs Republikaner wurden in Nationale Aktion umbenannt. Daraus entstanden die Schweizer Demokraten, die in ihrer Ausländerfeindlichkeit zeitweise von der Autopartei rechts überholt wurden. Alle diese Rechtsaussenparteien sind von der Blocher-SVP aufgesogen worden.

Nach der Abstimmung traf ich Schwarzenbach zum Nachtessen. Mich interessierte dieses politische Phänomen. Er hatte den Abstimmungskampf im Alleingang geführt. Er könne keinen seiner Mitstreiter ins Schaufenster stellen, hatte er mir erklärt. Ganz schön arrogant, der aristokratische Populist. Mich nahm wunder, wie er seine Abstimmungskampagne finanziert hatte. Mit zigtausend Spenden von «den kleinen Leuten», betonte er stolz. Spenden von fünf, zehn oder zwanzig Franken. Einer, das sei die höchste gewesen, habe 10 000 Franken geschickt. Ein SBB-Lokführer aus St. Gallen, SP-Kantonsrat. Das machte mich natürlich hellhörig. Schwarzenbach erlaubte mir einen Einblick in seine Buchhaltung. Den Lokführer besuchte ich. Der hätte seiner Partei nie und nimmer so viel Geld gespendet. Was er auch zugab. «Schwarzenbach hat recht, es gibt zu viele Ausländer bei uns, deshalb unterstützte ich ihn.» Basta.

In solchen Momenten bist du als SP-Politiker ziemlich einsam. Ich fragte mich immer wieder, was ich falsch mache. Nur: 1974 stand ich auf dem Podium gegen Nationalrat Valentin Oehen, der die zweite Ausländerinitiative eingereicht hatte und die Nationale Aktion präsidierte. Immer wenn ich votierte, wurde ich aus dem Publikum unterbrochen. Bis mir der Kragen platzte: «Muffler, halten Sie Ihren dummen ‹Latz›, Sie waren ein Nazi und sind es geblieben.»

Ehemaligen Sympathisanten der SP im Publikum wurde klar, dass sie in der Ausländerfrage mit diesem Nazi im gleichen Boot hockten. Selten führte ich nach einer politischen Veranstaltung so viele Gespräche, bekam ich Anrufe und Briefe wie nach diesem

Nazi-Intermezzo. Es hat sie fast zerrissen, und ständig hörte ich die Worte: «Wenn die SP nur eine andere Ausländerpolitik machen würde, kämen wir sofort zurück.» Das hätte geheissen, für Schwarzenbach, für Oehen oder für Blocher Ausländerpolitik zu machen.

In der Schweiz leben um die zwei Millionen Ausländer. Sie haben hier ihre Existenz aufgebaut, und die meisten leben wohl besser, als wenn sie in ihren Herkunftsländern geblieben wären. Wir profitieren ebenfalls. Ich denke oft an den früheren Chef der Basler Fremdenpolizei Varni, den Vornamen habe ich vergessen.

Er äusserte mir gegenüber einen tollen Einfall: «Ich möchte gerne ein Experiment starten können und gäbe allen Ausländern in der Gastronomie, in den Hotels und Spitälern eine Woche frei. Damit wir Schweizer und Schweizerinnen sähen, was dann passierte. Der totale Zusammenbruch.»

2016 wird der Gotthard-Basistunnel eröffnet. Ohne Ausländer wäre er nie entstanden, um nur noch ein weiteres Beispiel zu erwähnen.

Ich bin mit dem Vorwurf, jemand sei ein Faschist, sehr zurückhaltend. James Schwarzenbach ist einer gewesen. Er hat das selbst dokumentiert. Mit seinem Buch ‹Dolch oder Degen›. Es ist eine einzige Verherrlichung des Franco-Regimes in Spanien. Hitler und Mussolini haben Franco im Bürgerkrieg gegen die demokratischen Republikaner vor allem mit der Luftwaffe unterstützt. Sozusagen als erster Probeeinsatz vor dem Zweiten Weltkrieg. Ich schreibe das nicht erst nach seinem Tod, sondern habe James Schwarzenbach damit im Nationalrat direkt konfrontiert.

Er ist mehr als eine Episode gewesen. Schwarzenbach hat fremdenfeindliche Ausländerpolitik etabliert, wir werden sie nicht los.

Der Denner-Boss

Als Chefredaktor der Parteipresse in der Deutschschweiz arbeitete ich ab 1970 drei Jahre in Zürich – und lernte im benachbarten Café an der Löwenstrasse Karl Schweri kennen, Gründer und Besitzer der Denner-Ladenkette.

Karl Schweri erinnerte an den Migros-Gründer Gottlieb Duttweiler. Denner ist der erste Discounter in der Schweiz gewesen. Schweri wehrte sich gegen Monopolpreise, zum Beispiel bei Zigaretten. Im Visier standen bei ihm die Schutzzölle für die Landwirtschaft. Etwa die Importkontingente für ausländischen Wein. Nur auserlesene Weinhändler besassen solche Kontingente. Es gab solche, die verkauften gar keinen Wein mehr, sondern nur noch Kontingente. Schweri nannte sie die Sofa-Weinhändler.

Mit seiner aggressiven Geschäftspolitik blieb er im öffentlichen Gespräch. Was bekanntlich die beste Werbung ist.

Als erster Discounter blieb er für die Konkurrenz ein unbeliebter Störfaktor. Gesellschaftlich gehörte er in Zürich nicht zur Noblesse. Seine Geschäftsmethode war irgendwie nicht salonfähig genug. Hedge-Fonds-Spekulanten dafür schon.

Karl Schweri schaffte sich seinen eigenen Bekanntenkreis. Als Nachbar gehörte ich auch dazu. Und war Gast auf der kleinen Zürichseeyacht mit zehn, zwölf geladenen Gästen. Die Fahrt endete regelmässig im eigenen Hotel ‹Alexander› in Thalwil. Die Auserlesenen reichten vom SVP-Rechtsaussennationalrat Hans-Ulrich Graf bis zum SP-Präsidenten.

Einmal gab es einen Sonderflug nach Wien. Schweri hatte uns an die Juni-Festwochen eingeladen und verwöhnt. Am dritten Tag beim Rückflug fehlte er. Sein Sohn sagte mir: «Vater fliegt morgen heim. Ihm ist diese Dankerei zuwider.»

Der erfolgreiche Unternehmer, der den Detailhandel gehörig aufgemischt hatte, war eher ein scheuer Mensch. Im kleinen Kreis mochte er sich wohler gefühlt haben als in öffentlicher Gesellschaft.

Karl Schweri hatte ein Faible für die neu gegründete Organisation der Kleinbauern. Der Vater der Aargauer Regierungsrätin Susanne Hochuli war Präsident. Der Bauer könne doch neben seiner schweren Arbeit nicht auch noch das Administrative dieser Organisation bewältigen. Es blieb nicht bei dieser Feststellung. Schweri finanzierte ihm das Sekretariat.

Anfang der Achtzigerjahre stimmten wir über die Kleinbauern-Initiative ab Die SP war turnusgemäss dabei federführend für das Ja-Komitee der Bundesratsparteien. Die FDP machte nicht mit. Das Gespräch mit Karl Schweri über das Budget für die Abstimmungskampagne dauerte höchstens fünf Minuten: «Reicht eine Million aus oder brauchen Sie mehr?» Als Sozialdemokrat backte ich normalerweise kleinere Brötchen.

Karl Schweri redete nicht um den Brei herum. Er wusste, was er wollte, lange Palaver hielt er für überflüssig.

Als sich Willy Brandt als Vorsitzender der Sozialistischen Internationale 1982 entschieden hatte, eine Büro-Sitzung in Basel abzuhalten, bekam ich ein Problem. Das ‹Büro› umfasste etwa 150 Mitglieder. Darunter jede Menge Regierungschefs und Minister. Aus Sicherheitsgründen wünschte der Kommandant der Basler Polizei, sie alle im Fünf-Sterne-Hotel ‹Hilton› einzuquartieren. Somit sie auch im Hilton zu verpflegen.

Die Gastgeberpartei hatte die Büro-Mitglieder zu den drei Hauptmahlzeiten einzuladen. Die Schweiz ist in Westeuropa das einzige Land ohne Parteienfinanzierung. Damit hätten wir die drei Essen à je 15 000 Franken aus der Parteikasse finanzieren müssen.

Von den Mitgliederbeiträgen. Das hätte beim nächsten Parteitag einen Aufstand abgesetzt. Mir blieb nur die Betteltour übrig. Ein Essen übernahm die Basler Regierung, das zweite Coop Schweiz und das dritte Karl Schweri.

Ich habe Karl Schweri als einen sehr erfolgreichen Unternehmer erlebt, der, was in der Wirtschaft eher selten geworden ist, ohne lange zu fragen, allein entschieden hat. Mit seinem hohen IQ war er auch noch schlau wie ein Fuchs.

Der YB-Trainer

Ab der fünften Schulklasse durfte ich in Bern zur Schule, Zollikofen führt nur Primarschulklassen. Buben und Mädchen wurden getrennt unterrichtet.

Im Turnen, heute heisst das ‹Sport›, trugen wir schwarze Turnhosen mit roten oder mit gelben Streifen. Als Fan des FC Bern oder der Young Boys. Der FC Bern spielt nur noch in der Provinzklasse. Als YB-Fan trug ich Schwarz-Gelb, das sind heute noch die Clubfarben.

Als VPOD-Sekretär fasste ich den Auftrag, eine öffentliche Versammlung zum Thema ‹Arbeitszeitverkürzung› zu organisieren. Das würde, so viel Erfahrung hatte ich schon gesammelt, keinen Massenandrang auslösen. Mit etwa hundert Besuchern hätte ich zufrieden sein müssen. Gleichwohl reservierte ich den grossen Saal im Volkshaus mit 1500 Plätzen. Meine alte YB-Liebe hatte durchgeschlagen. Ich telefonierte nämlich mit dem YB-Trainer Albert Sing, ob ich ihn als Referent engagieren könnte. Ohne zu zögern, nahm er das Angebot an.

Albert Sing war ab Mitte der Fünfzigerjahre der Erfolgstrainer schlechthin. Mit seinen neuen Trainingsmethoden holte er einen Schweizer-Meister-Titel nach dem anderen. Er professionalisierte den Feierabendfussball und hatte Erfolg. Zuerst als Spielertrainer, der allen anderen vormachte, wie moderner Fussball gespielt wird. Es ist keine Übertreibung festzuhalten: Albert Sing hat den schweizerischen Fussballsport revolutioniert.

Mein Kalkül ging auf. Der Volkshaussaal war ausverkauft. Der VPOD-Präsident referierte zuerst über die 44-Stunden-Woche. Werde die Arbeitszeit verkürzt, bleibe mehr Zeit für das Hobby, den Fussball etwa. Das ist das Pflichtlaufen gewesen. Dann folgte die Kür. Gekommen waren praktisch alle wegen Albert Sing. Der Deutsche aus dem Nachbarländle Baden-Württemberg referierte ohne Manuskript wie ein Profi.

Vorgängig hatte ich neben Albert Sing Sportjournalisten sowie den Präsidenten des FCB zum Nachtessen eingeladen.

Albert Sing packte aus. Er hätte gerne den FCB-Spieler Seppe Hügi engagiert. Der sei bereit gewesen, zum Abschluss seiner Karriere nochmals eine neue Herausforderung zu riskieren. Der FCB hingegen habe für den Transfer 50000 Franken verlangt. «Das hätte unser Budget völlig über den Haufen geworfen, so dass wir passen mussten.»

Seppe Hügi ist heute noch der wohl legendärste FCB-Fussballer. Beim Länderspiel gegen Frankreich schoss er im alten ‹Joggeli›-Stadion fünf Tore. Da die Young Boys damals den Europa-Cup bestritten, heute Champions League, wäre Hügi als Verstärkung willkommen gewesen. Immerhin stand YB 1960 gegen den FC Reims vor 60000 Zuschauern im ‹Wankdorf› im Halbfinal und siegte 1:0. Im Rückspiel dann wurde der Final verpasst.

Unsere Veranstaltung im Volkshaus wurde zum Stadtgespräch. Häufig binich gefragt worden, wie es mir gelungen sei, Albert Sing nach Basel zu verpflichten. Gemeint war, er habe doch sicher viel Geld gekostet. Nicht die Bohne. Er akzeptierte weder Honorar noch

Spesen und auch nicht die Übernachtung. Ich musste ihn sogar mühsam überreden, wenigstens Pralinés für seine Frau anzunehmen.

Albert Sing machte der Basler Abstecher als gelungene Abwechslung richtig Spass. Stunden nach Mitternacht fuhr er nach Bern zurück. Er hatte uns mit seinen erlebten Geschichten unterhalten. Als sein bester Spieler namens Wechselberger ausser Form geraten war, suchte Sing nach dem Grund. Es klappte nicht mit der neuen Freundin. «Also habe ich mit der Fremdenpolizei vereinbart, die Deutsche auszuweisen. Seither spielt Wechselberger wieder wie früher.»

Tatort Tschernobyl

Am 26. April 1986 geschah die Reaktorkatastrophe von Tschernobyl. Der GAU, so der Fachausdruck: grösster anzunehmender Unfall.

Nach der Logik der Atomlobby passierte das Unmögliche. Im Nationalrat sind wir mit dem sogenannten Rasmussen-Gutachten beruhigt worden. Wonach es nur einmal in 10 000 Jahren einen Unfall gebe. Da die Laufzeit eines Atomkraftwerks bei etwa 50 Jahren liegt, lag das Gefahrenrisiko gemäss dem Dänen Rasmussen bei null. Nur: Einmal in 10 000 Jahren heisst jederzeit. Ein Unfall kann jederzeit passieren. Wie eben in Tschernobyl. Nicht erst in 10 000 Jahren.

Die Atomlobby kreierte einen eigenen Sprachstil. Mit dem Ausdruck ‹Restrisiko› zum Beispiel. Atomkraftwerke seien sicher, es bestände lediglich ein Restrisiko. Tschernobyl war ein solches. Restrisiko ist das Unvorhergesehene, ist das für unmöglich Gehaltene.

Ein Jahr nach dem GAU reiste ich nach Kiew und traf Jurij Stscherbak. Er gehörte zum Ärzteteam für den Fall, dass in Tschernobyl ‹etwas› passierte.

Die Langzeitfolgen seien noch nicht abschätzbar, meinte er. Beim GAU wurde der vierte Reaktorblock zerstört. Im ‹Tempo Teufel› musste er mit einem Sarkophag zugedeckt werden. Dieser sei dreimal schwerer als der Eiffelturm in Paris und habe eine Höhe von 110 Metern, schilderte mir Jurij.

2017 muss der inzwischen brüchig gewordene Sarkophag mit einer neuen Hülle überdeckt werden. Das Projekt wird mit 2,1 Milliarden Euro budgetiert. 67 Staaten, darunter auch die Schweiz, beteiligen sich an der Finanzierung.

Den ersten Sarkophag-Einsatz führten Tausende Soldaten im Drei- bis Vierminutentakt durch. Sie riskierten dabei ihr Leben. Wie viele Opfer es gab, diese Zahlen bleiben umstritten.

Jurij Stscherbak erzählte mir, drei Tage vor der Katastrophe sei in der Stadt Pripjat eine Zivilschutzübung angeordnet worden. Beim simulierten Reaktorunfall sei die Evakuierung ein Schwerpunkt gewesen. Am Unglückstag habe anfänglich kaum etwas funktioniert. Erst nach 24 Stunden sei damit begonnen worden, Kinder zu evakuieren.

«Weisst du, ein solches Inferno kann man gar nicht üben. Dafür fehlt uns das Vorstellungsvermögen.»

Er selbst habe, als die Meldung aus Tschernobyl eintraf, ziemlich alles falsch gemacht. Sofort sei er mit dem Auto losgefahren. Bis er nach etwa einer halben Stunde gemerkt habe, «dass ich den Schutzanzug, die Gasmaske und weitere Utensilien in der Aufregung vergessen hatte, und umkehrte».

Zwei Jahre später trafen wir uns in Basel. Jurij hatte inzwischen ein Buch veröffentlicht: ‹Protokolle einer Katastrophe›, das auf Deutsch übersetzt wurde. Inzwischen wissen wir vieles, aber noch nicht alles über Tschernobyl. Ich beschränke mich auf eine Szene im Buch von Jurij.

Er berichtet vom ersten Kameramann des ukrainischen Fernsehens, der den Tatort gefilmt hat. Später besuchte er ein halbes Hundert Kameramänner, Journalisten und Mitarbeiter im Spital.

Wiederholen möchte ich seine Aussage: «Ein solches Inferno kann man nicht üben.»

Der Taxichauffeur

Kongresse sind Teil der Politik. Ich wurde etwa beneidet, wie schön es sei, zu den vielen Banketten eingeladen zu werden. Da ich kein Gourmet bin, ist das Vergnügen relativ. Kulinarisch bin ich ein einfaches Gemüt. Die Nobelküche im Fünf-Sterne-Hotel ist nicht mein Ding. Ausnahmsweise ja, aber nicht zu oft. Sonst bekomme ich ‹Längizyti› nach einem Wurstsalat.

Das Hotel ‹International› in Genf ist eine berühmte Herberge mit köstlichem Essen, schwärmen Kenner. Am dritten Tag war mir die exquisite Kost verleidet. Ich stieg in ein Taxi und bat den Chauffeur, mich in jenes Bistro zu fahren, wo er verkehre.

Der Mann schaute mich verdutzt an. Mit Sicherheit hat er mich nicht erkannt. Dafür überrascht: «Sie müssen aus Basel kommen», meinte er. Wieso er auf diese Idee verfalle, fragte ich. Dass ich Deutschschweizer sei, höre er aus meinem Französisch heraus. Von Bern oder Zürich sei ich nicht. Was jetzt diese Feststellung soll? Weil Berner und Zürcher alles essen, was ihnen gratis serviert werde. Ergo sei ich Basler. «Die Basler sind für mich ‹les Welches de la Suisse alémanique›», schmeichelte er mir. Ich hatte ihm erzählt, weshalb ich das Hotel verliess.

Der Taxichauffeur führte mich in ‹sein› Bistro. Er nahm meine Einladung zu einem Fondue an. Es wurde ein richtig gemütlicher Abend. Sein Kompliment mit dem Basler imponierte mir. Als Berner bin ich in Basel offenbar angekommen.

Der Experte

Noch einmal das Stichwort ‹Tschernobyl›. Natürlich hat uns diese Katastrophe im Bundeshaus beschäftigt. Die Atomlobby hatte schnell eine Ausrede parat: Der GAU hätte nur mit einem sowjetischen Reaktor passieren können. Wir hätten einen höheren technischen Standard, unsere Atomkraftwerke seien absolut sicher.

Die Energiekommission des Nationalrats führte über Tschernobyl Hearings durch. Meinem Antrag, den deutschen Experten Klaus Traube einzuladen, wurde zugestimmt.

Ich lernte ihn bei einem Anlass der SPD kennen. Traubes Biografie fiel aus dem Rahmen. Während zwanzig Jahren wirkte er beim Siemens-Konzern als Projektoberleiter beim Bau von Atomkraftwerken. Die Erfahrung machte ihn zum Gegner der Atomenergie.

Bevor ein AKW in Betrieb geht, wird es drei Monate auf den Prüfstand ‹gestellt›. Etwa hundert Ingenieure und Techniker, so Traube, simulieren Probeläufe. «Sie machen sich keine Vorstellung, was für Fehler uns da unterlaufen sind.» Bewusst geworden sei ihm das erst in den letzten Jahren.

In unserer Parlamentskommission verglich der Deutsche Atomkraftwerke mit der Eisenbahn. Diese gebe es sei hundert Jahren. In zig Ländern forschten Tausende Fachleute, um die Sicherheit der Bahn zu erhöhen. «Immer wieder passieren Unglücke. Es gibt eben keine absolute technische Sicherheit. Wo Menschen beteiligt sind, werden Fehler gemacht», lese ich in den Gesprächsnotizen.

Atomkraftwerke seien genauso störanfällig, warnte uns Traube. Bei der Bahn müssten Tote und Verletzte in Kauf genommen werden. Beim GAU eines Atomkraftwerks gerate alles ausser Kontrolle, die Folgen können verheerend sein. Diese Technik halte er, Traube, für nicht mehr zu verantworten. Wo immer er auftrete, zuletzt in Paris, werde ihm versichert, im Gegensatz zu den sowjetischen Reaktoren in Tschernobyl seien unsere technisch auf einem vielen höheren Standard und böten absolute Sicherheit. Klaus Traube wiederholte, das sei eine Selbsttäuschung. Kein AKW garantiere absolute technische Sicherheit.

Der Deutsche hinterliess bei den Kommissionsmitgliedern Eindruck. Auch AKW-Befürworter hörten ihm zu, allerdings ohne den Empfang eingeschaltet zu haben. Es gibt Politiker, die nehmen nur wahr, was ihnen passt, was ihre Meinung bestätigt. Faktisch sind sie unbelehrbar. Daran ändert Tschernobyl oder Fukushima nichts. Rechtsbürgerliche favorisieren noch immer die Atomenergie.

Peter Bodenmann meint, wir hätten das zweitdümmste Bürgertum in Europa. Wer das dümmste hat, behält er für sich.

Der Stammtisch

Als aktiver Politiker kannte ich den Stammtisch nur vom Hörensagen. Mit fehlte dafür die Zeit.

Das hat sich mit dem dualen Wohnsitz in Basel und im Jura geändert. Nach meinem Rücktritt als Nationalrat hauste Gret öfters allein im Jurahaus und ich in der Stadtwohnung. Abends traf ich dann unsere Kristin oder Bekannte oder, das war neu, den Stammtisch im Restaurant ‹Kunsthalle›. Eigentlich sind es zwei ‹Beizen› unter dem gleichen Dach: das Bistro mit den Holztischen und das Nobelrestaurant mit Tischtüchern.

Als neuer Gast offerierte mir Peter Wyss, legendärer ‹Kunsthalle›-Wirt, doch am Stammtisch Platz zu nehmen. Diese Einladung erwies sich als wohltuend mit Langzeitwirkung. Wann immer ich in der Stadt war, machte ich wenn möglich einen Abstecher in die Kunsthalle. Und wenn es schon 23 Uhr geschlagen hatte.

Natürlich ist mir nicht entgangen, was über den Stammtisch so alles gelästert wird. In der Kunsthalle trafen sich der Medizinprofessor, der Immobilienhändler, der Tapezierer und Plattenleger, vom Pfarrer, Unternehmer, Werbeprofi bis zum Banker und zum FCB-Scout, der Geologe und der Baumeister, dazu der Architekt und der Künstler. Es war eine Mischung quer durch den Pfarrgarten, von rechts bis links, von Bekannten und Unbekannten. Die einen jassten, wir anderen diskutierten oder schauten den Kartenspielern zu. Spannend war's, wenn alle an der Diskussionsrunde teilnahmen.

Die Zusammensetzung der Stammkunden am Stammtisch war vielversprechend. Mittelpunkt und Seele der Runde blieb der Wirt Peter Wyss.

Ich kenne seinen Vater Paul Wyss gut. Er ist FDP-Nationalrat, Direktor der Handelskammer Basel, später der Messe Schweiz gewesen, zusammen sassen wir im Nationalrat. Bei Anliegen des Kantons oder der Region übernahm Paul Wyss die Federführung. Er koordinierte gemeinsame Aktionen. Das erwähne ich nicht, weil Peter Wyss einen prominenten Vater hat. Dieses Etikett braucht er gar nicht. Hingegen hat er vom Elternhaus das politische Interesse und Können mitbekommen. Ich staunte oft, wie gut er über das politische, gesellschaftliche oder wirtschaftliche Geschehen informiert war. Als ob er aktiver Politiker gewesen wäre. Ich vernahm vieles, was ich sonst nie erfahren hätte. Der Stammtisch von Peter Wyss erwies sich als ideale Informationsbörse. Dazu trugen die unterschiedlichsten Gäste natürlich Entscheidendes bei.

Peter Wyss akzeptierte keine Kreditkarten. Weil er sonst den Barzahlern eigentlich einen Rabatt gewähren müsste, so die Begründung.

Während der Basel World, der Uhren- und Schmuckmesse, verkehrten in der Kunsthalle Aussteller aus der ganzen Welt. Denen schickte er die Rechnung. Ob er da nicht Verlust erleide, fragte ich. Nur einmal habe er 15 000 Franken abschreiben müssen. Der Gast sei ihm als Bluffer aufgefallen, aber er wollte ‹es› wissen. «Sonst haben alle bezahlt, auch Gäste, die bei mir zum ersten Mal gegessen haben. Die schätzten es, dass ich ihnen vertraute, und wurden Stammgäste.»

Wyss ist ein guter Beobachter. Die Gäste der Basel World seien ‹Spesenfresser›. Der Preis spiele bei denen keine Rolle. Und wenn er das Doppelte verlangt hätte. Ein Kellner kam an den Stammtisch, meldete aufgeregt: «Chef, soeben bekam ich 250 Franken Trinkgeld.» – «Da musst du dich aber noch anstrengen, dein Kollege kassierte gerade 600 Franken.»

Die Gäste der zwei Weltmessen in Basel, die der Uhrenmesse und die der Art, seien grundverschieden. Wenn die von der Uhren- und Schmuckmesse für zwölf reservieren liessen und es kämen vierzehn, müsse ein Tisch zusätzlich bereitgestellt werden. Seien es bei denen von der Art sechs mehr, als bestellt wurde, rückten sie zusammen, es würden einfach sechs Stühle zusätzlich geholt. Die Galeristen und Künstler seien viel unkomplizierter und lustiger.

Ein paarmal im Jahr begrüsste Peter Wyss Lukas Mühlemann, CEO der Credit Suisse. Mühlemann gehörte mit anderen Prominenten dem Swissair-Verwaltungsrat an. Also jenem Gremium, das 2001 die beste Airline der Welt, in diesem Ruf stand die Swissair, durch Misswirtschaft zur Bruchlandung und damit in den Konkurs befördert hat.

Peter Wyss kam leicht aufgebracht an den Stammtisch. Er habe Mühlemann begrüsst und gefragt, ob ihm das Essen geschmeckt habe. «Wie immer war es ausgezeichnet.» – «Nein», funkte seine Partnerin dazwischen, «das Filet war nicht gut.» – «Herr Wyss, nein, wir sind nicht zufrieden», korrigierte sich Mühlemann.

«Da sitzt bei mir der zweithöchste Bankier der Schweiz und ist nicht einmal imstande, zu seiner Meinung zu stehen. Wie führt denn so ein ‹Hosenscheisser› eine Grossbank?»

Das war noch vor dem Swissair-Absturz. Später wunderten wir uns nicht über das unrühmliche Ende dieses Mannes: 2002 verlor Lukas Mühlemann seinen Job mangels genügender Leistung.

1996 hatte die Credit Suisse in den USA eine Investmentbank gekauft, die als Fehlinvestition die Rechnung heute noch belastet. 2015 mussten weitere 3,5 Milliarden Franken abgeschrieben werden. Lukas Mühlemann lässt grüssen.

Vor ein paar Jahren hörte Peter Wyss mit dem Wirten auf. Ich vermisse den Stammtisch sehr. Es war eine wunderbare Zeit. Etwa, wenn die Letzten nach Mitternacht von Wyss kulinarisch verwöhnt wurden. In der Zeit der E-Mails, des Smartphones oder von Facebook ist der Stammtisch wie eine Oase der persönlichen Begegnungen. Der Stammtisch ist Leben live, nicht digitalisierte Kommunikation.

Es könnte ein Witz vom Stammtisch sein. Kellner: «Haben Sie noch noch einen Wunsch?» – «Ja, bringen Sie mir Geld, ich möchte zahlen.»

Inzwischen empfängt Peter Wyss seine Gäste im Restaurant ‹Zum Schützenhaus› in Basel.

Der Pressesprecher

Oswald Sigg hat bei Bundesrat Willi Ritschard als Pressesprecher angefangen. Meines Wissens als Erster im Bundeshaus. Jedenfalls existierte noch kein Reglement, kein Pflichtenheft, nichts. Deshalb legte Oswald Sigg seinem Chef ein Konzept vor. Und erlebte die erste Überraschung.

Konzepte waren bei Ritschard, das habe ich oft von ihm gehört, politische Nichtschwimmer. Er solle, meinte Ritschard zu Sigg, sich einfach im Journalistenzimmer aufhalten. Das war mit dem heutigen Medienhaus an der Bundesgasse nicht zu vergleichen.

«Was soll ich dort machen?», fragte Sigg.

Bloss zuhören, was los sei im Land. Für ihn ein gutes Wort einlegen, Interviews vermitteln.

Oswald Sigg hatte begriffen. Willi, sie waren ja per Du, erwartete, dass er ihn gut ‹verkaufe›. Wie ein Marketingprofi, sagen wir, Ovomaltine.

Bei den beiden stimmte die Chemie. Sigg ist vom Naturell her bedächtig, die Ruhe in Person, kein ‹Jufli›, wie der Berner sagt. Keiner, der unbedacht handelt.

Pressesprecher ist ein absoluter Vertrauensjob. Er arbeitet eng mit seinem Chef zusammen, hat Einblicke wie nur wenige, ist mehr mit ihm zusammen als seine Frau. Weiss vielleicht auch mehr als sie.

Nach Ritschards Tod arbeitete Sigg für andere Bundesräte: Otto Stich, Adolf Ogi, Samuel Schmid, Moritz Leuenberger sowie für die SRG und die Schweizerische Depeschenagentur.

Die Hardliner in der SVP staunten Bauklötze und verstanden die Welt nicht mehr, als VBS-Chef Dölf Ogi ihn holte. 1989 stimmte Oswald Sigg für die Initiative Abschaffung der Armee. Ob wohl Ogi den Verstand verloren habe, werweissten seine Fraktionskollegen. Der replizierte cool: Nein, Sigg sei halt der Beste. Er müsse ja nicht die Armee verteidigen, sondern der Öffentlichkeit seine Politik erklären, so Dölf Ogi.

Sigg krönte seine Laufbahn als Pressesprecher für den Bundesrat. Als solcher war er an den Sitzungen dabei. Er verfasste das

Pressekommuniqué und sprach es mit der Bundespräsidentin, dem Bundespräsidenten ab. Die Kunst ist, was wie berichtet oder wie verschwiegen werden soll:

Am Wahlparteitag 2015 hockten wir miteinander am gleichen Tisch. Die beiden Bundesräte bilden mit ihren Referaten jeweils den Höhepunkt. Diesmal wurden sie interviewt. Etwas gar lieb. Sie antworteten im amtlichen Jargon. «Der Bundesrat hat beschlossen»; «Der Bundesrat meint dazu»; «Der Bundesrat hat die Absicht» … In diesem Singsang langweilten sie uns. Nie hörten wir: «Ich habe das und das getan.» Immer: «Der Bundesrat.»

«Die reden ja, als ob sie Pressesprecher wären, das war doch ich», meinte Sigg. Es liess sich so gar nichts von Wahlkampfrhetorik vernehmen.

Der Bürger Oswald Sigg hat eine der radikalsten Volksinitiativen von Anfang an unterstützt: ein Grundeinkommen von 2500 Franken für jeden Erwachsenen pro Monat. Sigg war das prominenteste Gesicht des Initiativkomitees. Von vielen als Spinner belächelt oder beschimpft. Wie kommt einer der höchsten Bundesbeamten dazu, da mitzumachen, schüttelte gar mancher Gescheite den Kopf.

Mir hat Oswald immer erklärt, es gehe gar nicht ums Gewinnen, es müsse eine Debatte angestossen werden über ein Problem, das auf uns zukomme: «Wie reagiert die Gesellschaft, wenn es nicht mehr für alle Arbeit gibt?»

Die ‹Frankfurter Rundschau› vom 3.6.2016 berichtete vom «Labor Schweiz». Die Initiative habe eine Diskussion über die Schweiz hinaus ausgelöst. Politiker, Wissenschaftler, Philosophen seien vom Ausland in die Schweiz gereist, um sich zu informieren. «Dieses gemeinsame Nachdenken über das bedingungslose Grundeinkommen hat die Gesellschaft verändert. Damit haben die Initianten eines ihrer Ziel erreicht. Was passiert, wenn Roboter uns die Arbeit wegnehmen?»

Am 5. Juni 2016 wurde abgestimmt. Ein Wahnsinnserfolg. Über 30 Prozent Ja-Stimmen. In der Stadt Bern 40 Prozent Zustimmung.

Im Kreis 5 der Stadt Zürich wurde die konkrete Utopie angenommen. Ich hätte nicht im Traum an ein solches Resultat geglaubt. Fast beschämt mich mein Pessimismus.

Oswald Sigg ist kein Träumer. Wie sagte David Ben-Gurion, erster Ministerpräsident von Israel? «Wer nicht an Wunder glaubt, ist kein Realist.»

Die Stadtpräsidentin

Eine ZDF-Reporterequipe wünschte von mir einen Kommentar. Nämlich, wieso die französischsprechenden Schweizer mehr über Frankreich, das heisst über Paris, wüssten als über die Deutschschweiz.

Ich beschränke mich auf meine Erfahrungen aus dem Nationalrat beziehungsweise aus meiner Fraktion. Ein inniges Verhältnis war es nicht. Die Romands separierten sich gerne unter sich. Sie trafen sich regelmässig an der Soirée romande. In meinen fünfzehn Jahren als Parteipräsident war ich dazu gerade zweimal eingeladen worden. Das sollte ich erst noch als besonderes Wohlwollen estimieren.

Meine Ratskollegin Yvette Jaggi aus Lausanne war anders gestrickt. Als einzige Welsche meldete sich bei uns spontan: «Können wir wieder mal miteinander essen gehen?» Unsere ‹Viererbande›, die ich bereits beschrieben habe, bemühte sich um Kontakte, indem wir mit ein paar anderen Welschen essen gingen. Auf ihren Wunsch redeten wir in unserer Muttersprache. Eigentlich fanden alle, es sei ein gelungener Abend gewesen. Hätten nicht immer wir den Anstoss gegeben, wäre kein Treffen mehr zustande gekommen.

Yvette Jaggi war als Vizepräsidentin der SP Schweiz faktisch die Nummer eins in der Romandie. Sie begnügte sich nicht mit der pragmatischen Tagespolitik. Mit einem halben Dutzend Gesinnungsfreunden arbeitete sie in einem Denklabor, wie ich es nenne, zusammen. Um Perspektiven aufzuzeigen, Ideen zu testen, Zukunftspolitik auszudenken oder die eigene Meinung auf den Prüfstand zu stellen. Im eigenen Mitteilungsblatt ‹Domaine public› ist auf hohem Niveau versucht worden, für den demokratischen Sozialismus eine Langzeitstrategie aufzuzeigen.

Für Yvette Jaggi ist Politik ein ständiger Lernprozess gewesen. Lausanne sowie der Kanton Waadt sind lange Hochburgen der Freisinnigen und Liberalen gewesen. Ein Waadtländer gehörte beinahe automatisch dem Bundesrat an. Bis Yvette Jaggi den Durchbruch schaffte und erste Stadtpräsidentin von Lausanne wurde. Heute wird die Stadt von sechs rot-grünen Linken regiert. Noch ein Freisinniger vertritt die politische Rechte.

Im Kanton ist der SP-Staatsrat Yves Maillard der starke Mann, der es schaffte, mit der Waadt auf die linke Spur zu wechseln.

Die Denkarbeit hat sich ausgezahlt. Erfolg basiert auf harter Arbeit. Die hochbegabte Yvette Jaggi hat mit anderen vorgemacht, dass intelligente Politik eine Chance hat.

In einem Rückblick würdige die ‹NZZ› vom 31.3.2016 ihre Arbeit. Yvette Jaggi habe «die frühere freisinnige Hochburg mit hellem Kopf und eiserner Faust regiert», das bis 2001.

Der Eisenbahner

Die Schweiz hat, gemessen an der Fläche und der Zahl der Einwohner, nicht nur das dichteste Autobahnnetz, wir sind ebenfalls beim Bahnfahren Europameister. Da ist viel Mobilität im Land.

Die SBB seien zudem auch noch die Bahn Nummer eins. Wer genau das ausgerechnet haben soll, weiss ich nicht. Vielleicht ist sie ja ‹nur› die zweitbeste. Der jetzige SBB-Boss Andreas Meyer hält sich jedenfalls an die Devise: «Wer nicht ständig besser wird, bleibt nicht gut genug.»

Wenn ich die SBB erwähne, fahren auch BLS, SOB, Rhätische Bahn und andere Privatbahnen auf denselben Erfolgsschienen. Die sogenannten Privatbahnen gehören allerdings meistens Kantonen und Gemeinden. Sie zählen zum Service public wie die SBB AG. Wobei der Bund hundertprozentiger Aktienbesitzer ist.

Diese SBB AG ist für mich immer noch gewöhnungsbedürftig. Bis Mitte der Neunzigerjahre geschäfteten die SBB als Bundesbetrieb. Sie waren, wie übrigens auch die Post, dem Bundesrat und dem Parlament unterstellt. Als Aktiengesellschaft haben beide mehr unternehmerische Kompetenzen.

Beim alten Regime wurden deren Dreierdirektionen nach dem politischen Verteiler besetzt. Die Sitze gingen an die CVP, FDP und SP als die damals drei stärksten Bundesratsparteien.

Als bei der SBB-Generaldirektion eine SP-Vakanz zu besetzen war, durfte ich als Parteipräsident dem Bundesrat einen Vorschlag unterbreiten. Ich brachte der Geschäftsleitung Benedikt Weibel als meinen Vorschlag zur Kenntnis. Vorher konsultierte ich Nicolas Hayek, der kurze Zeit zuvor über das SBB-Unternehmen eine Expertise abgeliefert hatte. Benedikt Weibel war als Generalsekretär der Direktion für Hayek eine wichtige Ansprechperson. Er sei der Beste, empfahl er ihn mir. Der Bundesrat erklärte sich einverstanden und vollzog die Wahl.

1995 veröffentlichten zwei Dutzend bürgerliche Schwergewichte aus Politik, Wirtschaft und Wissenschaft die Kampfschrift ‹Mut zum Aufbruch›. Neoliberale Ideologen erklärten den Aufstand von rechts. Alle Service-public-Betriebe sollten privatisiert, die Wirtschaft und Gesellschaft dereguliert und liberalisiert werden – die Privatisierung der SBB allerdings nur unter der Bedingung, dass sie vom Bund weiterhin subventioniert worden wäre.

Was sagt uns das? Das SBB-Netz umfasst natürlich nicht nur starke befahrene Linien wie die von St. Gallen–Zürich–Bern–Lausanne–Genf. Da hat es viele Strecken mit roten Zahlen, wie die von Delsberg nach Boncourt zum Beispiel. Faktisch fährt dort eine Schülerbahn. Am Morgen, über den Mittag und am Nachmittag sind die Züge voll mit Schülern belegt. Dazwischen werden sie eher schwach benutzt. Die meisten Stationen liegen abseits der Dörfer, das Auto ist bequemer. Die preisgünstigen Schülerabos sind für die SBB kein Geschäft, für die Eltern schon.

Der öffentliche Verkehr erbringt für die Gesellschaft und Volkswirtschaft unverzichtbare Dienste, die buchhalterisch gerechnet nicht rentieren. Dafür zahlt der Bund eine Abgeltung.

Benedikt Weibel sass während der Budgetdebatte in der Wintersession stets im Gästesektor. Um dem Verkehrsminister für Auskünfte verfügbar zu sein und um für sich den politischen Puls zu spüren. Bei dieser Sparpolitik, meinte er einmal zu mir, nehme der Druck zu, unrentable SBB-Linien aufzugeben. «Wir müssen die Kantone in die Pflicht nehmen.»

Weibels Kalkül leuchtete mir ein. Kantonsregierungen seien näher bei ihren Leuten und würden sich gegen Stilllegungen wehren. Sein strategisch wichtiger Entscheid ist politisch umgesetzt worden. Heute bestellen die Kantone für ihre Linien den Fahrplan. Ich bleibe beim Beispiel Delsberg–Boncourt: Die Regierung des Kantons Jura gibt den SBB die Anzahl Züge in Auftrag und finanziert die Hälfte des Defizits. Heute verkehren mehr Züge als früher.

Das System Weibel hat sich schweizweit bewährt. Verkehrsminister Adolf Ogi und er führten zusätzlich noch den Taktfahrplan ein. Das war ein Quantensprung. Mit diesem flächendeckenden Angebot ist der öffentliche Verkehr attraktiver geworden. Weibels Nachfolger Andreas Meyer hat für den daraus entstandenen Nachholbedarf beim Unterhalt im Bundeshaus ein paar zusätzliche Milliarden organisieren müssen.

Die SBB sind heute ein anderes Unternehmen als zu meiner Zeit als Stationsbeamtenlehrling. Auf meiner ersten Lehrstation Riedtwil-Seeberg zwischen Burgdorf und Herzogenbuchsee bildete der Stationsvorstand mit noch einem Beamten, zwei Güterarbeitern und dem Lehrling das kleine Team. Nach diesem Muster sind praktisch alle SBB-Stationen bedient worden, so der Fachjargon. Heute sind die meisten geschlossen, eben unbedient. Auch Züge verkehren unbedient, mit Stichkontrollen. Das sind nur zwei Beispiele für eine Strukturreform, die ein paar tausend Arbeitsplätze gekostet hat. Damit wird das Verhältnis zwischen dem Personal und dem Chef am härtesten herausgefordert. Das gilt für private und öffentliche Betriebe.

Benedikt Weibel hat das Unvermeidliche mit der Gewerkschaft, mit dem Schweizerischen Eisenbahnerverband SEV, sozialverträglich durchgeführt – in den meisten Fällen mit Frühpensionierungen. Ich kenne einige Betroffene, die attestiert haben: «Wenigstens ist es eine grosszügige Lösung.» Weibel ist kein Chef gewesen, der mit seinen Leuten von oben herab verkehrte. Für mich strahlt er etwas Väterliches aus. Er braucht Autorität nicht krampfhaft zu bemühen. Er hat sie einfach.

Es sind kleine Gesten, die den Menschen kennzeichnen. Bei Weibel würde ich gerne sein Kochbuch als Beweis vorstellen: ‹Rezepte der Rottenköchinnen der SBB›. Seine Mutter, schreibt er im

Vorwort, habe ihm einmal vorwurfsvoll gedroht: «Jetzt willst du nicht auch noch die Rottenköchinnen abschaffen.» Das sind jene Frauen, die in der fahrbaren ‹Beiz› die Gleisarbeiter verpflegen. «Die Rottenküchen und Köchinnen sind wichtig für unser Unternehmen», hat Benedikt Weibel sie für einmal aus der Anonymität ins Schaufenster gestellt. Es ist ein herrliches Kochbuch mit wunderbar einfachen Rezepten.

Der Vielseitige

Als Chefredaktor der ‹Basler AZ›, dann für die gesamte deutschschweizerische Parteipresse, arbeitete ich mit einem bescheidenen Budget. Für Auslandskorrespondenten reichte es nur ausnahmsweise aus. Für eine kurze Zeit berichtete Niklaus Meienberg aus Paris für uns. Verwöhnt wurde ich durch Karl Gerold, Chefredaktor der ‹Frankfurter Rundschau›.

Ich durfte die Artikel seiner Auslandskorrespondenten gratis übernehmen. Als Dank von Karl Gerold an Basel, weil der die Hitlerzeit als Emigrant bei uns verbringen durfte. Er ist längst verstorben, der Briefträger bringt mir die ‹Frankfurter Rundschau› noch heute.

Am längsten für uns geschrieben hat Viktor Willi aus Rom. Hauptberuflich arbeitete er als Italien-Korrespondent für Radio Beromünster, heute SRF. Dazu noch für Zeitungen, so auch für uns.

Wir sind beide altersmässig nahe beieinander. Viktor Willi lebte in Disentis. Ich telefoniere mit niemandem so regelmässig und häufig wie mit ihm. Halt, das stimmt nicht. Ich telefoniere mit unseren drei Kindern öfter die Gespräche mit Viktor dauern dafür am längsten.

Wir zwei tauschen unsere politischen Meinungen aus. Und möchten immer noch die Welt verbessern. Was darauf schliessen lässt, dass unser Optimismus intakt geblieben ist. Der von Viktor hat mehr

Drive. Er versucht es immer wieder, mich von seiner Idee einer Weltregierung zu überzeugen. Nur so könne es Frieden geben.

Viktor stösst bei mir auf taube Ohren. Ich bin wohl ein von der Routine verdorbener Realpolitiker geworden. Wenn nicht einmal die beiden Basler Kantone ein gemeinsames Haus schaffen, wie sollte da Viktors Idee funktionieren? Im Uno-Sicherheitsrat sind die fünfzehn Mitgliedstaaten in den wirklich entscheidenden Fragen selten einig. Sie blockieren sich gegenseitig, widerspreche ich. Das beeindruckt meinen Partner in Disentis überhaupt nicht.

Wenn dann gegen Mitternacht das Fax rattert, weiss ich: Viktor schickt mir seine Botschaft schriftlich.

Mir ist unerklärlich gewesen, wieso das italienische Volk einen Silvio Berlusconi zum Ministerpräsidenten wählen konnte. Ich fragte Viktor Willi, ob er mir das erklären könne. Auf seine Analyse wäre ich nie gekommen:

Der Vatikan-Klerus habe die italienische Gesellschaft während vier Jahrzehnten geprägt. Die DC, die Partei der Democrazia Cristiana, sei ihr verlängerter Arm gewesen. Am besten personifiziert habe diese Verbindung der mehrfache Regierungschef Giulio Andreotti. Er war ein Mann des Vatikans, zugleich stand er im öffentlichen Verdacht, gefährlich nahe bei der Mafia zu sein. Diese scheinheilige Doppelmoral hatte die Gesellschaft verseucht. Zusätzlich belastet von Korruption.

Silvio Berlusconis Wahlsieg habe anfänglich wie eine Befreiung vom finsteren Mittelalter gewirkt. Dass er ebenso korrupt war, was soll's? In den Augen der Italiener sind das eh alle Politiker. Hingegen liess Berlusconi in seiner Kathedrale, im Stadion der AC Milan, Fussball spielen, statt mit Weihrauch parfümierte Moral zu predigen. Berlusconi ist Besitzer der AC Milan, neben Juventus Turin und Inter Mailand einer der drei grossen Fussballclubs.

Berlusconi hat sich dann mit seinen ‹Bunga-Bunga›-Sexaffären als Politiker selbst erniedrigt und unmöglich gemacht. Ein Regierungschef, für den man sich schämt, hat abgewirtschaftet.

Viktor Willi ist Politologe, Soziologe, philosophischer Journalist. Er war Radioreporter, Zeitungskorrespondent und Buchautor. Einige Buchtitel unterstreichen seine Vielseitigkeit: ‹Grundlagen einer empirischen Soziologie der Werte und Wertesysteme›, ‹Denkanstösse zur Ausländerfrage›, ‹Kulturgeschichte der Mode›, ‹Indira Ghandi›, ‹Überleben auf Italienisch›, ‹Sicher und erfolgreich reden› (5. Auflage), ‹Im Namen des Teufels›.

Dazu gehören Vorträge, Seminaren, Rednerkurse und Reisen in 78 Länder. Heute noch gastiert er als Redner in Schulen.

Viktor Willi ist alles ausser gewöhnlich.

Der Chirurg

Viele Gedanken über meine Gesundheit machte ich mir nicht. Ich wurde 2016 neunzig und sei noch gut ‹zwäg›, wird mir attestiert. Medikamente konsumiere ich keine. Etwas süffisant bemerkte ich, im Alter gebe es halt Karosserieschäden. Bis dann der Ernstfall bei mir selbst eintrat: eine schwere Rückenoperation am 30. November 2015.

Die damit verbundene Begegnung mit dem Chefarzt im Universitätsspital Basel Professor Stefan Schären habe ich weder gesucht noch mir gewünscht. Sie hat sich durch meinen ‹Karosserieschaden› zwangsläufig ergeben. Auf eine wunderbare Art. Er hat mich geheilt. Grossvater wäre mit diesem Leiden im Rollstuhl gelandet. Vermutlich auch noch mein Papa.

Als siebenjähriger Bub erlitt ich beim Skifahren einen Schienbeinbruch. Mit dem eingegipsten Bein lag ich vier Wochen im Bett. Nach meiner Rückenoperation stand ich am dritten Tag bereits wieder auf den Beinen. Nicht freiwillig: Die Muskulatur soll möglichst erhalten bleiben, zudem wird die Gefahr einer Thrombose verhütet.

Professor Schären hat mir die Operation geschildert. Meine Wirbelsäule verlor ihre Stabilität. Sie ist mit einem ‹zementierten› Stab und acht Schrauben wiederhergestellt worden. Während ich darüber schreibe, liegt die Operation vier Monate zurück. Ich bin schmerzfrei, mache aber noch ambulant Therapie. Man(n) lernt wieder laufen.

Der unfreiwillige Aufenthalt im Spitalbett hat bei mir einiges verändert. Ich bekam die eher abschätzig gemeinte Bemerkung mit, das Universitätsspital sei eine ‹Fabrik›. Ich weiss nur, da hat mich der Chefarzt mit seinem Team nicht einfach ‹geflickt›, er hat mir die Lebensqualität zurückgegeben. Zudem genoss ich beste Pflege und Therapie.

Chefarzt Stefan Schären kommt mit seinem Team im Jahr auf über tausend Operationen. Das ständige Operieren verschaffe ihm die nötige Erfahrung, Kompetenz und Sicherheit. Deshalb wäre es sinnvoll, sagte er mir, sich auf einige Zentren zu konzentrieren. Das zu erreichen, brauche bei unserem Föderalismus mit 26 Kantonen Geduld und Zeit. Schon die Zusammenarbeit der beiden Basel sei ein mühsames Geschäft.

Aufgefallen sind mir im Universitätsspital und in der Reha-Abteilung des Felix-Platter-Spitals die vielen Jungen. Einer hat mir erzählt, wieso er sich zum Pflegefachmann ausbilden lässt. Für das Gymnasium habe es nicht gereicht, als Handwerker sei er zu wenig talentiert. «Was also mache ich in dieser verrückten Zeit?» Und da habe er sich gesagt, Pfleger werde es immer brauchen, das sei ein relativ sicherer Beruf. Ich habe als Politiker von den Praktikern einiges erfahren.

Professor Schären hat in der ‹Basler Zeitung› eine wunderbare Geschichte erzählt. Es geht um eine 75-jährige Frau, die nach vier Operationen ihr Rückenleiden nicht losgeworden ist. Sie lief vornübergebeugt mit ständigen Schmerzen herum. Schon nur der Anblick tut mir weh. Wahrscheinlich hat sie nicht mehr daran geglaubt, dass sich das noch ändern könnte.

Professor Schären beschreibt, wie er ihr geholfen hat: «Bei der bereits versteiften Wirbelsäule schnitten wir am drittuntersten Wirbel einen Keil heraus und ‹klappten› den Wirbel zusammen. Dies hatte den Effekt, dass sich die vornübergebeugte Wirbelsäule wieder aufrichtete und in ihre Ursprungs-S-Form zurückkam. Fixiert haben wir diesen Teil mit insgesamt sechs Schrauben und Stäben.» Et voilà, schon läuft die Frau wieder aufrecht und erst noch schmerzfrei. Nur das Binden der Schuhe sei noch mühsam.

Schären erzählt in der Wir-Form, nicht «ich» habe operiert. Mit einer Sachlichkeit, als ob ein solches Wunder nicht höchste ärztliche Kunst wäre, hinter der das Bemühen steckt, immer besser zu werden. Er hat denn auch ein Forschungszentrum aufgebaut.

Es sind solche Geschichten, die Begegnungen zum Erlebnis machen. Dankeschön, Herr Professor.

Der Zuchtmeister

Herbert Wehner war Vorsitzender der SPD-Fraktion im Deutschen Bundestag. Um gegen die Opposition geschlossen aufzutreten, soll die Fraktion ihrem Bundeskanzler den Rücken frei halten und ihn unterstützen. Nur war das Verhältnis zwischen Bundeskanzler Willy Brandt und Herbert Wehner belastet.

Die beiden hätten unterschiedlicher nicht sein können. Der lebensfreudige und tolerante Brandt führte die Partei an der langen

Leine. Wehner kämpfte verbissen und ist als Zuchtmeister der Fraktion respektiert, aber nicht geliebt worden. Lieben, das taten die Genossen nur ihren Willy. In der SPD gab es das legendäre Trio der drei Grossen: Brandt, Schmidt, Wehner. So viel geballte politische Wucht ist einmalig geblieben.

Herbert Wehner war der Stratege. 1965 ging die SPD die erste grosse Koalition mit der CDU/CSU ein und wurde so erstmals Regierungspartei. Der gelungene Schachzug ist Wehner gutgeschrieben worden. Drei Jahre später feierte die SPD mit Willy Brandt als Kanzlerkandidat einen triumphalen Wahlsieg mit fast 42 Prozent Wähleranteil.

Wehner hätte gerne die grosse Koalition fortgesetzt. Brandt verbündete sich mit der FDP. In seiner Agenda stand die Ostpolitik zuoberst. Der Kalte Krieg zwischen Ost und West sollte beendet werden. Dazu brauche es die Aussöhnung mit der Sowjetunion, die hatte er sich mit seinem Vordenker Egon Bahr zum Ziel gesetzt. Die Liberalen seien für eine solche Ostpolitik der richtige Partner, rechtfertigte Brandt seinen Entscheid. Die CDU/CSU hat denn auch Brandts Aussenpolitik wütend bekämpft und diese als Landesverrat stigmatisiert.

Erst Helmut Kohl setzte die Ostpolitik als CDU-Bundeskanzler fort, die schliesslich mit der deutschen Wiedervereinigung ihren Höhepunkt erreicht.

Wehner vermochte nicht, über seinen Schatten zu springen und Brandts einsamen Koalitionsentscheid zu verzeihen. Er hatte 1974 die Loyalität zu seinem Bundeskanzler aufgegeben. Bei einem Besuch in Moskau, ich erwähnte es bereits, verkündete er öffentlich: «Der Herr badet gerne lau.» Der gezielte Affront, und dies erst noch bei einem Auslandbesuch, war eine offene Kritik an Brandts Amtsführung als Bundeskanzler.

1974 ist Brandts persönlicher Referent Günter Guillaume als DDR-Spion enttarnt worden, worauf Brandt als Bundeskanzler zurücktrat und Helmut Schmidt bat, sein Nachfolger zu werden. Die beiden waren jahrzehntelang Weggefährten und Rivalen. Das Politmagazin ‹Der Spiegel›, Ausgabe 41/2015, veröffentlichte Auszüge aus dem Buch ‹Willy Brandt/Helmut Schmidt, Partner und Rivalen. Der Briefwechsel› (1958–1992)›, 1104 Seiten.

Fünf Jahre später erlebte ich Ungewöhnliches. Willy Brandt hatte als Parteivorsitzender eine SP-Delegation zum Informationsaustausch nach Bonn eingeladen. Beim Nachtessen sass viel SPD-Prominenz am Tisch, auch Herbert Wehner. Wir sassen nebeneinander. Wehner machte eine mürrische Miene und blieb stumm. Als er auftaute, wurde das Gespräch spannend. Wehner zeigte sich über schweizerische Politik gut informiert. Er habe schliesslich die ‹NZZ› abonniert, verriet er mir. Gegen Mitternacht löste sich die Runde auf. Die Genossen fuhren mit ihren Bodyguards mit dem Taxi heim. Nur Wehner ging zu Fuss. «Wenn mich einer abknallen will, hilft auch kein Bodyguard», brummelte er.

Am nächsten Nachmittag besuchten wir die Fraktionssitzung. Es herrschte ziemliche Aufregung. Ob es stimme, dass Brandt und Wehner zusammen am gleichen Tisch gesessen seien, wurde ich gefragt. Seit fünf Jahren sei das nicht mehr der Fall gewesen, erfuhr ich. Wehner kam wegen uns Schweizern.

Wehner eröffnete die Sitzung, begrüsste uns speziell und sagte: «Das Wort hat Genosse Hubacher, Präsident der SP Schweiz.» Unvorbereitet wie ich war, machte ich es kurz. Als ich mich später beschwerte, er hätte mir beim Essen doch sagen können, dass er eine Begrüssung erwarte, meinte er: «Nein, sonst hättest du zu lange geredet.»

Der ‹Zuchtmeister› machte seinem Namen Ehre. Über Traktandum drei, ‹Revision Taxigesetz›, wollte er ohne Diskussion abstimmen. Der Fraktionssprecher verlangte das Wort. Bei der zweiten Wortmeldung reagierte Wehner bereits bissig: «Da meldet sich noch ein bedeutender Genosse, er wird wohl zu diesem bedeutenden Geschäft ein bedeutendes Votum abgeben.» Daraufhin meldete sich keiner mehr zum Wort.

Ich habe Wehner nie anders erlebt. Beim seltenen Lachen erinnerte er mich an eine Krähe. Er erwarb sich grosse Verdienste um die Partei. Etwa mit dem ‹Godesberger Programm›, mit dem die SPD sich als linke Volkspartei geöffnet hatte und zu dessen Architekten Wehner gehörte. Wehner war ein Machtpolitiker, mit dem ich nie richtig warm wurde.

Frau der ersten Stunde

Acht Jahre politisierte ich im Bundeshaus nur unter Männern. 1971 rückten die ersten Frauen ein. Darunter die 2016 verstorbene SP-Nationalrätin Lilian Uchtenhagen. Sie war mir schon im Wahlkampf aufgefallen, weil sie in der Fernseh-Arena der müden Kampagne mit viel Dampf eingeheizt hat. Ich weiss noch, wie ich meiner Gret erleichtert sagte: «Endlich eine, die Leben in die Bude bringt.»

Ich lernte sie erst in der Fraktion kennen. Sie hatte sich rasch eingelebt und im Rat etabliert. Aufgefallen war sie mit ihrer kämpferischen Leichtigkeit und argumentativen Standfestigkeit.

Die Rededuelle mit SVP-Nationalrat Walter Frey zählten zu den Leckerbissen im Bundeshaus. Frey war und ist heute noch General-Importeur für Toyota-Autos. Er ist politisch ein Hardliner mit sonnigem Gemüt. Wie es sich für einen bürgerlichen Politiker gehört, schwärmte er für die Marktwirtschaft. Mit seinem pastoralen

Charme predigte er fast andächtig das marktwirtschaftliche ‹Wort zum Sonntag›. Dann begab sich Lilian Uchtenhagen ans Rednerpult.

Marktwirtschaft bedeute Wettbewerb, betonte sie. Wettbewerb heisse Konkurrenz. Walter Frey hingegen habe für die Toyota-Autos das Monopol. Keine Rede von Wettbewerb. Freys Bilderbuchmarktwirtschaft sei effektiv eine staatlich geschützte Monopolwirtschaft.

Für die Bürgerlichen hörte sich das ungewohnt an. Sie pflegen noch immer das Klischee, die SP wolle alles staatlich regeln. Sie ist für einen starken Staat, das stimmt. Aber nicht nur. Mit der Marktwirtschaft, präziser formuliert mit der sozialen Marktwirtschaft, können wir sehr gut leben.

Lilian Uchtenhagen hat in ein Votum stets sehr viel Zeit und Aufwand investiert. Oft war es dann fast eine Vorlesung auf Hochschulniveau. Wir redeten ihr zu, ihre Auftritte etwas lockerer anzugehen und zu versuchen, frei oder nur mit ein paar Stichworten zu reden. Von da an wirkte sie direkter, spontaner. Die freie Rede verschafft erstens mehr Aufmerksamkeit und ist zweitens wirksamer als eine vorgelesene Schreibe.

Lilian Uchtenhagen arbeitete in der GL der SP Schweiz mit. Als sie die Partei an einer Tagung der SI, der Sozialistischen Internationalen, in Mexiko vertrat, meldete sich Willy Brandt bei mir: «Zu dieser Frau kann ich deiner Partei nur gratulieren.»

Sie gehörte der ‹Viererbande› an, die ich bereits beschrieben habe. Ich erwähne das nur, weil die Mitgliedschaft in GL und Viererbande grosse Nähe zur und ein spezielles Engagement für die Partei angezeigt hat. Als Bundesratskandidatin war das bei Bürgerlichen keine Empfehlung. Ein taktischer Rückzug hätte ihr mehr

Stimmen gebracht. «Man muss mich nehmen, wie ich bin, und nicht, wie man mich haben möchte», schüttelte sie eine solche Annahme ab.

Natürlich war sie von der Nichtwahl enttäuscht. Sie wäre gerne Bundesrätin gewesen. Wäre sie auch eine gute geworden? Das weiss man erst hinterher.

Lilian präsidierte eine Spezialkommission in einer schwierigen Phase der Bundesfinanzen. Es ging darum, aus der Sackgasse herauszukommen. Sie verlegte die Sitzung von Bern auf den Beatenberg in das gleichnamige Hotel. Mit der Begründung, dort laufe nach dem Nachtessen keiner weg. In der ungezwungeneren Atmosphäre rede sich offener miteinander als an der offiziellen Sitzung. Das führe oft zu einer Lösung. Genau das passierte. Wir kehrten mit einem guten Kompromiss ins Bundeshaus zurück. Lilian hatte taktisches Geschick bewiesen.

Sie politisierte unbestechlich. Sie verschonte uns drei aus der Viererbande nicht. Das bekam ich zu spüren, als Erich Honecker als Staats- und Parteichef der DDR eine Delegation nach Ost-Berlin eingeladen hatte. Lilian lehnte die Einladung kategorisch ab, unterlag jedoch damit in der GL. So wütend erlebte ich sie selten. Ich musste von ihr einiges anhören. Auf meinen Hinweis, Willy Brandt habe mir ausdrücklich grünes Licht gegeben, bellte sie zurück: «Du bist aber ein Roter, leider grün hinter den Ohren.»

Ich kenne drei Genossen, die ihre Nichtwahl in den Bundesrat nie verdaut haben. Nicht jedoch Lilian Uchtenhagen. Wir mussten sie auch als Viererbande nie trösten.

«So ist Politik», sagte sie, «es liegt beides drin, gewinnen und verlieren.»

Patriot oder Landesverräter?

Jean Ziegler ist heute noch der im Ausland bekannteste Schweizer Politiker. Sein Hauptanliegen ist die Dritte Welt, sind Hunger, Elend und Ausbeutung. Als Erster hat er das Bankgeheimnis als Geschäftsmodell für den Steuerbetrug mit dem Buch ‹Eine Schweiz – über jeden Verdacht erhaben› angeprangert. Damit eröffnete er seinen Kampf gegen das Zentralkomitee des Finanzkapitalismus an der Zürcher Bahnhofstrasse mit ihren «Halunken und Banditen».

Jean Ziegler avancierte im Nationalrat bei den Bürgerlichen zum ‹Nestbeschmutzer› oder gar zum ‹Landesverräter›. Das Bankgeheimnis war irgendwie zum Mythos geworden. Immun gegen ausländische Kritik. Bürgerliche Bundesräte versicherten dem Ausland, das Bankgeheimnis sei nicht verhandelbar.

Jean Ziegler veröffentlichte weitere Bücher, die in verschiedene Sprachen, teilweise sogar ins Japanische, übersetzt wurden. Er kennt sich auf dem Finanzplatz Genf besonders gut aus. Ein paar finstere Gestalten reichten gegen ihn Klage ein. Solange Jean Ziegler durch die parlamentarische Immunität geschützt war, konnten sie ihn nicht vor Gericht bringen. Sinn der Immunität ist es nicht etwa, Parlamentarier für strafbare Vergehen zu schützen. Politiker sollen für ihre politische Gesinnung nicht verfolgt werden können, darum geht es.

Zieglers Gegner hatten beantragt, seine parlamentarische Immunität aufzuheben. Damit war für die Bürgerlichen die Stunde der Rache gekommen. Sie stimmten für die Aufhebung und haben so Jean Ziegler zum Freiwild erklärt. Er ist dann auch mit Prozessen zugedeckt worden.

Ich habe ihn an der Sitzung vom 22.3.1991 verteidigt:

«Wir haben uns auch schon grauenhaft über Jean Ziegler aufgeregt. Er ist eben ein Ärgernis: Wo ist es möglich, ohne dass man dafür bestraft wird? Das ist nur in der Demokratie möglich. In der

Diktatur wird mit einer Person, die sich politisch unbequem benimmt, radikal abgerechnet. Da gibt es kein Ärgernis oder dann nur im Verborgenen, im Geheimen. Die Demokratie hingegen muss ein solches ertragen können. Wir in diesem Rat können den Massstab nicht bei der Frage ansetzen, ob wir mit einem Ratskollegen einverstanden sind oder nicht. Entweder gilt die Meinungsäusserungsfreiheit integral, dann gilt sie auch für einen Jean Ziegler – ob wir uns ärgern oder nicht, ob er recht hat oder nicht –, oder dann beginnen wir selektiv darüber zu entscheiden, wer allenfalls für gewisse unbequeme Aussagen vor den Richter soll und wer nicht.»

Jean Ziegler kennt sich in der Dritten Welt aus wie kaum ein anderer Schweizer Politiker. Leider sind in dieser Dritten Welt die lupenreinen Demokratien ziemlich selten. Zwangsläufig unterhielt er sich halt auch mit Despoten und anderen Machtpolitikern. In Libyen zum Beispiel mit Muammar al-Gaddafi. Schon wurde er als Freund des Diktators bezichtigt. Heute wäre der Westen froh, es gäbe ihn noch in Libyen, den Gaddafi.

Natürlich teilte Jean unverschämt aus. Hätte er seine Kritik kreuzbrav im Stil der Heilsarmee formuliert, hätte ‹keine Sau› davon Kenntnis genommen, hätte kaum einer sich aufgeregt. Um Wirkung zu erzielen und Gehör zu finden, braucht es den Schuss Dramatik. Eigentlich verhielten sich Bürgerliche dem Genfer gegenüber erbärmlich kleinmütig. Es kommt noch hinzu, dass Jean wirklich ein lieber Mensch ist. Bescheiden im Auftritt, herzlich im Benehmen. Er hat dafür ein grosses kämpferisches Herz. Und haut mit sanftem Gemüt und harter Faust drein.

Die verdiente Anerkennung bekam er von der Uno. Jean Ziegler bekam das Mandat als Uno-Delegierter für Ernährung. Er ist schon vorher im Uno-Gebäude in New York ein- und ausgegangen wie im Bundeshaus. Kofi Annan, der in Genf wohnhafte Ex-Uno-Generalsekretär, und Bundesrat Dölf Ogi hatten für ihn ein gutes Wort eingelegt. Einmal mehr ist dabei Ogi aus dem SVP-Rahmen herausgefallen.

Das Uno-Mandat war für Ziegler wirklich wie ein Massanzug. Der Schweizer ist für die Armen auf dieser für sie elenden Welt zum Fürsprecher geworden. Wir konnten stolz auf unseren Jean sein.

In Dakar hat er live erfahren, weshalb westliche Entwicklungshilfe tödlich sein kann. Er besuchte den Markt in Senegals Hauptstadt und stellte mit Entsetzen Unglaubliches fest: Gemüse und Früchte kamen aus dem Ausland, vor allem aus den USA und der EU. Wieso das? Sie waren billiger als die Waren der einheimischen Bauern. Man stelle sich das einmal vor: Der afrikanische Bauer mit seinem Hungerlöhnchen produziert teurer als die US-Farmer und EU-Industriebauern. Wie ist das möglich? USA und EU subventionieren ihre Agrarüberschüsse so stark, dass sie den afrikanischen Bauern unterbieten und so die dortige Landwirtschaft kaputtmachen. Das ist heute noch so.

Im März 2016 starb Boutros Ghali. Jean Ziegler hat ihn gekannt und in der Unia-Gewerkschaftszeitung ‹Work› gewürdigt:

«Lea, die Liebe seines Lebens, war Jüdin, er selbst koptischer Christ. Sein Grossvater Boutros Ghali Pasha war ein kämpferischer Nationalist und Premierminister in Kairo. Er wurde 1920 von einem britischen Agenten erschossen. Von 1992 bis 1995 war er der erste afrikanische Uno-Generalsekretär. Und erwies sich als visionärer Reformer. So berief er 1993 die Menschenrechtskonferenz von Wien ein, auf der die Gleichstellung der sozialen und ökonomischen mit den zivilen und politischen Menschenrechten beschlossen wurde.» Die USA haben die zweite Amtszeit für

Boutros Ghali verhindert. Wer von uns hätte sich an den Ägypter noch erinnert?

Jean Ziegler ist für die Partei kein einfaches Mitglied. Er geht mit ihr ungeduldig und unnachgiebig kritisch um. Ungeduldig, weil sie ihm zu lahm ist, kritisch, weil er mehr erwartet, als sie zu leisten vermag. Ich musste ihn oft gegen Exponenten vom rechten Parteiflügel verteidigen. Einen Ziegler müsse diese Partei aushalten, erklärte ich dann. Als Herausforderung stelle er uns immer wieder auf den Prüfstand. «Sechs Ziegler allerdings wären ein Problem.»

Jean lässt seine Gegner wunderbar ins Leere laufen. So auch mit dem Titel seines Buches ‹Wie herrlich, Schweizer zu sein›.

Nachtrag: Jean Ziegler war, wie schon vor Jahren, bei Roger Schawinski beim Talk. Zuzuschauen tat auch diesmal weh. Ich habe die halbe Stunde kaum ausgehalten. Schawinski hat erkannt: Der Jean kann sich selbst schlecht wehren. Das nutzte er erneut aus. Jean Ziegler ist permanent unterbrochen worden. Ich würde ihm raten, jedenfalls kein drittes Mal mitzumachen. Ich an seiner Stelle wäre aufgestanden und hätte mich verabschiedet: «Herr Schawinski, Sie brauchen mich als Gesprächspartner nicht, Sie können die Sendung offenbar gut ohne mich bestreiten. Adieu.»

Die Fraktionspräsidentin

Alle SP-National-, Stände- und Bundesräte bilden eine Fraktion. Wer sie präsidiert, sollte mit dem Parteichef und den beiden Bundesräten problemlos zusammenarbeiten können.

Die Fraktion ist ein Organ der Partei. Sie setzt im Bundeshaus deren Politik um. Peter Bichsel beklagt, faktisch sei es heute umgekehrt. Als ob das politische Zentrum Fraktion und Bundeshaus wären. Die Partei werde mit ihren 1100 Sektionen im Land vernachlässigt.

Otto Stich hat nach seiner umstrittenen Wahl zum Bundesrat seinen Einfluss auf die Fraktion konzentriert. Zu seinem Leidwesen bin ich ja Parteipräsident geblieben. Unser persönliches Verhältnis basierte nicht auf besten Voraussetzungen. Allerdings handhabten wir es geschickt. Wir stellten für andere keine Belastung dar. Stich und ich wären nie auf die Idee verfallen, gemeinsame Ferien zu verbringen.

Als der Fraktionsvorsitz vakant wurde, interessierte sich Lilian Uchtenhagen dafür. Für die unterlegene Bundesratskandidatin wäre es die übliche ‹bon geste› gewesen, sie mit dem Fraktionspräsidium zu entschädigen. Für solche Gefälligkeiten stellte sich Stich taub. Er befürchtete wohl, sie hätte sich für die Nichtwahl an ihm gerächt. Dafür konnte ich ein gewisses Verständnis aufbringen. Was er von Lilian befürchtete, war seine Art, sich zu verhalten.

Stich taktierte stets geschickt; so zauberte er als Fraktionspräsidentin Nationalrätin Ursula Mauch aus dem Hut. Wenige wären auf diese Idee gekommen. Damit war ihm ein cleverer Schachzug gelungen. Die bescheidene, eher unauffällige Fraktionskollegin gehörte zur Kategorie Überraschung. In ihr täuschten sich beide Seiten, die Stich- und die Uchtenhagen-Anhänger.

Was in der Politik oft geschieht, hat sich bei Ursula Mauch bestätigt. Wer nicht ständig im Mittelpunkt steht oder nicht stehen will, wird gerne unterschätzt. Dabei war Ursula Mauch im Nationalrat geradezu eine exemplarisch lösungsorientierte Politikerin. Vom Naturell her staubtrocken, sachlicher geht's kaum, dazu vorbildlich korrekt. So hat sie die Fraktion geführt, hat sie im Rat argumentiert und sich Respekt verschafft. Rhetorisches Blendwerk war nicht ihr Ding. Dafür eine sachbezogene Kompetenz, die halt nicht im ‹Hallo-da-bin-ich›-Stil vorgetragen wurde.

Ursula hat Umweltschutz, Klimawandel, erneuerbare Energien in die politische Agenda aufgenommen, als das noch nicht gängige Themen waren. Zusammen mit dem Fraktionskollegen Elmar Ledergerber und weiteren Parteileuten hat sie diese Thematik zum Beruf gemacht. Sie zählte in der Politik zu den Vorkämpferinnen einer ökologischen Wirtschaftspolitik. Das Gros der politischen Linken sowie des gewerkschaftlichen Fussvolkes brauchte noch etwas Zeit, gedanklich mitzukommen.

Ursula Mauch führte die SP-Fraktion als erste Frau. Sie meldete weder einen Machtanspruch an, noch brauchte sie für ihre Interessen Seilschaften. Das verschaffte ihr das nötige Mass an Respekt und Unabhängigkeit. Sie behandelte ihren Mentor Otto Stich nicht anders als uns andere. Wohltuend unaufgeregt hat sie ‹regiert› und auf sanfte Art Führungsstärke praktiziert.

Peter Bodenmann hatte eine Attacke gegen einen bürgerlichen Bundesrat geplant. Wenn der Briger zum Angriff antritt, dann tätscht es. Zu meinem Erstaunen hat er Ursula sein Manuskript zum Lesen vorgelegt.

Sie reagierte cool: «Peter, willst du wirklich diese Rede halten, ist das dein Ernst?» – «Wieso, was ist gefällt dir nicht?» – «Du gehst zu weit, das kannst du nicht machen.» Bodenmann holte sich mit der korrigierten Fassung das Okay der Fraktionspräsidentin.

Ich erwähne diese Episode aus einem Grund. Peter Bodenmann ist nun wirklich ein Politiker mit einer gehörigen Portion Selbstbewusstsein. Dass er Ursula Mauch konsultierte, bewies mir: Sie geniesst rundum grossen Respekt. Den holt man sich mit guter Arbeit. Sie hat die Fraktion geschickt navigiert.

Als Otto Stich als Bundesrat zurückgetreten war und in der Fraktion verabschiedet wurde, glänzte Mauch mit gewitzter Ironie. Selbstverständlich dankte sie ihm für die gute Arbeit: «Otti, du hast uns bei der Beratung des Budgets und der Staatsrechnung zwölf Jahre immer mit der gleichen Rede gelangweilt: sparen, sparen, sparen.»

Sie kannte beim Lob kein Erbarmen.

Die Unschlagbare

Basel-Stadt schickt als Halbkanton nur einen Ständerat nach Bern. Seit 1967 en suite einen SP-Mann. 2003 ist mit Anita Fetz die erste Ständerätin gewählt worden. Wir lernten uns am 1. Mai 1980 auf ungewöhnliche Art kennen. Als Leiter des Basler Gewerkschaftsbundes habe ich die 1.-Mai-Kundgebung auf dem Marktplatz vor dem Rathaus organisiert. Unser 1.-Mai-‹Gottesdienst› wurde gestört. Die 23-jährige Anita Fetz lehrte uns Gewerkschaften mit einer filmreifen Inszenierung Mores. Ans Mikrofon gehöre auch eine Frau, tönte es im Chor über den Basler Marktplatz. Und sie besetzte es.

Da ich das ‹vergessen› hatte, besetzten Frauen als Überfallkommando das Mikrofon. Einige Kollegen verloren bei diesem überraschenden Angriff auf die Männerbastion die Beherrschung und versuchten, sich zu wehren. Die ‹National-Zeitung› berichtete, ich hätte Anita Fetz mit einer Dachlatte bedroht. Und musste sich dafür entschuldigen. Nur hatte das niemand zur Kenntnis genommen.

Aus dem Verhältnis zu Anita Fetz ist Freundschaft geworden. Damals politisierte sie bei der POB, bei der Progressiven Organisation Basel. Die positionierte sich links von der SP. Die kommunistische POB bezeichnete sich als leninistisch-marxistisch und distanzierte sich so von der stalinistisch ausgerichteten Partei der

Arbeit, PdA. Die POB erweiterte sich zur POCH, zu den Progressiven Organisationen der Schweiz.

Die POB rekrutierte erstaunliches Personal. Söhne und Töchter aus besten Familien aus dem Basler ‹Daig› stiessen zur neuen, modernen Linkspartei. Ich sass einmal mit besorgten Vätern aus Familien wie von Planta, Oeri, Koechlin oder Vischer zusammen. Bis der eine sich und seine Kollegen mit einer Wahrscheinlichkeitsperspektive zu beruhigen versuchte: «Die sollen jetzt ruhig ihre pubertären linken Wunschträume loswerden, dann kehren sie schon wieder zu uns zurück.» Dieser Wunsch blieb ‹wie immer ohne Gewähr›.

Die PdA holte ihre Stimmen bei der Arbeiterschaft, die SP beim Staatspersonal und die POB bei der Studentenschaft und im Mittelstand. Die POB überraschte uns von der traditionsreichen SP mit völlig neuen Ideen im Auftritt oder bei Wahlkämpfen. Legendär wurde ihr Militärlastwagen, der tagelang in der Stadt herumfuhr und voll plakatiert war: «AHV statt Panzer». Sie reagierte meistens schneller auf politische Ereignisse als wir mit unserem schwerfälligen Parteiapparat. Sie brach Tabus. Etwa, weil Israel mit seiner Palästinapolitik für die damalige Zeit ungewöhnlich hart angeprangert wurde. In Basel hatte sich die POB schnell im Grossen Rat etabliert. Sie entpuppte sich für die SP als klassische Linkspartei zur ärgerlichen, im Nachhinein betrachtet zur notwendigen Konkurrenz.

Wie auch immer: Anita Fetz gehörte einer politisch gut geschulten Kaderpartei an. 1985 rückte sie in den Nationalrat nach. Der POCH reichten die fünft Gewählten gerade für eine Fraktion. Nach den Wahlen von 1987 dann nicht mehr. Damit wurde Anita Fetz in keine Kommission mehr gewählt. Als Einzelmaske war sie politisch nur noch eine halbe Portion. Ohne Kommissionsarbeit fehlen die nötigen Informationen.

Die einsame POB-Nationalrätin machte auf andere Art auf sich aufmerksam. Etwa mit einer Störaktion von der Tribüne aus. Ihre Fans liessen Flyer in den Ratssaal flattern, was natürlich verboten ist. Womit eines klar war: In der Tagesschau wurde darüber berichtet.

Auf Dauer ist so keine seriöse Politik möglich. Anita Fetz trat 1989 als Nationalrätin zurück und nahm eine politische Pause.

So überraschend die POB die politische Bühne betreten hatte, hat die POCH sie verlassen. Deren Repräsentanten wechselten teils zur SP, teils zu den Grünen oder in die politische Emigration. Anita Fetz trat der SP Basel-Stadt bei. Mühelos wurde sie in den Grossen Rat gewählt. So begann ihre zweite politische Karriere.

Bei einer zufälligen Heimfahrt im Zug hatte sie mir gestanden, sie werde nur noch in einer grossen Partei weitermachen. Mit einer, mit der Politik Sinn ergebe. In der Fussballsprache könnte man von einem Toptransfer für die SP reden.

Aus politischen Gründen verlor sie ihren Job. Um fortan unabhängig zu sein, gründete Anita Fetz ihre eigene Firma Femmedia. Sie trainierte, coachte und bildete Frauen für Kaderaufgaben in der Wirtschaft und der öffentlichen Verwaltung aus.

Das Baudepartement Basel-Stadt hatte einen Auftrag öffentlich ausgeschrieben: Weiterbildungskurs für Frauen. Die Jury wählte das Konzept von Anita Fetz zum Sieger. Wiederum aus politischen Gründen bekam sie den Auftrag trotzdem nicht. Diesmal wegen einer SP-Regierungsrätin, die nicht etwa in den Verdacht geraten mochte, eine Parteigenossin bevorzugt zu haben. Anita hat auch diesen Affront überstanden. Es ist gar nicht so einfach, Parteimitglied zu bleiben.

Anita ist eine aufgestellte Frau. Eigentlich stets gut gelaunt, lässt sie sich von der Politik nicht auffressen. Ihr geht Politik unverkrampft von der Hand. Das hohe Amt ist ihr auch nicht in den Kopf gestiegen. Das schreibt sich so leicht, ist jedoch nicht selbstverständlich. Ich habe letzthin einem Brief bekommen, dessen Unterzeichner vor 32 Jahren als Ständerat zurückgetreten ist. Und immer noch im Briefkopf als ‹alt Ständerat› auftritt.

Bei Anita und Fritz zu Hause ist's immer gemütlich. Es wird viel gelacht, wir sitzen nicht auf dem Trockenen und werden kulinarisch verwöhnt. Chefkoch ist Fritz. Hat jedoch der FC Basel ein Heimspiel, wird die Soiree verschoben.

Beide sind FCB-Fans. Sie sind dann im Stadion St.-Jakob-Park. Ihr gemeinsamer Freund Sam Keller, Direktor der Fondation Beyeler in Riehen, ist einmal beim Interview gefragt worden, wann er glücklich sei? «Wenn der FCB gewinnt.» Das ist für einen Zürcher Chinesisch.

Anita Fetz ist in beiden Disziplinen stark. Sie kann spontan reagieren und langfristig operieren. Was sie nicht macht, ist taktisches Herumlavieren. Sie macht, was sie für nötig und für richtig hält.

Bei den Wahlen im Herbst 2015 hat die Basler Ständerätin ihren Leistungsausweis in den letzten vier Jahren gut dokumentiert vorgelegt. Das wäre Stoff für ein spezielles Kapitel. Nur ein Beispiel: Sie und ihr persönlicher Mitarbeiter haben dem zuständigen Bundesamt Beine gemacht. Anita Fetz konnte nach monatelangen Recherchen nachweisen, dass die Einwohner des Kantons Basel-Stadt seit Jahren zu hohe Krankenkassenprämien bezahlt haben. Das Bundesamt musste seine Berechnungen korrigieren. Das ist zähe parlamentarische Arbeit, von der wir alle profitieren. Sie hat daraus kein ‹Gschiss› veranstaltet: «Das gehört zu meinem Pflichtenheft.»

Sie ist eine begnadete Wahlkämpferin. In meinen ersten Jahren im Bundeshaus ist mein Basler Kollege Ernst Herzog, Direktionspräsident von Coop Schweiz, regelmässig am besten wiedergewählt worden. Ein Jahr vor den Wahlen übermannte ihn das Wahlfieber. Zeitweise war er unausstehlich. Anita hingegen liebt Wahlkämpfe geradezu. Bei ihrer Wiederwahl 2007, 2011, 2015 drängten vom rechten politischen Ufer kaum mehr valable Kandidaten nach vorn, um gegen sie anzutreten.

«Die Fetz ist nicht zu schlagen», resignierten sie im bürgerlichen Hauptquartier.

Der einzige für sie gefährliche Gegenkandidat wäre der frühere FDP-Regierungsrat Jörg Schild gewesen. Aus Prinzip kandidierte er nicht gegen eine Frau und wurde dafür Boss von Swiss Olympic. Der Wiener Thomas Bernhard beschreibt, wie den Bürgerlichen zumute war: «Es ist, wie es ist, und es ist fürchterlich.»

Der Unermüdliche

Läck, hat der 20-jährige Ruedi Rechsteiner genervt. Auf Berndeutsch sagt man dem ein ‹Stürmihung›.

Ich bin für neue Ideen immer dankbar gewesen. Ruedi Rechsteiner bedrängte uns in der Geschäftsleitung der SP Schweiz, die Partei müsse eine Umweltschutzinitiative lancieren. Er lieferte gleich den Text dazu. Für uns kam das Volksbegehren zu früh, wohl nicht zuletzt, weil wir selber dafür noch nicht reif waren. Zudem schien uns der Initiativtext viel zu kompliziert zu sein. Das ist immer eine schlechte Voraussetzung für ein Volksbegehren.

Ruedi Rechsteiner, nicht zu verwechseln mit dem St. Galler SP-Nationalrat Paul Rechsteiner, Präsident des Schweizerischen Gewerkschaftsbundes, liess uns nicht in Ruhe. Er forderte uns mit weiteren Initiativtexten heraus. Aus heutiger Sicht muss ich gestehen: Er hat uns in der Parteiführung nicht nur herausgefordert, sondern überfordert. Etwas fies haben wir ihn dann einfach hingehalten. Dass er uns im Denken voraus war, kapierte ich erst später.

Hätten wir seine Initiative gestartet, wäre es der Mehrheit im Volk wohl so ergangen wie uns in der GL. Denn wie es so schön heisst: Die Musik darf nicht zu schnell voranlaufen, sonst kommt der Umzug nicht mit.

Dass Ruedi Rechsteiner in die Politik einstieg, überraschte kaum. Nicht als Passivmitglied, sondern als einer, der etwas verändern wollte. Natürlich ist er auf der SP-Liste jung Grossrat geworden. Richtig bekannt machte ihn das Amt als Präsident der Finanzkommission. Wo immer es um Geld geht, ist diese zuständig. Geld ist bei uns bekanntlich das Mass aller Dinge. Item, Rechsteiner schonte, wenn es sein musste, weder die Regierung noch die Verwaltung mit Kritik. Und das fundiert. Mit Fakten. Die er mit gekonnter Rhetorik publikumswirksam als Volltreffer platzierte.

Das politische Talent mutierte zum politischen Schwergewicht. Der nächste Schritt war voraussehbar. 1995 vollzog er ihn. Rechsteiner verlegte seinen Einsatz ins Bundeshaus. Der Nationalrat war die für ihn angemessene Bühne. Er hatte sich als Energiepolitiker zuvor einen Namen gemacht.

Bereits mit siebzehn wirkte Ruedi Rechsteiner bei der Besetzung des AKW-Geländes in Kaiseraugst mit. Der stets gut gelaunte Aktivist brachte mit seiner pfiffigen Idee Musik in die kämpferische Stimmung der Besetzer: Er gründete das Sicherheitsorchester. Für Rechsteiner ist Politik eben keine todernste Angelegenheit. Das Stimmungsvolle gehört bei ihm dazu. Wenn sie spielt, seine Band, reisst sie einen mit, ich höre hingerissen zu.

Ruedi Rechsteiner engagierte sich für erneuerbare Energien, vor allem für die Windenergie, als die Bosse unserer Stromkonzerne sie noch belächelten und in die Kategorie ‹Nischenenergie für Idealisten› abschoben. Mit dem Resultat, dass sie und damit die Energiepolitik den Anschluss verpassten.

In Deutschland liefern Solar- und Windenergie sowie Strom aus Biomasse an die 30 Prozent der gesamten Stromversorgung, Stand 2016. Bei uns sind es weniger als fünf Prozent. Zu lange blieb Atomenergie der Favorit. Jetzt stecken Atomkraftwerke in den roten Zahlen, weil Wind und Sonne billigere Energie liefern und ihnen die Preise vermasseln.

Rechsteiner ist mehrfacher Buchautor, hat als Experte für Greenpeace das AKW Beznau I durchleuchtet, arbeitet im Stillen als Berater für die Energiewende. Aus dem einstigen politischen Talent ist ein allseits anerkannter Politiker geworden. Sein Schwerpunkt neben den erneuerbaren Energien ist die Sozialpolitik, an erster Stelle die AHV. Zur zweiten Säule, das ist die obligatorische berufliche Altersvorsorge, populär gesagt sind die Pensionskassen gemeint, hat er schon 1984 mit dem Buch ‹Das Milliardengeschäft› auf Probleme hingewiesen, die tatsächlich bestehen. Etwa, dass Banken und Versicherungsgesellschaften mit der zweiten Säule Millionengeschäfte machen. Im Gegensatz zur AHV ist eben die zweite Säule gewinnorientiert strukturiert. Die AHV gehört zum Service public, die zweite Säule ist die privatisierte Altersvorsorge. Dieser Mix entspricht dem ach so beliebten eidgenössischen Kompromiss.

Eines ist geblieben: Rechsteiners Hartnäckigkeit. Wenn er sich für ein Ziel entschieden hat, bringt ihn keiner davon ab. Gerne gilt das als stur. Wenn, dann pflegt er eine liebenswürdige ‹Sturheit›, die einem nicht auf den Geist geht. Seine optimistisch-muntere Art zu politisieren macht ihn sympathisch. Weil er ein aufgestellter Mensch ist, der nie aufgibt.

Ich weiss nicht, ob er sich das Motto zurechtgelegt hat: «Wer aufhört, besser zu werden, hat aufgehört, gut zu sein.» Es würde zu ihm passen.

Der ‹Russe› aus Lausen

In den Siebzigerjahren notierte ich in der Nordwestschweizer Region zwei herausragende Ereignisse. Zum einen den Streik bei der Firestone-Pneufabrik in Pratteln. Der US-Konzern befahl, den Betrieb in Pratteln aufzugeben. Dagegen wehrte sich die Belegschaft. Eduard Belser, Edi genannt, gab der zuständigen Gewerkschaft als Präsident des Gewerkschaftskartells Baselland sowie als SP-Landrat politische Unterstützung.

1975 begann ausgerechnet am 1. April im benachbarten Kaiseraugst, Kanton Aargau, die Besetzung des AKW-Geländes. Natürlich zählte Edi zu den aktiven Sympathisanten.

Normalerweise wäre die Mission Wahl in den Ständerat falliert. Einen Bisherigen abzuwählen, ist in Baselland nicht die Norm. Aber der freisinnige Amtsinhaber Werner Jauslin bekannte sich als Befürworter eines Atomkraftwerks in Kaiseraugst.

Clevere Strategen der SP Baselland nominierten Edi Belser als Kampfkandidaten. Den 37-jährigen Edi ins Rennen zu schicken, ist kühn gewesen. Einen derart begeisternden Wahlkampf habe ich selten erlebt. Mit dem Slogan «Wählt euse Edi» rollte eine wahre Sympathiewelle durch den Kanton.

Edi Belser wurde gewählt. Der Sprung vom Landrat in den Ständerat bereitete ihm kaum Probleme. Er zählte ‹unerchant schnäu›, würde ein Berner sagen, zu den Etablierten.

Nach acht Jahren wechselte Belser in den Baselbieter Regierungsrat. Als inzwischen mit Erfahrung geimpfter nationaler Politiker mutierte er im Baselbieter Kollegium mühelos zum starken Mann. Einen solchen könnten sie heute in Liestal gut brauchen.

Edi Belser verstärkte die Militärkommission der SP. Als Oberst gehörte er nicht unbedingt zu den Revoluzzern gegen das EMD. Mit seinem fachlichen Wissen, hat er, der durchaus ein kritischer

Militärpolitiker war, uns etwa zurückgepfiffen, aber auch mitgemacht, wenn die Militärs wieder einmal über die Schnur hauten.

Im Februar 2015 sorgte er für die nächste Überraschung. Ich präsidiere den SP-Seniorenclub Baselland/Basel-Stadt und fragte Edi Belser an, ob er bei uns referieren würde. Er sagte sofort zu, überlegte sich dabei jedoch laut, ob er zum erwünschten Datum nicht in Moskau sei. «Doch, aber ich muss am nächsten Tag wieder dort sein», vernahm ich. Was zum Teufel er in Moskau verloren habe, fragte ich mich?

Nein, damit hätte ich nie gerechnet. Edi Belser ist in seinem aktiven Ruhestand Unternehmer geworden. Die Fabrik mit ein paar Dutzend Beschäftigten produziert in der Nähe von Moskau Spezialverpackungsmaterial.

Es wird noch besser. Ein paar Wochen später traf ich in einem Café zufällig Andreas Leuenberger. Der Mann war Vize des Roche-Verwaltungsrats und ein paar Jahre Präsident des «Vororts», heute Economiesuisse. Leuenberger ist mit Belser Co-Unternehmer. Der Edi habe perfekt Russisch gelernt, verriet mir sein Partner.

Das erinnert mich an den Spruch: «Glaubt den Märchen nicht, sie waren wahr.»

Der Verleger

Ein Bekannter möchte so gern einen Roman veröffentlichen. Bis jetzt sei noch jedes Manuskript zurückgeschickt worden. «Ich beneide dich als Autor beim Zyglogge Verlag», meint er mit gepflegter Enttäuschung.

Mich hat Hugo Ramseyer, langjähriger Leiter und Besitzer des Zytglogge Verlags, 1993 während einer Session im Bundeshaus besucht. Es gebe so wenige Parlamentarier, die über ihre Erfahrungen im Bundeshaus berichten. Ob ich nicht Lust hätte, ein politisches Buch zu schreiben? Da haben wir ihn, den Glücksfall, den mein Bekannter sehnlichst erwartet.

Ich hätte Hugo Ramseyer um den Hals fallen mögen. Mir wäre es nicht eingefallen, mich selbst anzubieten. Später einigten wir uns auf den Titel ‹Tatort Bundeshaus›, das Buch ist 1994 erschienen.

Schreiben ist eindeutig meine Begabung. Als Handwerker wäre ich mit meinen zwei linken Händen verhungert. Jean Ziegler hat seine Bücher von Hand geschrieben. Da würde ich nie fertig. Mir ‹denkt's› am besten an der Schreibmaschine. Mit ihr habe ich als Redaktor gearbeitet. Diese Schreibkultur liegt mir. Mit dem PC wäre es einfacher, vor allem das Korrigieren. Wenn mir der Text nicht gefällt, wird nicht korrigiert, sondern ich reisse das Blatt heraus und beginne von Neuem. Und wenn das Blatt fast schon vollgeschrieben ist. Oft schreibe ich so eine Seite mehrmals. Einfach, bis ich mit mir zufrieden bin.

Es gibt Tage und Nächte, da läuft es mir, bin ich produktiv. Handkehrum will mir nichts Vernünftiges gelingen. Dann schalte ich eine Pause im Garten oder mit Zeitungslesen ein.

Das Angebot von Hugo Ramseyer verstand ich als grosse Chance. Zytglogge ist zwar ein kleiner Verlag, aber nicht irgendeiner! Mit Hugo Ramseyer steht eine Persönlichkeit dahinter, die als Verleger jeden konventionellen Rahmen gesprengt hat. Es war nicht nur Freude, vielmehr auch eine Ehre, Autor sein zu dürfen.

Noch als Pfadfinder der Abteilung Unspunne in Interlaken gibt es von ihm eine erwähnenswerte Geschichte: Er war Truppführer, bei uns in Bern hiess er ‹Venner›. Ein scheuer Bub namens Urs Hofer sei zur Gruppe gestossen. Für ihn musste der Pfadi-Name gesucht werden. Seine Eltern führten ein Kleidergeschäft. Im

Schaufenster wurde die neueste Herrenmode gezeigt, zum Beispiel Polohemden.

Und schon taufte Hugo Ramseyer den Neuen ‹Polo› – Polo Hofer, der als Mundart- Rocksänger heutzutage eine Legende ist.

Hugo Ramseyer arbeitete nach dem Seminar für Radio Beromüster, später für das Fernsehen. Richtig hängen blieb er in der Theaterszene der Stadt Bern. Diese doch eher behäbig wirkende Stadt überraschte mit einer schweizweit einmaligen Kleintheaterszene. Hugo Ramseyer ist dort eingestiegen, hat mitgeholfen, neue Kellertheater zu eröffnen, bis er mit seinem Freund Rolf Attenhofer das ‹Theater am Zytglogge› etliche Jahre geführt hat.

Es sind Künstler aller Art dort aufgetreten, besonders jedoch Liedermacher. Die Berner Troubadours mit Mani Matter überstrahlen alle anderen. Sie übernahmen die Tradition der französischen Chansonniers, halt mit berndeutschen Liedern. Dermassen erfolgreich, dass der tödlich verunfallte Mani Matter heute noch, Jahrzehnte später, aktuell geblieben ist.

Auf allgemeines Verlangen gab Hugo Ramseyer die erste Schallplatte mit Mani Matter heraus. Zugleich bedeutete das die Gründung des Zyglogge Verlags 1965. Fünf Jahre später folgte das erste Buch.

Hugo Ramseyer hat den Verlag 50 Jahre geleitet. In den letzten 20 Jahren habe seine Frau Bettina Kaelin zur Hauptsache das Verlagsprogramm bestimmt, präzisiert er. Seit Mitte 2015 ist der Zytglogge Verlag nun zur Schwabe AG nach Basel gezogen, wird aber als eigenständiger Verlag weitergeführt. Neuer Verlagsleiter ist Thomas Gierl. Er hat mich angefragt, ob ich nicht Lust auf eine Autobiografie hätte. Daraus ist nun ein persönlicheres Buch als die früheren geworden. Thomas Gierl habe ich so verstanden, dass er neben Neuem als Verleger ebenso Kontinuität unterstreichen möchte. So darf ich als bisheriger Autor nochmals in die Tasten greifen. Ich versuche, gut gelaunt mehr von mir und der Familie preiszugeben. Sozusagen Autobiografisches in dosierter Form.

Der Name ‹Zytglogge Verlag› ist fast schon Programm. Zumindest verrät er, dass vorwiegend für den Schweizer Markt produziert wird. Das sind vier Millionen potenzielle Kunden. In Deutschland wären es 80 Millionen. Für die Deutschschweiz verkaufen sich halt in der Regel kleine Auflagen. Hugo Ranseyer sagt, Jürg Jegges Buch ‹Dummheit ist lernbar› halte mit über 100 000 verkauften Exemplaren den Zytglogge-Rekord. In Deutschland wären das zwei Millionen. Als Kleinverlag in der Schweiz noch auf dem Markt zu sein, ist eine grandiose Leistung. Autoren, die dank Hugo Ramseyer bekannt geworden sind, haben nicht selten zu einem finanzstärkeren Konkurrenten ins Ausland gewechselt. Er kommentiert das so: «Als Kleinverlag sind wir ein Aufbauverlag. Wir sind wie der FC Thun, bei dem die guten Spieler auch immer abgeworben werden. Das tut manchmal weh, ist aber unser Schicksal.»

Der Verleger ist ein Entdecker. Er bietet permanent neuen Talenten eine Startmöglichkeit. Jedes Buch ist ein Unikat mit ungewissen Erfolgschancen. Das Geschäft ist ein ständiges Experiment.

Der 1965 gegründete Verlag erlebte gleich zu Beginn turbulente Jahre. Stichwort 1968er-Revolte. Sie war der vor allem von der Studentenschaft ausgegangene Aufstand der Jugend. Dieser hat die Gesellschaft tiefgreifend verändert. Der Zytglogge Verlag hat der Rebellion eine Stimme verschafft. Hugo Ramseyer hat als sozialliberal denkender Jugendlicher diese Protestbewegung offensichtlich mitgetragen. Ich würde ihn als sanften Revolutionär einstufen, der kein Megafon benötigt, um sein Profil zu demonstrieren.

Wie ist er als Persönlichkeit? Meine Gret findet ihn «lässig gemütlich». Für mich hat er einen diskreten Berner Oberländer Charme mit etwas bäurischem Einschlag. Er strahlt Vertrauen und Sicherheit aus. Er weiss, was er will, untermauert mit viel Risikobereitschaft. Er hat den Mut, Enttäuschungen zu verkraften. Für mich personifiziert Hugo Ramseyer die Leichtigkeit des Könnens. Scheinbar mühelos bewältigt er sein Arbeitspensum. Dahinter steckt harte Arbeit. Und Freude am Job.

Eines hat er mich ohne Worte gelehrt: Politik kann jeder. Verlegen nicht.

Der Konsequente

Im Januar 1952 übernahm SP-Nationalrat Max Weber das Finanzdepartement. Zwei Jahre später trat er als Bundesrat zurück. Und zwar mit einem Eklat. In der Abstimmung war die Finanzvorlage des Bundesrats abgelehnt worden. Weber beklagte, seine bürgerlichen Kollegen hätten ihn völlig im Stich gelassen.

So mochte er in diesem ‹Verein› nicht mehr mitmachen. Es ist unüblich, wegen einer Niederlage abzutreten. Das Wie hat Geschichte geschrieben. Max Weber hatte weder die Partei- noch die Fraktionsführung konsultiert, sondern einfach den Bettel hingeschmissen.

Die SP hatte nur einen Bundesrat. Über Nacht ist sie durch den abrupten Abgang von Max Weber in die Opposition gestürzt worden. Parteipräsident Walther Bringolf machte aus der Not eine Tugend und proklamierte den «Jungbrunnen der Opposition». Um den Bürgerlichen das Leben im Bundeshaus schwer zu machen, wie er gedroht hatte. Feste Absicht war es, baldmöglichst in die Regierung zurückzukehren. Dann allerdings mit zwei Bundesräten.

1959 war es so weit. Der mächtige CVP-Generalsekretär Martin Rosenberg erfüllte der SP ihren Wunsch mit seiner ‹Zauberformel›

2-2-2-1. CVP, FDP, SP bekamen je zwei Bundesräte zugeteilt, die SVP als kleinste Bundesratspartei einen.

Rosenberg tat das natürlich nicht aus Liebe zur SP. Mit der ‹Zauberformel› ist nach über hundert Jahren die Vorherrschaft des Freisinns gebrochen worden.

Max Weber kandidierte 1955 für die Berner SP erneut als Nationalrat und brillierte mit einem Rekordresultat. Ich erlebte den eigenwilligen Politiker während acht Jahren. 1971 hatte er sich von der aktiven Politik verabschiedet. Als Sprecher für Wirtschaftsfragen war er einsame Klasse. Schliesslich lehrte er an den Universitäten Bern und Basel Wirtschaftskunde.

Beruflich war Weber ein Mann der Gewerkschaften. Zuerst als Präsident des Bau- und Holzarbeiterverbandes, nachher als wissenschaftlicher Mitarbeiter des Schweizerischen Gewerkschaftsbundes. Seine spektakulärste Aktion dürfte die ‹Kriseninitiative› von 1935 gewesen sein. Damit sollte die schwere Wirtschaftskrise der Dreissigerjahre mit Arbeitsbeschaffungsmassnahmen überwunden werden. Sie wurde zwar in der Volksabstimmung verworfen. Allerdings mit einer derart starken Nein-Minderheit, dass der Bundesrat nicht tatenlos zur Tagesordnung übergehen konnte. Zumal der Abstimmungskampf ungeahnt hohe Wellen ausgelöst hatte. Die siegreiche Niederlage zwang die Politik zum Handeln.

Professoren gelingt es nicht immer, ihre Fachsprache zu popularisieren. Max Weber hingegen kommentierte Wirtschaftspolitik in der Parteizeitung ‹Berner Tagwacht› auch für das Laienpublikum. Er verstand es meisterhaft, sie lesbar darzustellen. Mir hat er geholfen, auf einmal die komplizierten Probleme der Wirtschaft zu kapieren.

Max Weber lebte einfach, schien fast anspruchslos zu sein, wirkte wie ein Asket. Während Jahrzehnten hatte er die Sitzungsgelder und Honorare als Referent auf ein besonderes Konto überweisen lassen.

Als 40 000 Franken beisammen waren – nach heutiger Kaufkraft wären das etwa 350 000 Franken –, gründete und finanzierte er die ‹Arbeiterschule›. Es gibt sie noch unter dem rätselhaften Namen ‹Movendo› als Bildungswerk des Schweizerischen Gewerkschaftsbundes.

Zur Biografie von Max Weber passt, dass er als Militärdienstverweigerer vor das Militärgericht gestellt und zu einer Gefängnisstrafe verurteilt worden war. Die er abgesessen hatte. Ein Wunder, dass ihn die bürgerliche Mehrheit der Bundesversammlung gleichwohl als Bundesrat toleriert hatte.

Dem Abstinenten Max Weber wurde im fortgeschrittenen Alter aus Gesundheitsgründen täglich ein Glas Rotwein verschrieben. Worauf wir spotteten, jetzt trinke er auf Kosten der Krankenkasse Walliser Dôle.

Wort und Tat stimmten bei Max Weber vorbehaltlos überein. Auf ihn passte, was der deutsche Bundespräsident Johannes Rau 2002 sagte: «Politik ist ganz einfach: Man muss tun, was man sagt, und sagen, was man tut.»

Der Schwerarbeiter

Mitte der Siebzigerjahre stellten wir für das SP-Zentralsekretariat zwei Sekretäre im Jobsharing ein. Einer davon war Rudolf Strahm. Nach ein paar Monaten beschlich uns in der GL ein schlechtes Gewissen. Rüedu, wie wir ihn riefen, leistete für den halben Lohn ein volles Pensum. Wir korrigierten sein Salär auf 75, dann auf 100 Prozent. Dafür arbeitete er 150 Prozent.

Als wir nach dem ‹Fall Chiasso› die Bankeninitiative lanciert hatten, bearbeitete Strahm dieses Dossier. Mit der Bankeninitiative forderten wir das Zentralkomitee des Grosskapitals heraus. Also den stärkstmöglichen Gegner. Die Banker mussten sich anschnallen, um auf dem Podium gegen Strahm zu bestehen.

Sein Arbeitspensum war phänomenal. In den ersten Jahren schuftete er mit einem verbissenen Ehrgeiz. An einer Klausurtagung der GL musste jede und jeder seinen Albtraum schildern. Strahm erzählte, sein Angsttraum sei es, dass er mit einem für ihn wichtigen Thema in der GL oder im Parteivorstand keine Mehrheit bekomme. Mit der Zeit ist er lockerer geworden.

Strahm arbeitet effizient, ist stets bestens informiert und recherchiert gründlich. Für jedes Thema hat er sich ein ‹mobiles Archiv› zugelegt. Auf Karteikarten werden Fakten notiert, die er bei öffentlichen Auftritten stets bei sich hat.

Der Job als Parteisekretär hat ein Verfalldatum. Zu lange hält ihn keiner aus. Strahm hat sich selbständig gemacht. 1991 wurde er in den Nationalrat gewählt. Schnell zählte er zum ‹Elefantenclub›, zu jenen, die etwas zu sagen haben.

Am 6.12.1992 stimmten wir über den EWR-Vertrag ab, über den Europäischen Wirtschaftsraum. Es ging um den Zutritt zum EU-Binnenmarkt, ohne der EU beitreten zu müssen. Mit 50,3 Prozent Nein feierte Christoph Blocher einen historischen Sieg.

Strahm stellte für die Partei ein Argumentarium für oder gegen den EWR-Vertrag zusammen. Das Ja überwog – mit Vorbehalten. So funktioniert seine politische Farbenlehre, sie besteht nicht nur aus Schwarz-Weiss, für ihn gibt es auch die Zwischentöne.

Diese führte er bei der Abstimmung über die SVP-Initiative gegen die Masseneinwanderung vom 9.2.2014 eindrücklich vor. Alle Parteien, Wirtschaftsverbände und Gewerkschaften lehnten sie ab. Wie 1992 beim EWR-Vertrag wurde sie ebenfalls mit 50,3 Prozent Ja-Stimmen angenommen. In den letzten Jahren hat die Zuwanderung aus der EU jährlich ein Plus von netto jährlich um die 80 000 neue Ausländer ergeben. Die SVP will diese Zahl mit einer Kontingentierung nach unten korrigieren. Damit würde die Personenfreizügigkeit eingeschränkt. Bisher lehnt die EU das ab. Blocher würde sogar den Bruch mit der EU in Kauf nehmen. Das wäre, so die Gegenseite, eine Katastrophe.

Für Strahm ist die Personenfreizügigkeit ein neoliberales Projekt. Das EU-Umfeld mit 500 Millionen Bewohnern destabilisiere unseren Arbeitsmarkt. Er zeigte vor der Abstimmung gegen die Masseneinwanderung auf, was er meint. Viele Unternehmer würden lieber einen jungen Deutschen zu einem niedrigeren Lohn einstellen als einen älteren Schweizer. Deshalb sei die Arbeitslosenquote der über 50-Jährigen doppelt so hoch wie im Durchschnitt.

Schon protestierte eine Gewerkschaftszeitung, notabene ausgerechnet die beste, Strahm mache auf Blocher.

Verkrampfte Dogmatiker schmettern unbequeme Einwände ab, statt darüber eine offene Debatte zuzulassen. Strahm plädiert einfach für den Inländervortritt: Zuerst sollten arbeitslose Schweizer vor EU-Ausländern eingestellt werden. Diese Forderung hat Philipp Müller noch als FDP-Präsident übernommen. Zumindest verbal.

Rudolf Strahm hat in der SP die Rolle des Querdenkers inne. So einer ist gelegentlich sehr unbequem, sehr hartnäckig, man wird ihn nicht los. Ein Querdenker fordert zum Überprüfen der eigenen Position heraus. Das kann im Grundsatz kaum falsch sein. Natürlich hat so einer nicht immer recht. Aber er liegt halt auch nicht ständig falsch.

CVP-Bundesrätin Doris Leuthard holte Strahm, als sie Wirtschaftsministerin war, als Preisüberwacher ins Boot. Altersbedingt reichte es nur für eine Amtsperiode aus. Der Unbequeme hat alle überrascht. Beim Rücktritt herrschte Übereinstimmung: Strahm ist der bisher beste Preisüberwacher gewesen.

Der in Berlin wohnhafte Ringier-Vorzeigejournalist Frank A. Meyer weiss, dass sogar deutsche Parteivorsitzende Strahm konsultieren. Zum Beispiel war das beim Steuerstreit mit der Schweiz der Fall, als vermögende Deutsche den deutschen Fiskus mit ihren hinter dem Bankgeheimnis versteckten Vermögen betrogen.

Strahms Hauptthema jedoch ist das duale Bildungssystem der Schweiz, mit dem die akademische und praktische Bildung gleichwertig gefördert wird. Was mir entgangen ist, hat er mir beigebracht. In zu vielen Ländern gibt es das Fach ‹Berufslehre› gar nicht, es zählt nur die Universität. In Finnland zum Beispiel wird sie von fast 90 Prozent der Jugendlichen besucht. Auf dem Arbeitsmarkt besteht ein Überangebot an Akademikern und ein Mangel an Handwerkern. Resultat: eine hohe Jugendarbeitslosigkeit.

Rudolf Strahm hat dazu ein Buch verfasst: ‹Warum die Schweiz so reich ist›. Es ist eine Hommage an unser Bildungssystem und an die gerne unterschätzten Berufsleute. Die noch nicht so lange bestehenden Fachhochschulen haben die Berufslehre gewaltig aufgewertet.

Persönlich pflege ich einen kleinen Tick. Solange ich im Parlament war, kaufte ich auf dem Berner Weihnachtsmärt die besten Lebkuchen weit und breit. Seither holte ich sie mir weiter. Über Weihnachten 2015 wurde ich daran wegen einer Rückenoperation gehindert. Meine Gret muss aus der Schule geplaudert haben. Wer besuchte mich im Spital und brachte mir eine ‹Gugge› mit Berner Lebkuchen mit? Dr Rüedu Strahm.

Der Vermittler

Paul Wyss spielte in der Eishockey-Nationalmannschaft im Tor, als das noch ein Amateursport war. Ein Hobby, nicht um Geld zu verdienen. Fairplay im Sport hat ihn auch als Politiker und im Beruf geprägt.

Beim Chemiekonzern Ciba-Geigy, heute Novartis, lernte er als Personalchef sämtliche Aspekte der Arbeitswelt kennen. Von der

Ciba-Geigy wechselte er als Direktor zur Basler Handelskammer. Ich war Sekretär des Basler Gewerkschaftsbundes. Paul Wyss vertrat die Interessen der Wirtschaft, ich die der Arbeitnehmer. Wir sind uns als Sozialpartner gegenübergestanden. In Erinnerung geblieben ist mir ein fairer, offener Wirtschaftsvertreter ohne Berührungsängste.

1977 rückte Paul Wyss für die FDP, damals noch Radikal-demokratische Partei Basel-Stadt, die Radikalen genannt, in den Nationalrat nach. Die FDP war noch die stärkste bürgerliche Partei und bestimmte im rechten Lager die Musik. Ich als Präsident der SP vertrat die Gegenpartei. Die heftigsten Auseinandersetzungen führte ich mit der FDP-Fraktion. Paul Wyss hatte mal für seine Partei programmatische Perspektiven ausgearbeitet, zählte also zu den freisinnigen Schwergewichten. Der gegenseitige Respekt sorgte weiterhin für ein angenehmes persönliches Verhältnis zwischen einander.

Wenn es um wichtige baslerische Probleme ging, etwa mit dem Rheinhafen, in der Energie- oder Verkehrspolitik, haben sich alle Basler Nationalräte über die Parteigrenzen hinweg zusammengeschlossen. Paul Wyss war Leader des Clubs. Er vertrat die gemeinsam erarbeitete Position. Diese Funktion war ihm wie auf den Leib geschrieben. Der knallharte Freisinnige bewährte sich auch als Vermittler und Brückenbauer.

Das ewige Gejammer heute, Basel habe im Bundeshaus keine Stimme, kannten wir nicht. Wir vermochten uns durchaus Gehör zu verschaffen.

Mich störte das Verhältnis zu den Baselbieter Abgeordneten. Besser gesagt: das Nichtverhältnis. Nach meinem Erinnerungsvermögen gelang nicht ein gemeinsamer Auftritt. Das ist eben auch ein Basler Problem: die Kantonstrennung.

1994 trat Paul Wyss aus dem Nationalrat zurück und übernahm die Direktion der Messe Basel, heute Messe Schweiz. Dass Basel ein Musical-Theater hat, verdanken wir ihm. Es drängte sich auf, der Messedirektor sorgte ohne grosses Federlesen für die Finanzierung.

Paul Wyss war der politische Gegner, beim kantonalen Schulterschluss der Partner. So ergab Politik Sinn.

Der andere H.

Wir sind nicht verwandt, Edy Hubacher und ich. Wir haben gemeinsam am 15. April Geburtstag. Er ist in Moosseedorf aufgewachsen, ich im Nachbardorf Zollikofen. Edy ist im Moossee täglich seine Runden geschwommen, ich machte mich pro Saison ein paarmal nass. Erstens blieb ich Nichtschwimmer, und zweitens dämpfte bei der Sommerhitze der Weg hin und zurück zu Fuss die Badelust.

Edy und ich absolvierten fünf Jahre die Sekundarschule im Viktoria-Schulhaus in Bern. Beide beim gleichen Klassenlehrer. Ohne Mädchen. Sie wurden in der Weissenbühl-Schule unterrichtet, weit weg.

Es sind dann noch etwa 30 Jahre verstrichen, bis wir uns kennenlernten. Bei einem Match im YB-Stadion Wankdorf. Als öffentliche Personen, er als Sportler, ich als Politiker, fielen wir uns auf. Im Gespräch wurde auch der 15. April erwähnt. Von da an schrieben wir uns zum Geburtstag über zwei, drei persönliche Schwerpunkte im abgelaufenen Jahr. Nach ein paar Jahren wussten wir schon einiges über den anderen Hubacher.

Natürlich war mir Edy als Sportler ein Begriff. Seit unserer Begegnung beschäftigte er mich intensiver. Von Beruf Lehrer und als Hobby Leichtathlet, wählte er die wohl schwierigste Disziplin: Zehnkampf. Als Laie blieb mir einzig das Staunen, wie einer zehn Disziplinen trainieren und Schweizer Meister werden kann. Gleichermassen imposant wie sein enormes Leistungsvermögen ist seine persönliche Erscheinung. Er misst zwei Zentimeter unter oder über zwei Meter. Die Menschen werden heute nicht nur älter, sondern auch grösser als früher. Edy fiel deshalb völlig aus dem Rahmen, Als Bub habe er gelitten, betont er.

Als Edy langsam den Jahrgang spürte und mit der Leichtathletik aufhörte, wechselte er auf die Bobbahn. Für den Bob dürfte er kaum die ideale Grösse mitgebracht haben. Gesucht war ein starker und schneller Anschieber, im Bob dann ein versierter Bremser.

Edy zeigte auch in dieser Funktion seine Klasse: 1994, von der Olympiade in Sapporo, Japan, kehrte er mit einer Goldmedaille zurück. Insgesamt hatte sich die Schweizer Mannschaft zehn Medaillen erkämpft. Die ‹Nullnummer› von vier Jahren zuvor wurde damit wettgemacht. Eine total erfolglose Winter-Olympiade bedeutete für den Schweizer Tourismus eine Katastrophe und war gegenüber den Österreichern eine Blamage.

Nach dem Zehnkampf und dem Bob bleibt Edy noch seine dritte Sportdisziplin: Kreuzworträtsel. Er löst sie nicht, er erfindet sie. Oder sagt man, er produziert sie? Nun schon seit 53 Jahren. Mit einem Buch verrät er etliche Geheimnisse.

Edy geniesst seine Erfolge noch immer. Allerdings muss ich ihn kitzeln, damit er ‹gsprächig› wird und darüber erzählt. Einfach so, ohne ‹Gschiss› oder Bluff.

Wir sehen uns selten. Wir pflegen eine Brief- und Telefonfreundschaft. Aber spontan dann auch live. Wie vorgestern: Edy steht vor der Tür. Ich schreibe gerade die letzten Seiten und kann meine Begegnung mit ihm bis zum letzten Stand aktualisieren. Er kehrt gerade von einer Reise nach Neuseeland und Australien zurück. Er hat einige tausend Kilometer mehr auf dem Tacho als ich. Da wäre meine Gret als ‹Reisefüdli› bei ihm besser aufgehoben als mit mir.

Krise der europäischen Sozialdemokratie

1969 wurde Willy Brandt Bundeskanzler und 1972 die SPD stärkste Partei. Gerhard Schröder wurde 1993 als bisher letzter SPD-Bundeskanzler mit 40 Prozent Wähleranteil gewählt und bildete die rot-grüne Koalition.

Seit Jahren dümpelte sie bundesweit mit 25 Prozent Wähleranteil vor sich hin. Bei den Länderwahlen am 13.3.2016 erfolgte ein Absturz. In Baden- Württemberg sackte sie auf 12,7 und in Sachsen-Anhalt auf 10,6 Prozent ab. Was ist passiert?

Sigmar Gabriel erklärt es sich als SPD-Vorsitzender so: «Unsere Wähler haben mit der SPD immer auch Hoffnungen auf eine bessere Zukunft verbunden. Das ist derzeit offensichtlich nicht der Fall. Da wirkt noch die Agenda 2010 von Gerhard Schröder nach» (‹Der Spiegel›, 10/2015).

Mit Agenda 2010 ist der Umbau des Sozialstaats gemeint. Gerhard Schröder legte Sozialfürsorge und Arbeitslosengeld zusammen. Das Stichwort dafür heisst ‹Harz IV›. In Schröders Reform gehören die Geringverdiener. Sie leisten ein volles Arbeitspensum und können davon oft nicht existieren. Der geringe Lohn wird vom Staat aufgestockt. Zu den Geringverdienern kommen noch die Zeitarbeiter. Sie sind auf Zeit und nicht fest angestellt. Mit weniger Lohn. Ausnahmen bestätigen die Regel.

Schröders Agenda 2010 ist ‹erfolgreich›. Die Arbeitslosenzahl von zeitweise über vier Millionen ist halbiert worden. Schröders Devise: Besser schlecht bezahlte Arbeit als keine.

Der SPD-Bundeskanzler hat die Partei und ihre Basis nicht mitgenommen. Er setzte die Reformen faktisch im Alleingang durch. Anders wären sie ihm kaum gelungen. Sie sind im Volk und in der Partei auf Widerstand gestossen; Schröder stellte im Bundestag die

Vertrauensfrage. Die nötig gewordenen Neuwahlen hat er verloren. Die CDU-Vorsitzende Angela Merkel ist seine Nachfolgerin. Sie bildete 2005 eine Koalition mit der FDP. Seither schon zweimal eine mit der SPD.

Angela Merkel und die Wirtschaft profitieren von Schröders Rosskur, Deutschland ist Exportweltmeister.

Die SPD zahlt einen hohen politischen Preis. Die Zahl der Parteimitglieder ist von einer Million auf unter 500 000 gefallen, der Wähleranteil hat sich halbiert. Die Zukunft ist höchst ungewiss geworden.

Die SPD hat in der jetzigen Koalition mit der CDU endlich den Mindestlohn durchgesetzt. Als grossen Erfolg. Ist er das? 8.50 Euro auf die 44-Stunden-Woche umgerechnet sind im Monat 1615 Euro. Das reisst einen kaum vom Hocker.

Der SPD-Kanzler Schröder verschrieb der Wirtschaft eine neoliberale Rezeptur: Lohn- und Sozialkosten senken. Nur so funktioniert eine kapitalistische Marktwirtschaft. Mit der sozialen Marktwirtschaft von Ludwig Erhard, einst CDU-Wirtschaftsminister, wäre das anders. Erhard hatte 1957 sein Programm als Titel seines Buches gewählt: ‹Wohlstand für alle›.

Mit Harz IV bleibt die Geringschätzung der Interessen der Lohnabhängigen verbunden. Bisher ist es der SPD nicht gelungen, diese Altlast loszuwerden.

Einen ähnlichen Vorgang erlebten wir in Österreich. Die SPÖ, die Sozialistische Partei Österreichs, erreichte mit Bruno Kreisky als Bundeskanzler die absolute Mehrheit. Franz Vranitzky als dessen Nachfolger schaffte das auch noch. Inzwischen ist die Partei bundesweit auf 20 Prozent Wähleranteil getaucht. Im Mai 2016 wurde ein neuer Bundespräsident gewählt. Der SPÖ-Kandidat schied im ersten Wahlgang mit gerade noch elf Prozent Stimmenanteil aus. Was für eine Blamage. Immerhin ist nach zehn Jahren Heinz Fischer von der SPÖ ersetzt worden. Im Mai 2016 trat Werner Faymann als SPÖ-Regierungschef zurück. Sein Nachfolger Christian Kern soll den freien Fall aufhalten. Faymann ist an der Flüchtlingswelle gescheitert, als er wie der Rechtspopulist Viktor Orban in Ungarn ebenfalls Drahtzäune gegen Asylanten aufstellen liess. Als Kampf gegen die Armen statt gegen die Armut. Damit verlor Faymann den letzten Respekt.

Meine Partei

Das Bundesamt für Statistik liefert Zahlen, die über den Zustand der Schweiz Bescheid geben: «Rund eine halbe Million Menschen in der Schweiz hatten 2014 ein Einkommen unter der absoluten Armutsgrenze. Über eine Million Menschen waren gefährdet, in die Armut abzustürzen» (‹Neue Zürcher Zeitung›, 26.4.2016).

Der Basler Professor für Soziologie, Ueli Mäder, stellt fest: «Seit 1989 haben die reichsten 300 ihre Vermögen von 82 auf 589 Millionen versiebenfacht. Heute besitzt 1 Prozent mehr als 99 Prozent» (‹Work›, Unia-Gewerkschaftszeitung, 3.6.2016).

«358 400 Millionäre in der Schweiz» (Titel ‹Neue Zürcher Zeitung›, 24.6.2016).

Das also ist unsere Gesellschaft. In meiner Jugendzeit waren ‹die oberen Zehntausend› die Reichen. Jetzt sind es bald einmal 400 000 Millionäre, von den Milliardären ganz zu schweigen.

Auf der Karte der Politgeografie hat es ein grosses Feld mit dem Mittelstand, dem eher eine schwierige Zukunft vorausgesagt wird. Dann gibt es die ‹Goldküste›, umgeben von einer breiten Armutszone mit dem Armenhaus. Das ist das Umfeld, in dem wir Politik machen.

Im Ausland hat die Schweiz den Ruf, eines der reichsten Länder der Welt zu sein. Das stimmt ja. Nur ist der Reichtum äusserst ungerecht verteilt. Wir selbst preisen den Wohlstand, als ob wir im ‹Heidiland› lebten. Bei näherer Betrachtung sind Abstriche zu machen. Und zwar gehörige. Sonst täuschen wir uns den Schein als Sein vor.

Tagespolitik ähnelt einem Reparaturbetrieb. Es wird mal da, mal dort ein Gesetz verbessert. Wir nennen das die ‹Politik der kleinen Schritte›. Gelegentlich sind es auch grössere Schritte. Als Beispiel erwähne ich die Revision des KVG, des Krankenversicherungsgesetzes von 1996. Für schweizerische Verhältnisse war das schon fast ein Wurf.

Es ging um zwei zentrale Punkte: Obligatorium ja oder nein sowie die Finanzierung. Ich habe bereits darüber berichtet.

Der deutsche SPD-Politiker Erhard Eppler schreibt meinen Jahrgang. Da er in Bern studiert hat, pflegte er mit uns besondere Beziehungen. Er ist bis heute ein Vordenker in seiner Partei geblieben. Mit seinem Buch ‹Wege aus der Gefahr› thematisierte er Umweltschutz und erneuerbare Energien, als das für mich noch ‹chinesisch› klang. Eppler war in der Regierung von Willy Brandt Minister für Entwicklungshilfe, Präsident der Programmkommission SPD, vorher Vorsitzender der Partei in Baden-Württemberg.

2015 erschien sein Buch ‹Links leben›. Darin hält er Rückschau und Ausblick. Natürlich beschäftigt ihn der Zustand seiner Partei. Die Sorge ist berechtigt. Die SPD hat die Hälfte ihres Wähleranteils wie auch der Mitglieder verloren. Mit punktuellen Forderungen komme sie nicht auf die Beine, denkt Eppler.

Das Übel ist für ihn der herrschende Marktradikalismus, die verkommerzialisierte Gesellschaft mit dem ständigen Zunehmen der Kluft zwischen oben und Mitte-unten. Im Trend die gleiche Entwicklung wie bei uns.

Dagegen genüge etwas mehr Rente, Mutterschaftsurlaub, Kindergeld oder was auch immer nicht mehr.

Eppler hat keine konkrete Vision. Er ist sich hingegen relativ sicher, wie die SPD wieder zu einer starken politischen Kraft werden könnte. Mit einer Alternative zum jetzigen System und einer charismatischen Persönlichkeit, die die Menschen ansprechen und abholen kann. Unausgesprochen muss er an Willy Brandt gedacht haben, der nach seiner Wahl zum Bundeskanzler Land und Volk mit seinem Versprechen, mehr Demokratie zu wagen, hinriss und begeisterte.

Ähnlich zukunftsweisend rüttelte 1960 US-Präsident John F. Kennedy sein Volk auf: «Wir müssen nicht fragen, was kann das Land für uns tun, wir müssen fragen, was können wir für das Land tun.»

Es sind schlussendlich Hoffnungsträger, die aus der politischen Routine ausbrechen und über sich hinauswachsen.

Mehr Opposition

Nach den Wahlen vom Herbst 2015 hat sich das Klima im Bundeshaus verändert. Es ist frostiger geworden, politisch im Nationalrat rechtslastiger. Wie immer, wenn die SP verliert, wird die Rechte ‹frecher›. Diesmal besonders. Die Kompromissbereitschaft ist bescheiden geworden.

Die SP ist heute im Ständerat mit zwölf Sitzen so stark wie noch nie. In der kleinen Kammer sind es Personenwahlen. Die Stärke einer Partei zeigt sich im Nationalrat. Dort wird der Wähleranteil gemessen. Die SP setzte sich 20 Prozent zum Wahlziel. Es sind 18,9 Prozent geblieben.

Bei den Mandaten geht es auf und ab. Unter meinem Präsidium sind es mit 55 am meisten und mit 41 am wenigsten gewesen. Peter Bodenmann, mein Nachfolger, holte wieder 54. Seit 2003 hat die SP die Fünfzigergrenze nicht mehr überschritten. Nun sind es 43 Sitze. Drei weniger als 2011.

Nachdem die politische Rechte aufdreht, hat SP-Präsident Christian Levrat Mitte Mai 2016 mit seinem Team an einer Pressekonferenz der Nation mitgeteilt, die SP werde auf «einen harten Oppositionskurs» umschalten.

Fraktionspräsident Roger Nordmann, Nationalrat aus Lausanne, fügte hinzu, FDP und CVP seien Satelliten der SVP geworden, das Trio wolle den Staat kaputtsparen.

Tatsächlich schnürt Finanzminister Ueli Maurer ein Sparpaket nach dem anderen. Dazu werden Steuergeschenke verteilt. In der Sommersession 2016 bei der Unternehmenssteuerreform III ist für die Bundeskasse ein Milliardenloch zurückgeblieben. Der Bundesrat hat eine Gegenfinanzierung vorgeschlagen, auf Druck des Nationalrats ist diese abgelehnt worden. Seriöse Finanzpolitik sähe anders aus. Sparen und noch Steuergeschenke verschreiben passt wie die Faust aufs Auge. Soll das so weitergehen, muss man Angst um die Schweiz bekommen.

Ich würde FDP und CVP nicht als SVP-Satelliten abschreiben. Sie arbeiten mit ihr zusammen, ja, aber nicht durchgehend. Nicht beim Asylgesetz von Simonetta Sommaruga, das am 5.6.2016 vom Volk angenommen wurde. Gegen die SVP. Sie lehnen die SVP-Initiative ab, mit der die Menschenrechte aus der Verfassung gekippt werden sollen. Auch lehnen sie einen Bruch mit der EU ab, den Christoph Blocher in Kauf nähme. Um es bei diesen Beispielen zu belassen.

Die SP braucht auch beim härteren Kurs Partner. Der frühere SP-Fraktionspräsident Richard Müller hat von ‹regierender Oppositionspartei› gesprochen. Ich habe nach der Nichtwahl von Lilian Uchtenhagen am Parteitag die Frauen und den linken Flügel mit dem Versprechen beruhigen wollen, dass wir «schampar unbequem» werden. Einfach war es nicht, härtere Politik umzusetzen.

Christian Levrats Kampfansage ist Risiko und Chance. Nachdem es für die SP im Parlament schwieriger geworden ist, Mehrheiten zu erreichen oder zu verhindern, wird sie mit Referenden antworten. Wird sie also Unterstützung beim Stimmvolk suchen.

Damit werden die 1000 Sektionen und die Mitglieder, wird unser Fussvolk gefordert. Aus finanziellen Gründen muss sich die Partei auf exemplarische Fälle begrenzen, bei denen die Basis lustvoll mitzieht und nicht contre cœur mitmachen muss.

Die SP ist finanzschwach. Der persönliche Einsatz kann ein Stück weit Geld kompensieren, aber nur, wenn ‹unsere Leute› von der Sache überzeugt sind.

Mir sind SVP-Dokumente zugeflogen. Ein Beispiel, wie Ex-Präsident Toni Brunner aus dem Vollen schöpfte:

> Antrag von Toni Brunner an Silvia Bär. Termin/Grund: 21. August 2007. Inserate Geheimplan gegen Blocher.
> Worum geht es?
> Am nächsten Montag, 27. August 2007, wird die SVP die Pressekonferenz Geheimplan gegen Blocher durchführen. Ab dem Dienstag, 28. August 2007, soll während 3 Wochen, d. h. bis etwa 15. September, dieser Geheimplan in allen schweizerischen Zeitungen und Regionalmedien 2–3 Mal pro Woche erscheinen.
> Auftrag: Ich beantrage, die anfallenden Kosten, die nicht innerhalb des Wahlbudgets liegen, von CHF 1 550 000.– zu genehmigen.

Der harte Oppositionskurs bedeutet mehr Referenden, mehr Vertrauen in das Stimmvolk, Parlamentsentscheide zu korrigieren. Um sich Respekt zu verschaffen, muss das Referendum gewonnen werden. Dann spricht man davon, dass eine Partei referendumsfähig sei.

Das Allerwenigste ist ein gutes Resultat. Eine regelrechte Abfuhr wäre eine Katastrophe.

In den 1970er-Jahren hatte die SP eine Reichtumssteuer-Initiative eingereicht. Erfunden von Nationalrat Otto Stich. Bei der Abstimmung ist sie abgelehnt worden. Bei 44 Prozent Ja-Stimmen. Das war eine der erfolgreichen Niederlagen, die bei der politischen Rechten Eindruck hinterliessen. Auf einmal stimmte sie einer schärferen Progression in den oberen Regionen der direkten Bundessteuer zu. Jahre später monierte die ‹Neue Zürcher Zeitung›, faktisch sei die Reichtumssteuer heimlich eingeführt worden.

Einen solchen Knüller könnte die SP brauchen. Härtere Politik beschränkt sich ja nicht auf verbale Schläge. Vielmehr ist das Politik, die den Bürgerlichen weh- und der eigenen Basis guttut. Erfolgserlebnisse sind die beste Therapie, um stärker zu werden.

Oft braucht es den zweiten Anlauf, um ans Ziel zu gelangen. Mit den nötigen Lehren, die man nach dem ersten gemacht hat. Eine zweckbestimmte Sondersteuer für Alte und Junge, für die AHV und die Berufsbildung zum Beispiel. Das ist jetzt einfach laut nachgedacht. Mit einer Mitgliederumfrage: Macht ihr mit?

Linke Nervensäge

Der Vorwahlkampf in den USA für die Nachfolge von Präsident Barack Obama im November 2016 ist turbulent verlaufen. Bei den Republikanern war der Sieger Donald Trump in jeder Hinsicht eine Zumutung.

Bei den Demokraten startete Hillary Clinton als Favoritin. Praktisch ohne Gegner. So die Annahme. Bis der 74-jährige Senator Bernie Sanders sie herausforderte. Als bekennender Sozialist.

In Amerika wird ein Linker als Kommunist klassifiziert, was den politischen Tod bedeutet. Nicht bei Bernie Sanders. Er kämpfte gegen die einstige First Lady, Senatorin, Aussenministerin auf Augenhöhe und lag relativ lange stimmenmässig mit ihr gleichauf.

Wie schaffte das der Alte?

Sanders hat Klartext geredet. Er zerlegte die Gesellschaft so, wie sie die Mehrheit erlebt. Er attackierte die Wall Street als Zentralkomitee des Kapitals, das eine Gesellschaft beherrscht, die extrem ungerecht ist. In der es 40 Millionen Arme gibt; in der das Gros der Lohnabhängigen seit Jahrzehnten mit stagnierenden oder gar gesunkenen Löhnen lebt. In der die reiche Oberschicht auf unverschämte Art immer noch mehr profitiert.

Bernie Sanders holte sich vor allem bei Jungen begeisterten Beifall. Er engagiert sich für eine andere Gesellschaft. Für eine konkrete Utopie als Hoffnung, die Utopie von gestern werde Realität von morgen.

‹Bernie›, wie die Jungen skandierten, vermittelte eine Idee als Perspektive: Veränderungen gibt's nur durch Veränderungen.

Gegen dieses Feuerwerk wirkte Hillary Clinton eher blass. Sie hat Sanders zwar am Schluss überholt. Ihre Anhänger sind vor allem Schwarze, Latinos, Männer. Weil sie als das kleinere Übel Donald Trump schlagen könnte.

Schafft es die SP?

Ich betreibe mit Bernie Sanders keine Heldenverehrung. Die Frage, sagt er mir etwas, sei beantwortet. Ja. Er verkündet nicht einen Forderungskatalog, er geht mit seinen Attacken Schwächen des Systems an.

Bankenkrach und Spekulationsfieber im globalen Spielcasino lösten 2008 die Finanz- und Wirtschaftskrise aus. Sie schwappte von den USA nach Europa über. Immer noch sind Millionen Arbeitslose Zeugen. Immer noch sitzen Staaten auf Schuldenbergen, weil sie Banken gerettet haben. Immer noch schauen bei uns Sparer und Versicherte der zweiten Säule bei faktisch null Komma null Prozent Zins in den Mond.

Das grenzt an Volksbetrug. Keiner der Verantwortlichen musste sich vor Gericht dafür verantworten. Dafür kassieren Banker, die den Schlamassel angerichtet haben, Millionenboni wie eh und je. Als ob nichts passiert wäre. Da wundert sich der Velodieb.

Ein Problembrocken bleibt die Ausländer- und Flüchtlingspolitik. Fast ein Viertel der Bevölkerung sind Ausländer. Exakt 24,3 Prozent, Stand 2016. Unser System würde ohne sie zusammenbrechen. Schon der ersten Gotthardtunnel von 1872 ist von italienischen Arbeitern gebaut worden. Die Zahl der Deutschen in Zürich war vor dem Ersten Weltkrieg anteilmässig höher als heute.

Und immer sind es für Parteien, die gegen Ausländer ihr politisches Geschäft machten, zu viele gewesen. Als es 13, 17 oder erst 20 Prozent waren. Vor der SVP waren es die Republikaner von James Schwarzenbach gewesen, dann die Nationale Aktion mit Valentin Oehen, später zu Schweizer Demokraten umgetauft. In den letzten 30 Jahren ist die Anti-Ausländerpolitik ein Schwerpunkt der SVP.

Mit der Initiative gegen die Masseneinwanderung, der am 9.2.2014 zugestimmt wurde, will Chefstratege Christoph Blocher die freie Zuwanderung stoppen. Nötigenfalls, hat er im Juni 2016 erklärt, werde die SVP eine Initiative zur Aufhebung der EU-Personenfreizügigkeit einreichen. Es gibt kaum eine Handvoll Unternehmer, die das gut fänden. Blocher will Ausländer mit Kontingenten regulieren. Halt gegen die EU-Praxis. Sie ist schliesslich sein Feind.

Der Chefstratege hat eine raffinierte Formel aufgetischt: Der Unternehmer sagt, wir brauchen die Ausländer. Der Politiker erklärt, aber wir wollen sie nicht. Damit hält er seine Klientel bei guter Protestlaune.

SP und Gewerkschaften sind unerbittlich. Ausländer, die hier arbeiten, sollen das zu landesüblichen Bedingungen tun. Um einheimische Arbeitnehmer vor Dumpinglöhnen zu schützen. Dennoch sind viele zur SVP übergelaufen.

Die SP zahlt für ihre Ausländerpolitik einen hohen Preis. Einen sehr hohen. Sie wird sich überlegen müssen, ob sie stets für die Wirtschaft sorgen und deren Bedarf an ausländischen Arbeitskräften unterstützen will oder ob sie gesellschaftspolitisch Grenzen erkennt. Grenzen, weil die Gesellschaft nicht grenzenlose Zuwanderung verkraften kann.

Flüchtlinge sind eine noch weitaus härtere Herausforderung. In Budapest hatten Sowjetpanzer 1956, in Prag 1968 einen Volksaufstand niedergewalzt. Zehntausende flüchteten in die Schweiz. Und wurden herzlich aufgenommen.

Jetzt erleben wir eine Völkerwanderung aus Afrika und dem Nahen Osten. Millionen sind unterwegs. Richtung Europa. Die deutsche Bundeskanzlerin Angela Merkel wagte 2015 eine grossartige Geste. Eine Million Asylsuchende fanden in Deutschland Unterschlupf. Tausende sind im Bahnhof München mit Beifall empfangen worden. An Merkels Willkommenskultur erinnern die Worte: «Wir schaffen das.» Davon ist sie wortlos abgerückt. Die Folgen ihrer Geste sind verheerend. Ihre CDU hat massiv Wähleranteile eingebüsst. Ihre bisher unbestrittene Popularität befindet sich im Sinkflug.

Franz Josef Strauss hat stets gewarnt, neben CDU/CSU dürfe es keine Rechtspartei geben. Nun ist sie da, die AfD, die Alternative für Deutschland. Diese rechtspopulistische AfD hat schlagartig 15 bis 20 Prozent Wähleranteil geholt, zum grossen Teil auf Kosten der CDU.

Merkels Justizminister Heiko Maas, SPD, wollte in Zwickau referieren. Er wurde gnadenlos ausgepfiffen und niedergeschrien: «Volksverräter, hau ab!» – «Je mehr ihr schreit, desto länger bleibe ich hier stehen», blieb er standhaft. Bis er unter Gewaltdrohungen zum Dienstwagen rannte. Am AfD-Parteitag wurde das gefeiert: «Maas wurde von mutigen sächsischen Bürgern aus Zwickau vertrieben.» Es folgte «ohrenbetäubender Beifall» (‹Der Spiegel›, 26/2016).

Björn Höcke, ein alter Nazi und nun AfD-Sprecher, polterte an einer Kundgebung, Angela Merkel müsse «in einer Zwangsjacke aus dem Kanzleramt abgeführt werden». AfD-Vize Alexander Gauland forderte zum Widerstand auf: «Die Kanzler-Diktatorin muss gestürzt werden» (‹Der Spiegel›, 26.6.2016).

An einer Kundgebung in Dresden wurde Merkel an einem Galgen hängend vorgeführt. Angela Merkel tritt öffentlich, was sie immer abgelehnt hat, nur noch hinter Absperrgittern auf. Open-Air-Veranstaltungen hat sie gestrichen.

Der deutsche Städteverband hat bei einer Umfrage von Oberbürgermeistern erfahren, dass knapp die Hälfte Bedrohungen, Beleidigungen, tote Ratten vor der Haustür und andere Sauereien hinnehmen mussten. Wieso? Weil sie Flüchtlinge aufgenommen haben.

Selbst ernannte ‹besorgte Bürger› erklären hasserfüllt Merkel zum Hauptfeind für Deutschland.

Asylantenheime sind schon dutzendfach abgebrannt worden. Brandstifter werden selten gefasst. Aufrufe zum Mord (Merkel am Galgen) bleiben ohne strafrechtliche Folgen.

Angela Merkel hat sich von der Willkommenskultur längst verabschiedet. Weil sie es nicht schaffte. Auch wenn sie verbal beim «Wir schaffen das!» bleibt. Gleichwohl ist das Hass- und Gewaltklima geblieben. Merkel kann nur hoffen, dass sich die AfD selbst zerfleischen wird. Das geschähe bei der extremen Rechten nicht das erste Mal.

‹Flüchtling› im herkömmlichen Sinn ist, wer in seinem Heimatland Verfolgung ausgesetzt und an Leib und Leben gefährdet ist. Meistens aus politischen, religiösen oder ethnischen Gründen. Aus Syrien kommen vom Krieg bedrohte Menschen. Aus Afrika und dem Nahen Osten sind Millionen unterwegs. Wir bezeichnen sie als ‹Wirtschaftsflüchtlinge›. Sie suchen ein besseres Leben. Sie werden von Armut, vom Elend, vom Hunger, von der Hoffnungslosigkeit bedroht. Auf Dauer wird Europa sie nicht alle aufnehmen können. Weil die jeweilige Regierung sonst beim eigenen Volk den Rückhalt verliert. Die Perspektive ist grauenhaft. Die Schweiz hat in der Flüchtlingsfrage keinen Sonderstatus.

Womit ich beim Ausgangspunkt bin: beim harten Oppositionskurs. Die SP holt Wähler auch in der Mitte ab. Dort jedoch ist das Gedränge mit neuen Parteien grösser geworden. Das spürt auch die SP.

40 Prozent der Arbeiter wählen SVP, nur 19 Prozent die SP. Sie können sich dennoch auf die SP verlassen. Bei der AHV, beim Krankenversicherungsgesetz oder anderen Sozialanliegen ergreift die SP dann das Referendum, wenn die Vorlage für die Lohnabhängigen schlecht ist. Dann stimmen die SVP-Arbeiter für das Referendum. Gegen die SVP. Sie lassen bei Wahlen die SP im Stich, unterstützen jedoch deren Referenden. So haben sie faktisch ‹Figgi und Mühli›.

Arbeiter sind nicht nur die im klassischen blauen Überkleid. Dazu zählen alle im unteren Mittelstand. Die SP war, ist und bleibt deren politische Schutzmacht.

Was soll der härtere Kurs? Der Österreicher Günther Nenning hat Kluges gesagt: «Sozialdemokratie ist jene Form von Sozialismus, die mit dem Klassenfeind zusammenarbeitet.» Auf Schweizerdeutsch heisst das: Die SP ist aus staatspolitischer Vernunft für den Kompromiss. Mit mehr Opposition will sie stärker werden, zusammen mit den vielen progressiven Gruppierungen und Organisationen in unserer Gesellschaft. So stark, dass die politische Rechte ohne sie nicht regieren kann. Weil auf Dauer beide sich brauchen.

Beim Asylgesetz von Simonette Sommaruga kämpften beide für ein Ja, gegen das SVP-Nein. Bei der SVP-Initiative für Selbstbestimmung sollen die Menschenrechte aus der Bundesverfassung geschmissen werden. FDP und CVP haben im Voraus ‹Nein› beschlossen. CVP-Präsident Gerhard Pfister wird als Konservativer die AHV-Revision mit der Linken unterstützen, wie er im Juli 2016 zugesichert hat.

FDP und CVP, sind froh, dass es die Rot-Grünen gibt. Sonst wären sie der SVP ausgeliefert. Genau das wollen beide auch beim innigsten bürgerlichen Bekenntnis auf keinen Fall. Die vom SP-Präsidenten Christian Levrat angekündigte radikalere Politik hat nicht zuletzt den Sinn, eine Vorherrschaft der SVP allen anderen Parteien zu verleiden. Vorwärts marsch, links, links …

Ich und andere über mich

Kommunikationstechnologisch lebe ich in der ‹Steinzeit›. Ich schreibe nicht auf dem PC, arbeite weder mit dem Internet noch mit dem Smartphone. Ich schreibe auf der Schreibmaschine. Immerhin auf einer elektrischen. Ohne Romeo Cassani und seine Frau wäre ich aufgeschmissen. Sie führt das Büro, er ist der Letzte in Basel, der noch repariert, Farbbänder und anderes Zubehör sowie neue Schreibmaschinen verkauft. Sein Keller ist ein Schreibmaschinen-Friedhof. Dort findet er die Ersatzteile für längst vom Markt verschwundene, einst berühmte Marken. Ich erwähne nur die legendäre ‹Hermes Baby›.

Vor etwa zwei Jahren blieb ich an der Bahnhofstrasse in Biel vor dem Bürobedarfsgeschäft ‹Perrenoud› wegen einer kleinen Sensation stehen. Im Schaufenster war eine Schreibmaschine ausgestellt. «Das gibt's doch nicht», brummelte ich zu mir selber. Die Chefin bestätigte, sie verkaufe immer wieder eine. Wieder mehr gefragt seien übrigens Faxgeräte. Fröhlich gestimmt, verpflegte ich mich in meinem Bieler Stammcafé ‹Odeon›, das ich schon vor 64 Jahren von der Verkehrsschule her kenne.

Ich zelebriere mit meiner Maschine eine nicht mehr zeitgemässe Schreibkultur. Eine, die zu mir passt. Gute Bekannte versuchen etwa, mich davon abzubringen. Allein das Korrigieren wäre einfacher, höre ich regelmässig. Stimmt. Ich korrigiere halt nicht nur einen Satz, sondern reisse das ganze Blatt heraus und beginne von vorne. Je nachdem, wie es mir läuft, geschieht das mehrfach. Wenn der Papierbedarf zu happig wird, höre ich auf. Mache Pause und trinke einen Espresso.

Ich kann meine Kolumnen nur schreiben, wenn ich einen Titel habe. Oft dauert es Stunden, bis er mir passt. Für ein Buch genügt ein Arbeitstitel, der meistens nicht durchhält.

Mein Freund Jean Ziegler schreibt seine Buchmanuskripte von Hand. Mir fällt so nichts Vernünftiges ein. Und wenn, laufen mir meine Gedanken davon, von Hand schreibt es sich zu langsam.

Meine Briefe sind ebenfalls maschinengetippt. So müssen die Empfänger nicht meine Handschrift entziffern.

Schreiben ist meine Begabung. Als Handwerker wäre ich mit den zwei linken Händen vermutlich verhungert. Zum Chefredaktor der ‹Basler AZ›, der SP-Parteizeitung, hat mich der Präsident der Redaktionskommission mit drei Worten berufen: «Du kannst schreiben.» Mein Credo lautete: Lieber laut denken als leisetreten. In zehn Jahren stand ich sieben Mal vor Gericht. Fünf Prozesse habe ich gewonnen, zwei verloren. Einen, weil mich der Hauptzeuge hängen liess. Ich habe bereits darüber berichtet.

In den ersten Jahren als SBB-Beamter arbeitete ich Früh-, Mittel- und Spätschicht. Daran konnte ich mich nie gewöhnen. Am meisten zu schaffen machte mir die Frühschicht ab vier Uhr. Ich arbeitete lieber nachts. Darauf nahm nein ‹AZ›-Job keine Rücksicht. Wir begannen um 5.30 Uhr zu schreiben. Der Arbeitstag hörte gleichwohl mit politischen Veranstaltungen häufig spät auf.

Heute gehe ich zwischen 23 Uhr und Mitternacht schlafen. Ich lese meine sieben Tageszeitungen, plus Wochenzeitungen und Politmagazine, höre Radio, schaue Fernsehen, gerne Fussball, geniesse einen Krimi, am liebsten von Donna Leon. So ab 22.30 Uhr spielen Gret und ich gerne ‹Yatzy›. Das ist ein dänisches Würfelspiel, das wir von unserer Ferieninsel Bornholm mitgebracht haben.

An unzähligen Veranstaltungen bin ich als Referent aufgetreten. Unvergesslich bleibt mir das Gastspiel vom Januar 1993 im Kloster Disentis: «Brauchen wir Karl Marx?» Ein öffentlicher Vortrag im Rahmen des ‹Europa Forums›. Die Debatte mit den Patern verlief höllisch animiert. Anschliessend diskutierten wir bei der Vesper bis um zwei Uhr weiter. Eine fundiertere Papstkritik habe ich seither nie mehr gehört. Ich fuhr nach Disentis um Gottes Lohn. Als mir Pater Urban ein Couvert aushändigte, lehnte ich ab. Doch er bestand darauf: «Nehmen Sie es, wir sind kein armes Kloster.» Ein höheres Honorar habe ich selten kassiert: Übernachtung plus 800 Franken.

In meinen 34 Nationalratsjahren, das ist nicht übertrieben, war ich der schärfste EMD-Aufpasser – Eidgenössisches Militärdepartement. 1979 veröffentlichte ich für die SP das ‹Schwarzbuch EMD›. Bundespräsident Hans Hürlimann gab im Namen des Bundesrats eine Erklärung ab: Das landesübliche Mass an Kritik sei überschritten worden. Nach ein paar Wochen dankte ich ihm schriftlich für diese unbezahlbare Werbung. Im Nu verkauften wir 12 000 Stück. Zehn Jahre später gab ich im Z-Verlag Basel die Broschüre ‹Aktenzeichen EMD› heraus. Meine Sekretärin führte den Amateur-Verlag als Hobby. Dank meinem Verzicht auf ein Honorar verbuchte sie eine Rekordeinnahme. Was die Lebensdauer des Z-Verlags nur um ein Jährchen verlängerte.

Die Militärjustiz versuchte dreimal, mir Geheimnis- oder gar Landesverrat anzudichten. Sie scheiterte mangels Beweisen.

Am 1.4.1989 übernahm Kaspar Villiger als neu gewählter Bundesrat das EMD. Auf ihn wartete die für einen Verteidigungsminister härteste Herausforderung: die Abstimmung über die Armeeabschaffungs-Initiative. An seinem Antrittstag schrieb er mir einen Brief: «Gerne würde ich gelegentlich mit dir in zwangslosem Rahmen über Armee und EMD philosophieren.» Was wir dann auch ausgiebig taten. Nach zwei Jahren als Präsident der Militärkommission des Nationalrats dankte mir Villiger schriftlich ausdrücklich für meine unparteiische und loyale Führung der Kommission. Bürgerliche hatten sie mir nicht unbedingt zugetraut.

1985 besuchte meine Gret mit ihrer Freundin Toya Maissen über Weihnachten und Neujahr vierzehn Tage Moskau. Michail Gorbatschow war als Reformer an die Macht gekommen. Verbürokratisierte und korrupte Planwirtschaft hatten die sowjetische Wirtschaft fast ruiniert. Die zwei hatten ein ‹schnusiges› Restaurant gefunden, erzählte Gret. Die Menükarte bot je sieben Vor- und Hauptspeisen sowie Desserts an. Leider sei fast alles ausgegangen, habe der Kellner gestanden. Serviert wurde dann Merkwürdiges: eine nicht definierbare Vorspeise, gefolgt von einem Pilzsalätchen, dann ein Eis mit Fruchtsaft, anschliessend das berühmte Bortsch-Suppengericht, zum Schluss ein Gebäck mit Wodka. So oder ähnlich, genau weiss es auch Gret nicht mehr. Die beiden spotteten, das sei wohl Bocuse à la Moskau gewesen.

Toya, die Russisch sprach, wollte vom Kellner wissen, wie der Koch auf diese Kombination gekommen sei. Sein Bescheid haute sie fast vom Stuhl. Die Menükarte werde «im Ministerium» gemacht. Ein solches System konnte ja nicht funktionieren. Gorbatschow müsse seinen Walfisch zum Fliegen bringen, meinte ein sowjetischer Wissenschaftler zu mir.

Mein Freund und Ratskollege Andreas Gerwig und ich riskierten eine Premiere. Wir kauften je eine Aktie der Firma Saurer AG in Arbon. Diese produzierte Lastwagen und Postautos. Superqualität zu Maximalpreisen. Ausländische Konkurrenz wurde dank Grenzschutz ausgesperrt. In den 1980er Jahren musste dieser Heimatschutz aufgegeben werden. Saurer war der ausländischen

Konkurrenz nicht gewachsen. Die Jahrzehnte im helvetischen Treibhaus blieben nicht ohne Folgen. Saurer wurde von Daimler Benz, von Mercedes also, fusioniert, das heisst übernommen. Tausend Entlassungen betrug dafür der Preis. Andreas und ich besuchten als Aktionäre am 13.5.1982 die Generalversammlung in Weinfelden. Um für einen Sozialplan zu plädieren.

Andreas Gerwig versuchte, der Gewerkschaft SMUV eine fantastische Idee schmackhaft zu machen. Nämlich, hundert Saurer-Arbeiter im blauen Überkleid als Aktionäre an die GV zu schicken. Der Bammel war stärker als der Mut. Wie wir beide hätte auch der SMUV die Aktien ohne Verlust wieder verkaufen können.

So erschienen wir an der GV halt nur zu zweit. Und wurden wie Paradiesvögel erstaunt betrachtet. Man hatte uns erkannt und erwartete kaum Gutes. Mir war mulmig zumute. Es war ein regelrechtes Spiessrutenlaufen. Andreas Gerwig verfügte als Anwalt über mehr Routine. Er trat unbekümmert munter gelaunt ans Mikrofon und gab den Aktionären sowie dem Verwaltungsrat den Tarif durch. Ich wollte als SP-Präsident nicht nachstehen, Andreas hatte mir Mumm beigebracht. Der ‹Blick› berichtete: «SP-Chef Hubacher las Saurer-Bossen die Leviten, Aktionäre klatschten.»

Allein hätte ich das nicht geschafft.

Vor der ersten Sitzung nach den Wahlen 1991 hatte Christoph Blocher den beiden Welschen im Bundesrat attestiert, sie seien «verliebt ins Weinglas». Das war ja nicht so falsch. Aber er wurde an der Sitzung aufgefordert, sich zu entschuldigen. Dafür fehlt Blocher das Talent. Er ging zwar ans Mikrofon, schon nur leise Anzeichen einer Entschuldigung mussten sich in Luft aufgelöst haben. Ich kommentierte diesen Auftritt: «Blocher hat schwach angefangen und dann stark nachgelassen.»

FDP-Präsident Franz Steinegger und ich wurden am 7.12.1989 vom ‹Tages-Anzeiger› zum Rundgang auf dem Platzspitz beim Zürcher Hauptbahnhof eingeladen. Um das landesweit berüchtigt gewesene Drogenelend zu besichtigen. Es herrschte eine Affenkälte.

Steinegger fasste seine Eindrücke zusammen: «Was ich heute Morgen gesehen habe, übersteigt mein bisheriges Vorstellungsvermögen.»

Beide unterhielten wir uns mit den Frauen, die für die ‹Drögeler› gekocht haben, sie erzählten Erschreckendes. Auf dem offenen Musikpavillon würden diese Menschen eng umschlungen, nur mit Wolldecken geschützt übernachten. Wer morgens um sieben Uhr immer noch dort liege, werde von der Polizei abgespritzt. Auch bei grösster Kälte. «Das wäre in Basel nicht möglich», schrie ich empört hinaus.

An dieser Stelle möchte ich ein paar Pressestimmen wiedergeben:

Der politische Börsenbericht ‹Vertrauliches› meldete: «Machtkampf in der SP – Helmut Hubacher auf dem Schleudersitz? Hubacher ist den linksstehenden Genossen schon lange ein Dorn im Auge – bisher war er der vermittelnde Integrationskünstler zwischen dem linken und rechten Flügel – er soll herauf- und hinausbefördert werden.»

‹Work›, die Gewerkschaftszeitung der Unia, die journalistische Spitze ist, fiel aus dem Rahmen: Chefredaktorin Marie-Josée Kuhn verfasste ein Kompliment: «Im letzten Editorial habe ich SP-Urgestein Helmut Hubacher kritisiert. Genau ein Tag verging – und schon war der Brief da, Hubacher schrieb: ‹Liebe Marie-Josée, deine Kritik trifft zu, Aber man(n) kann das einsehen und korrigieren.› Wow, ein Politiker, der Kritik nicht nur einstecken kann, sondern auch noch zugibt, einen Fehler gemacht zu haben; das hat Stil.»

Die ‹NZZ› vom 30.4.1990 kommentierte nach meinem Rücktritt als SP-Präsident den oft kritisierten autoritären Führungsstil: «Dazu meint Hubacher, wer oft allein gegen die politische Konkurrenz antreten muss und punkten soll, könne nicht plötzlich parteiintern ein zahmes Schaf sein.»

Im ‹Tele› vom 16.10.1983 wurden fernsehtaugliche Politiker getestet: «Das Fernsehgeschäft ist Showgeschäft. Es geht darum, Politiker zu finden, die am Bildschirm dem Publikum Lust auf Politik vermitteln. So hat auch die Deutschschweiz ihre politischen Showstars. Angeführt wird die Bildschirm-Prominenz vom sozialdemokratischen Parteipräsidenten Helmut Hubacher. Von den Journalisten wird er als erstklassiger Handwerker geschätzt, der weiss, was die Medien brauchen, um ihre Aufgabe bürgernah zu erfüllen. Hubacher am runden Tisch garantiert allemal eine spannende Debatte.»

Die erste Bundesrätin, Elisabeth Kopp, FDP, wurde im Januar 1989 zum Rücktritt gezwungen. Ich habe immer gesagt, der Fehler, den sie begangen hatte, wäre bei einem Mann nicht rücktrittswürdig gewesen. Item, den Bürgerlichen war es mit diesem Diktat schnell nicht mehr so richtig wohl gewesen. Die Zeitschrift ‹Politik und Wirtschaft›, Ausgabe 3/1989, kommentierte: «Es gilt, ein gutes Wort für die Sozialdemokraten einzulegen – wie immer man sich ideologisch zu ihnen stellen mag. Helmut Hubacher und Moritz Leuenberger haben sich während und nach der Affäre Kopp entschieden glaubwürdiger und staatstragender verhalten als das Gros der bürgerlichen Politiker.»

Zu meinem Rücktritt als SP-Präsident gab es viele Kommentare. Ich zitiere drei Quellen:

Die ‹NZZ› vom 5./6.5.1990: «Helmut Hubacher hat seine Aufgabe als Parteipräsident immer so verstanden, dass es die 68er zu integrieren gelte, nicht die Stammwähler und neuen Mittelschichten anzusprechen, wie die ‹Technokraten› im SP-Zentrum forderten. Mit der Inthronisierung des nach eigenem Bekunden von der 68er-Bewegung politisierten Peter Bodenmann hat Hubacher seine Strategie gekrönt.»

‹Weltwoche›, 20.4.1990: «Hätte Hubacher Selbstzweifel, musste er verzweifeln. Seine Radikaltherapien in Form von Linksfronten oder Bündnissen mit Bürgerlichen entfalteten nach innen die Wirkung von Baldriantropfen und nach aussen den Eindruck, die Partei beschäftige sich nur mit sich selbst.»

‹Schweizerzeit›, 8.6.1990: «Während des Wahlkampfs in Basel ging das böse Wort um: Vom Kandidaten Hubacher würde man nicht ohne Bedenken einen Occasionswagen übernehmen.»

Erstens stimmt das nicht und zweitens ist es ein Plagiat. Im US-Präsidentschaftswahlkampf 1960 sprach John F. Kennedy seinem Gegenkandidaten Richard Nixon jegliches Vertrauen ab: Er würde von ihm nicht einmal einen Occasionswagen abkaufen.

Mich damit belastet hat Genosse Richard Lienhard, Gerichtspräsident in Zürich. Geschrieben hat er das in der Zeitung von Ulrich Schlüer. Dieser war zuerst Sekretär von James Schwarzenbach, dann Adjutant im ‹Südafrika-Apartheid-Komitee› von Christoph Blocher, schliesslich Nationalrat der SVP. Selbst für diese Partei politisierte er extrem rechts aussen. Wie kam Lienhard dazu, mich in diesem reaktionären Blatt zu diffamieren?

Als ich in Zürich als Chefredaktor der gesamten SP-Presse arbeitete, lernte ich Richard Lienhard persönlich kennen. Im Nebenamt redigierte er unsere Theorie-Zeitschrift ‹Rote Revue›. Ich schmiss ihn einmal aus meinem Büro hinaus, «weil ich sonst kotzen muss». Was war passiert? Er hatte mir lustvoll-schmierig von einem Vergewaltigungsprozess erzählt, den er präsidiert hatte.

Daraufhin kündigte ich ihm als Redaktor der ‹Roten Revue›. Deshalb rächte er sich.

Bundesrat Willi Ritschard antwortete mir am 22.12.1973 auf meinen Brief. Wir hatten uns am Parteitag von 1978 gegen ihn als Energieminister von der Atomenergie verabschiedet. Ritschard vertrat die Position des Bundesrats. Da es nie angenehm ist, den eigenen Bundesrat zu desavouieren, philosophierte ich im Brief über das Verhältnis Partei und Bundesrat. Worauf er zurückschrieb:

> «Ich danke dir für Deinen Brief, der mich gefreut hat: Es ergibt sich aus unseren unterschiedlichen Funktionen, dass wir nicht immer der gleichen Meinung sein können. Aber ich bin froh, dass dies in keiner Weise auf unsere Freundschaft abfärbt. Es ist wichtig, dass sich nicht auch noch die Parteispitze auseinanderlebt. Wir haben sonst schon genug Probleme.
> Ich bewundere Dich immer wieder und gebe diese Bewunderung auch weiter. Du leitest die Partei in ausgezeichneter Weise. Seit bald 40 Jahren bin ich nun aktiv dabei. In dieser Zeit habe ich keinen schweizerischen Parteipräsidenten erlebt, der es wie Du verstanden hat, immer wieder und in aller Ruhe zu vermitteln. Ich danke dir für Deine grosse Arbeit.»

Diese Freundschaft ist bis zu seinem Tod geblieben. Die Familie wünschte, dass ich die Trauerrede übernehme.

Mit 90 erlebe ich Erstaunliches. Ich werde als SP-Präsident immer besser. Es hagelt nur noch Komplimente. Als ob ich überhaupt keinen Fehler mehr zu verantworten hätte. Der amtierende SP-Präsident ist das Feindbild, der zurückgetretene war der Vernünftige und der verstorbene der Beste.

Heute frage ich mich oft, wie ich Beruf, Nationalrat, Parteipräsident und Familie unter einen Hut gebracht habe. Ich habe drei Erklärungen. Ich bin erstens gerne Politiker gewesen und habe mir zweitens im Kalender bewusst Freiraum für Freizeit und Familie reserviert. Drittens: Ich war nie zu faul zum Schlafen.

Die Familie

> Die Frau eines Politikers zu sein, ist kein Honigschlecken. Die Frau eines linken Politikers zu sein, schon gar nicht.
> Sie braucht starke Nerven und mindestens so viel Engagement wie der Politiker. Helmut hat mit dir schon wahnsinnig Glück. Er braucht eine kluge Frau und das bist du. Zivilcourage und Standfestigkeit gehören zu deinen hervorragenden Eigenschaften. Wir erinnern uns, wie du dich während den Jugendunruhen kompromisslos auf die Seite der Jungen gestellt hast. Dass auch viele Junge bei dir vorbeischauen, hat damit zu tun, dass sie dich stets gut beraten verlassen.

Das ist ein Ausschnitt aus dem Artikel des Redaktionskollektivs der ‹Basler AZ› vom 26.8.1996 zum 70. Geburtstag von Gret.

Wir haben uns bei den Juso kennengelernt. Ich war ein schüchternes Landei und merkte gar nicht, dass Gret in mich verliebt war.

Gret griff zu einem Trick. Zufällig besuchten wir den gleichen Volkshochschulkurs über den Marxismus. Nach dem Schluss fuhr ich mit dem Velo davon. Nach dem dritten Kursabend hatte ich einen Platten. Da wir beide bis auf die letzten paar Minuten den gleichen Heimweg hatten, liefen wir eine halbe Stunde miteinander heimwärts. Und verliebten uns. Gret gestand mir viel später, sie habe ‹gelüftelet›, die Luft herausgelassen. Als Einzelkind habe ich mich in Gret Familie mit den vier Geschwistern schnell heimisch gefühlt.

Ihr Vater arbeitete bei den SBB als Güterarbeiter. Zuerst in Uster, nachher im Basler Güterbahnhof Wolf. Sein Lohn hätte ohne Nebenverdienst der Mutter als Putzfrau nicht ausgereicht. Obschon sie sparte, wo es nur ging, und auch alle Kleider für die Kinder selbst nähte, gab es nur einmal im Jahr Fleisch. Das war an Weihnachten. ‹Bell›-Würstli, dazu Zopf und Milchkaffee – das ist bis heute unser Weihnachtsmenü geblieben. Auch die Kinder wünschen nichts anderes.

Gret arbeitete auf dem Sekretariat der Gewerkschaft VPOD, nachher im Buchhandel. Sie verdiente mehr als ich als SBB-Beamter.

Mit 23 heirateten wir. Nicht ohne familiäre Querelen zwischen katholischem und reformiertem Glauben. Weder Grets Eltern noch meine Grosseltern waren praktizierende Kirchenbesucher. Umso sturer lehnten sie den jeweils anderen Glauben ab. Als wir erklärten, in diesem Fall würden wir uns nur zivil trauen lassen, hatten wir beide gegen uns. So entschieden wir uns für den evangelischen Pfarrer auf neutralem Boden in Luzern. Meine Berner Familie machte mit, Grets Familienclan blieb in Basel.

Nach dem ersten Kind wurde der ‹Religionskrieg› beendet, und das Verhältnis mit den Schwiegereltern hätte nicht besser sein können.

Wie es damals die Norm war, blieb die Mutter zuhause beim Kind. Hausmann, was ist das? Damals ein Fremdwort. Wir haben die Hausarbeit geteilt. Gret machte alles, und ich den Rest. Nicht von mir, sondern von Vladimir Petkovic, Trainer der Fussball-Nationalmannschaft. Zu meiner Ehrenrettung: Staubsaugen und Abwaschen tue ich echt gern.

Mühe zeigte die Schwiegermutter mit unserer Wohnung. Keine Vorhänge an den Fenstern. So würden Zigeuner hausen, lästerte sie. Völlig daneben fand sie unsere getrennten Zimmer. Unausgesprochen blieb in der Luft hängen: Wie soll es da Kinder geben? Immerhin lieferten wir dafür den Beweis.

Gret liest im Bett Bücher bis tief in die Nacht hinein, heute noch. Ich als Eisenbahner, später als Politiker, hatte unregelmässige Schlafzeiten. Mit getrennten Zimmern haben wir einander nicht gestört. Bis heute.

Unsere Familie war nach Kristina mit Uschi und Simon auf fünf Esser angewachsen. Die Kinder wählten unterschiedliche Berufe: Kristina Lehrerin, vier Jahre Wirtin; Uschi Rahmenmacherin, Drogentherapeutin, jetzt Kunstgewerblerin mit Laden; Simon Journalist, Kommunikationsprofi.

Gret überraschte uns zweimal auf dem linken Fuss. Mit 52 lernte sie Autofahren. Als Kristina mit ihrem angeheirateten Koch im Lützeltal – zwischen Laufen und Lucelle – auf der ‹Neumühle› zu wirten anfing, half Gret über die Wochenenden in der Küche aus. Eine öffentliche Verkehrsverbindung bestand keine. Nach 82 Fahrstunden (!) führte ihre erste Fahrt natürlich in Kristinas ‹Beiz›. Ich sei unterwegs eingeschlafen. Man rätselte, ob aus Angst oder aus Vertrauen?

Gret entschied sich für Gottvertrauen.

Kristina hörte wegen Scheidung mit dem Wirten auf, Gret fing dafür an. Als Simon als Letzter von daheim ausgeflogen war, informierte mich Gret über ihre Pläne: «Allein zuhause auf dich zu warten, bis zu gedenkst, von Bern wieder mal heimzukommen, verspricht nicht gerade ein spannendes Leben. Ich habe mich deshalb zum Wirtekurs angemeldet und möchte ein Restaurant in Pacht übernehmen.»

Doch, doch, meine Frau hat Mumm, meinte ich zu mir selbst. Mit 56 eine völlig neue Herausforderung anzunehmen, war erst noch goldrichtig. Sie entlastete mich von einem schlechten Gewissen. Jetzt war ich es, der abends daheim auf Gret wartete. Denn sie hat natürlich den Wirtekurs gemeistert und gleich das Café-Restaurant ‹Maxim› am Claraplatz in Basel übernommen.

Im Sommer mit Garten waren 180 Plätze zu bedienen.

Das ‹Maxim› ist nach den Vorstellungen à la Gret geführt worden. Längst vergessene Grossmutterrezepte gehörten zu den Köstlichkeiten aus der Küche. Gekocht vom Amerikaner Piet oder vom Malaysiachinesen Sing. Der runde Mittagstisch etablierte sich mit linkem Fussvolk und Prominenz. Es wurde nicht gerade die Revolution beschlossen, aber wir alle genossen die aktuellen politischen Diskussionen. Neben SPlern waren gerne auch Linke von der PdA und der POB, oft mit Gassenarbeitern und Sozialtherapeuten, dabei.

Den bekanntesten Gast kannte Gret erst als ihren Chef beim VPOD, dann als Regierungsrat, Ständerat und Bundesrat: Hans Peter Tschudi. Sie hatte ihn stets als «Herr Tschudi» angeredet. Er sie als «Frau Nationalrätin». Beim ersten Mal im ‹Maxim› begrüsste er sie mit: «Frau Wirtin, Sie haben ja jetzt einen eigenen Beruf.» 1997, am SP-Parteitag, gab er sich einen kühnen Schupf und bot ihr das Du an: «Du bist ja jetzt dafür alt genug.»

Im Service arbeiteten keine Profis. Ein Medizinstudent etwa, der drei Tage an seiner Dissertation schrieb und drei Tage servierte. Die anderen drei Tage übernahm eine Kunstmalerin. Aus Biel servierte mal eine Lehrerin, die sich für ein Jahr beurlauben liess. Ein Allroundmann glänzte auch beim Servieren. Und der Lustigste war ein Akrobat aus der Dimitri-Schule in Verscio.

Im ‹Maxim› stellten meist junge Künstler ihre Bilder aus. Gret verzichtete auf eine Verkaufsprovision, sie profitierte von der Verschönerung ihres Lokals. Wer keine Starpreise verlangte, verkaufte recht gut. Am Mittwoch war Jazzabend, organisiert vom Hilfskoch, der selbst ein begabter Bassgeiger war.

Nach 14 Jahren hat Gret zur ‹Austrinkete› eingeladen. Der Abschied fiel ihr schwer. Eine ‹Beiz›, wie wir in Basel gerne sagen, ist ein Treffpunkt. Jeden Tag kommen bekannte oder neue Gäste. Gret brauchte etwas Distanz, weshalb wir in der Ajoie unsere Zweitwohnung mit Garten, am Gerbergässlein in Basel unser Basler Domizil haben.

Gret musste sich Fachkenntnisse aneignen. Ihr grosses Kapital war ihre Erfahrung mit Menschen. Sie kannte kaum Probleme mit dem Personal, erst recht nicht mit Gästen. Einen Schock galt es zu verarbeiten, als aus Familienrache in ihrem Lokal ein Mord geschah. Sie musste ihn verarbeiten oder aufhören.

Meine Gret hat diese ‹Maxim›-Jahre wunderbar gestaltet. Richtig zum Verlieben. Unsere drei Kinder haben ihr dabei grosszügig geholfen, Kristina und Uschi länger als Simon. Ohne sie wäre das ‹Abenteuer› nicht so gut gelungen. Denn an sich wäre das ‹Maxim› ein Betrieb für ein Pächterpaar gewesen.

Vor der ‹Maxim›-Zeit hat Gret alle meine Manuskripte gelesen. Gnadenlos. Ich wusste ja selbst, was mir gelungen oder eher ein Murks geworden war. Das Beste daran: endlich fertig. Genau in diesem Moment meinte sie: «Aber das willst nicht etwa abschicken.» Das genau waren Momente, über die ich mich gescheiter ausschweige.

Wenn ich spät nachts ins Bett fiel, fand ich etwa einen Zettel auf dem Kopfkissen: «Dein Fight mit Kaufmann im CH-Magazin war superklasse. So ein ‹dummer Siech›, läuft in jeden Hammer. Dein Anzug ist übrigens genau richtig. Schmützli.»

Nach einer Session 1991 fand ich auf dem Küchentisch Bemerkungen zum Altersproblem: «Wir sind nun beide im Rentenalter.

Wollen wir beide Rentner sein? Ich eigentlich nicht. Ich möchte meinen Betrieb weiterführen, solange es meine Gesundheit zulässt. Das ist keine Frage des Alters, das ist eine Frage der Lust. Dir, Helmut, geht es ebenso. Du hast Lust, weiter Politik zu machen. Du möchtest dein Erfahrungskapital nicht versanden lassen. Sollst du auch nicht, wir werden noch beide gebraucht.»

In der Freizeit hockte ich am liebsten daheim. Für Grets Wünsche genügte ein Wort: ausgehen. Zuhause war sie genug. Kino, Theater, Freunde besuchen, Jasspartner nicht vergessen, auswärts essen gehen, all das gehörte zu meinem Pflichtenheft. Nun ist meine Angetraute ein ‹Reisefüdli›. Reisen mit dem Zug, das macht sie besonders happy. Seit ich sie kenne, ist die Transsibirische Eisenbahn ihr Traum gewesen.

2001, Gret war immerhin schon 75, hatte die ‹Basler Zeitung› die Transsibirische ausgeschrieben – maximal 25 Anmeldungen. Ich ermunterte sie, ihre Traumreise endlich anzutreten. Am liebsten ohne mich. «Kein Problem», meinte sie, «unter 24 finde ich ein paar, die zueinander passen.» Sie stieg in Basel ein, feierte in Peking ihren halbrunden Geburtstag und pflegt bis heute Kontakte.

Ich hatte Gret für die Reise meinen SBB-Vierkantschlüssel anvertraut, den ich 1944 ausgehändigt bekommen hatte: Ab Moskau fuhr ein Extrazug mit dem nordkoreanischen Diktator voraus. Der sei nie im Flugzeug gereist. Wohl aus Sicherheitsgründen musste der normale Zug auf etlichen Bahnhöfen warten. Oft eine Stunde. Immer seien dann die Toiletten geschlossen worden. Das ist dann lästig, wenn ein Fahrgast Durchfall bekommt. Was genau einem von Grets Gruppe passierte. In einem solchen Moment ist ein Vierkantschlüssel die rettende Hilfe. Oh Wunder, er passte nach 57 Jahren auch zur Toilette in der Transsibirischen Eisenbahn. Und bescherte Gret viel Dankbarkeit aus vollstem Herzen.

1988 reiste sie über Weihnachten/Neujahr mit ihrer Freundin Toya Maissen, Redaktorin der ‹Basler AZ›, für vierzehn Tage nach Moskau. Es herrschte in der Sowjet-Hauptstadt Gorbatschow-Tauwetter. Das alte Moskau hat ihr besser gefallen als die westlicher gewordene Stadt heute. Gret vermisste McDonald's etwa gar nicht.

Gret hat mit den Kindern in der sechsten oder siebten Schulklasse die erste Städtereise unternommen. Jedes Mal nach Venedig. Ein, zwei Jahre später nach Florenz, Rom oder Wien.

Kristina hat das Reisefieber von ihrer Mutter geerbt. Ihre Tochter Rebekka schoss den Vogel ab. Nach ein paar Monaten Mitarbeit bei einem privaten Hilfswerk in Ecuador hängte sie neun Monate Weltreise an. Gegen Ende wurde ein Rendezvous mit der Mutter in Bangkok eingeschaltet. Mir wäre das zu mühsam. Ich hatte null Probleme, an Sitzungen der Sozialistischen Internationale in Mexiko, Australien, Tokio oder wo immer andere zu delegieren. Ich beschränkte mich auf europäische Destinationen.

Ferien, die hingegen haben wir ausgiebig genossen. In den ersten Jahren Badeferien in Riva del Sole vor Livorno. Der Politbetrieb im Bundeshaus ruhte im Juli und August. Das waren unsere Ferienmonate. Italien wurde uns zu heiss. Die nächsten zwölf Jahre verbrachten wir den Urlaub in Vals. Ein fantastisches Wandergebiet – mit einem Haken. Es gibt nur steile Abstiegsrouten ohne Sessellift oder Seilbahnen. Womit nie Massenandrang herrschte.

Wir suchten ein anderes Wandergebiet mit sanfter ansteigenden Routen. Genau das fanden wir in Nauders, Österreich. Das Postauto verbindet Nauders mit Scuol-Tarasp. Durch einen Kollegentipp entdeckten wir die dänische Insel Bornholm. So wechselten wir unsere Ferieninsel mit Nauders ab Und gastierten je zehnmal in den Bergen und am Meer. Weil Bornholm im Norden liegt, das Unerwartete: Neun- von zehnmal erwischten wir Italienwetter – nachts angenehm kühler. Wassertemperatur bis 22 Grad.

Wir verbrachten nie Ferien im Hotel, immer in einer Ferienwohnung, nie allein, stets mit Schulkameraden der Kinder oder Bekannten von uns, nicht unter drei Wochen am Stück. Angehängt wurden noch zwei, drei Wochen Erholung zuhause. Ich brauchte Ferien, nicht Reisen. Die holte Gret nach. Ich brauchte auch immer genug Schlaf. Um fit zu sein für den Dreifachjob: Gewerkschaftsfunktionär, Nationalrat, Parteipräsident.

Nun sind wir im Seniorenalter. Ferien verbringen wir im Jura. Gret reist nicht mehr gerne solo. Da hat sie mit mir nicht den idealen Unterwegspartner. Immerhin, wir haben das GA. Und buchen hie und da ein paar Tage im Reisecar, Twerenbold-‹Königklasse› oder Eurobus. Mit nur 30 Sitzen, was komfortabel und saumässig bequem ist. Regelmässig schlafen wir beim Hotelier von Brig.

Mein gleichaltriger Kollege Hermann meint: «Ja, das stimmt, aber es sind halt alles alte Leute.»

Gret hat einen neuen ‹Sport› entdeckt: Kreuzworträtsel. Der Garten ist ihr Fitnessstudio. Jeden Tag macht sie ihren Rundgang und begrüsst die Blumen einzeln. Wir sind ‹zwäg› und geniessen das Leben.

Wer alt wird, erlebt unglaubliche Veränderungen. Waren das noch Zeiten, als der Sex schmutzig und die Luft rein war.